KB070299

여성, 사회, 복지

이은미 저

WOMEN
SOCIETY
WELFARE

학지사

이 저서는 2023학년도 서울신학대학교 연구년 지원비에 의해 수행된 연구임

머리말

페미니즘의 역사를 논하지 않더라도 여성은 역사적으로 시공간을 아울러 차별과 불평등의 대상이 되어 온 것은 부인하기 어려운 사실이다. 다만 급변하는 한국사회 속에서 가부장적 자본주의 사회를 오랫동안 경험해 보지 못했던 젊은 세대를 중심으로 남녀갈등이나 여성혐오 현상이 심화되고 있는 것은 매우 염려가 되는 사회 현상 중 하나임도 인정하지 않을 수 없다.

이 책은 여성이라는 존재가 특정한 성별, 즉 여성이라는 성별을 가졌다는 이유로 겪어 왔던, 그리고 현재에도 겪고 있는 문제를 사회라는 거시적 틀 속에서 바라보고, 여성주의적 관점에서 접근하며, 복지라는 정책과 제도 속에서 여성이 어떻게 위치해 왔는가를 탐색하고자 하였다. 따라서 여성, 사회, 복지, 이세 가지 키워드 속에서 이들의 관계성을 따라가며 문제와 대안을 찾아보고자 노력하였다. 단순히 여성을 차별의 대상이나 불평등의 피해자로서 바라보는 관점을 넘어서서 이제 변화하는 국내외의 다양한 환경 속에서 여전히 이등시민이 아닌 동등한 권리와 책임을 지닌 온전한 시민으로서의 여성이 겪는 '지금 그리고 여기'에서의 문제를 짚어 보고자 하였다.

제1부는 '여성과 사회'라는 틀 속에서 3개의 장으로 구성하였다. 제1장은 '여성과 성평등'이라는 주제로 여성이 경험해 온 성차별 문제를 짚어 보고, 과연 성평등이란 어떤 개념이고 어떤 접근인지를 살펴보았다. 제2장은 '페미니즘과 여성운동의 역사'라는 주제로 페미니즘의 다양한 물결과 관점에 대해 살펴보고, 미국과 유럽, 한국의 근현대 여성운동사를 고찰하였다. 제3장은 '여성 통

계 실태와 여성의 지위'라는 주제로 국내와 UN의 통계를 통해 여성의 영역별 삶의 실태와 지위를 수치를 통해 살펴보았다.

제2부는 '영역별 여성문제'라는 틀 속에서 7개의 장으로 구성하였다. 제4장은 '여성과 노동'이라는 주제로 여성노동의 실태와 노동시장에서의 여성의 지위, 여성의 경력단절 등의 문제와 과제를 살펴보았다. 제5장은 '여성과 폭력'이라는 주제를 다루었다. 여전히 가장 위험수위가 높은 문제로서 폭력의 문제가 다뤄지고 있는 현실에서 여성에 대한 폭력의 위험도와 폭력 피해를 해결하기 위한 방안에 대한 고민을 담아 보았다. 제6장은 '성매매와 여성'이라는 주제로 성매매 산업이 고도의 자본주의 상업화 세태 속에서 복잡한 양상을 띠며 다양한 피해자를 양산해 내는 문제의 심각성을 다루었다. 제7장은 '여성의 결혼과 가족'이라는 주제로 변화해 가는 결혼에 대한 인식과 가족구조의 다양화에 대해 여성의 관점에서 살펴보고자 하였다. 제8장은 '여성과 건강'의 주제를 다루었다. 여성의 몸과 정신건강은 사회적 성으로서의 젠더의 관점에서 성별화된 건강의 문제를 가지고 있는 것으로 분석되고 있다. 이러한 관점에서 여성의 건강 문제를 바라보고 여성이 더 건강하게 살 수 있는 대안에 대해 살펴보았다. 제9장은 '다문화가족과 여성'이라는 주제로 다문화사회, 결혼이주여성, 결혼이주여성이 겪는 어려움과 문제를 우리 사회는 어떤 정책과 서비스로 접근하고 있는지에 대해 다루었다. 제2부의 마지막 장인 제10장에서는 여성 집단 중에서도 가장 취약 계층이라 할 수 있는 '장애여성과 노인여성'의 실태와 이들의 어려움을 완화시킬 수 있는 정책과 서비스의 개선방안에 대해 살펴보았다.

제3부는 '여성, 사회, 복지의 미래'라는 틀 속에서 3개의 장으로 구성하였다. 제11장은 '여성과 사회보장제도'라는 주제로 여성과 관련지어 사회보험제도, 공공부조, 사회복지서비스의 현 실태와 개선방안에 대해 다루었다. 제12장은 '여성과 빈곤'이라는 주제로 여성에게 더 심각한 빈곤의 문제를 다루었다. 마지막 장인 제13장에서는 '성인지 관점과 여성, 사회, 복지'라는 주제로 여성의 어려움과 문제를 성인지 관점에서 바라보는 것이 왜 중요하고 필요한지에 대

해 설명하고, 현재 우리나라의 양성평등정책, 성별영향평가제도에 대해 살펴
보았다. 그리고 여성주의적 사회복지실천을 위해 여성의 관점, 사회의 관점,
복지의 관점에서 어떤 과제를 안고 가야 하는지에 대해 다루었다.

이 책은 저자가 여성으로 살아오면서 겪은 개인적 경험과 관심에 의해서도
시작되었지만, 학교 현장에서 수많은 여학생, 남학생을 만나면서 그들이 직간
접적으로 경험해 온 차별과 억압의 문제가 불필요하고 과도한 사회적 구성에
의한 것임을 강조하고 싶은 바람에서도 시도되었다. 이 책이 관련 과목을 수강
하는 학생들과 독자들에게 유용하게 활용되기를 기대하며, 곳곳에서 발견될
수 있는 부족함과 미흡함, 오류와 실수는 저자의 역량이 미치지 못하기 때문으
로 양해해 주시기를 바란다. 더불어 독자 여러분의 애정 어린 조언과 가르침을
기대한다.

2024년 6월

저자 이은미

차례

제**1**부

여성과 사회

여성과 성평등

 학습개요 ○┈┈┈┈┈┈┈┈┈┈┈┈┈┈┈┈┈┈┈┈┈┈┈┈

여성은 역사적으로 시공간을 아울러 차별의 대상이 되어 왔다. 이 장에서는 성차별의 주요 기제가 되어 온 자본주의적 가부장제가 여성의 삶에 어떤 영향을 미쳐 왔는지 살펴보고, 여성과 남성에게 부과된 사회적 인식과 관념이 강요하는 문제에 대해 학습한다.

학습목표 ┈┈┈┈┈┈┈┈┈┈┈┈┈┈┈┈┈┈┈┈┈┈┈┈┈┈┈┈┈┈┈┈┈┈┈┈

1. 여성다움과 남성다움의 의미와 이것이 발생시키는 차별에 대해 학습한다.
2. 가부장제와 자본주의적 가부장제의 의미를 이해하고, 이러한 제도가 여성에게 미쳐 온 영향에 대해 학습한다.
3. 성차별과 성평등의 개념에 대해 학습한다.

1. 여성이 경험해 온 성차별과 여성문제

"한 개의 사람으로서 사람다운 교양을 밧아 보지[1] 못하고 남의 집 며느리 감[2] 소위 현모양처라는 구실 아래서 노랑저고리 다홍치마 속에서 인형노릇을 하고 더부사리[3]의 생활을 하는 것이 아즉가지[4] 우리의 살아 온 경로가 안이엇든가?[5]" (전경옥 외, 2011: 35)

앞의 글에서 우리는 '며느리감' '현모양처' '더부사리'라는 단어를 보게 된다. 이 단어들은 우리 여성들이 살아온 역사를 말해 주는 것으로서 여성을 남성에게 종속된 존재로 인식하게 하거나 어머니와 처(妻)로서의 역할로만 여성을 규정짓는 표현들이다.[6],[7] 이와 같이 여성은 '여성다움'의 전통적 성역할에 갇혀 살아왔다.

1) '여자다움'과 '남자다움'

'여자다움'과 '남자다움'은 무엇을 의미하는 것일까? 여자다움과 남자다움은

---

1) 현대어 '받아 보지'
2) 현대어 '며느릿감'
3) 현대어 '더부살이'(남의 집에서 먹고 자면서 일을 해 주고 삯을 받는 일. 또는 그런 사람)
4) 현대어 '아직까지'
5) 현대어 '아니었던가'
6) '현명한 어머니와 어진 아내'를 의미하는 '현모양처(賢母良妻)'는 한국에서 여성의 성별 역할을 핵심적으로 내재한 젠더론·여성론이다. 남성이 직업으로 국가와 사회에 공헌한다면 여성은 가정 내에서 아내와 어머니로서의 역할을 하는 것이 국가 사회의 일원으로서의 임무라는 것이 중심 내용이다. 이는 실질적으로 남성과 여성의 성별 역할을 정당화시키는 핵심적 기능을 수행해 왔다.
7) '현모양처' 여성론은 20세기 말부터 재해석되기 시작하였다. 이를 전통적이고 유교적인 여성상으로 보는 일반론에 문제를 제기하고, 이것이 근대적 여성교육론이자 동아시아 근대가 만들어 낸 성별역할분담론이라는 주장이다(홍양희, 2016).

선호되거나 옳다고 여겨지는 규범과 관련이 있다. 특히 성역할 규범을 통해 남성과 여성의 행동을 유도하거나 제한한다. 남성에게 기대되는 행동이나 역할, 외모가 있고, 여성에게도 요구되거나 기대되는 행동이나 역할, 외모가 사회에 존재한다는 것이다.

예를 들면, 남성은 용감하고 감정을 쉽게 드러내지 않아야 하며, 신체적으로 강인함과 경제적 능력이 있어야 함을 기대받고 때로는 강요받는다. 여성은 순종적이고 부드러우며 자기의 의견을 강하게 드러내지 않아야 하며, 모성을 발휘하여 남편과 자녀에게 헌신하고 가사와 육아에 집중하는 태도를 요구받아 왔다. 이것이 전통적 관점에서의 성역할인 남성다움, 여성다움의 의미이다.[8]

영화나 매스컴에서 남자는 폭력으로 문제를 해결하고, 거칠고, 난폭해도 영웅적으로 묘사된다(Wood, 1994). 여성은 다소곳하고 자기주장이나 말을 강하게 표출하지 않으며, 특히 남편에게 순종적이고 자기를 가정이나 양육에 헌신하는 이미지로 묘사된다. 여성다움이나 남성다움과 같은 특정 성별 역할이나 태도보다는 한 사람으로서의 '나다움'을 강조하는 것이 인간의 자아실현과 행복한 삶을 위해 더 의미 있고 필요함에도 불구하고 이렇게 여성은 여성다움, 남성은 남성다움을 강요받고 살아왔다. 에머 오툴(Emer O'Toole)은 『여자다운게 어딨어(Girls will be girls)』(2016)라는 책을 통해 자기도 모르게 내면화된 성역할 경험을 다음과 같이 이야기했다.

---

8) 여성다움은 여성의 성격이나 행동, 특성 중 생물학적으로 타고난 것이라고 생각하는 고정관념을 의미한다. 예를 들면, 감성적, 감정적, 연약함, 부드러움, 민감함, 수동적, 의존적, 수다스럽다, 허영심이 강하다, 기계를 잘 못 다룬다 등이 있다. 여성의 강한 체력, 근육질, 운동 기량 등을 특별한 것이나 의외의 것으로 부각하는 것은 성 고정관념에서 기인한다. 반면 남성다움은 남성의 성격이나 행동, 특성 중 중 생물학적으로 타고난 것이라고 생각하는 고정관념을 의미한다. 예를 들면, 이성적, 강인함, 능동적, 지배적, 폭력적, 거친, 무심한, 기기를 잘 다룬다 등이 있다. 남성의 세심함이나 요리실력, 돌봄 등을 예외적인 것이나 특별한 것으로 부각하는 것은 성 고정관념에서 기인한다(서울여성회, 2022).

"만약 누군가 내가 여자애라서 오빠와 남동생과 아버지가 어지른 집을 청소하고 있는 거냐고 물었다면, 나는 이렇게 대답했을 거다. '아뇨, 저는 엄마가 퇴근하자마자 화내는 게 싫어서 청소를 하는 거예요.' 그러나 나는 분명히 어딘가에서 집안일이 내 일임을 배웠다. 그리고 오빠와 남동생 역시 어딘가에서, 자기들은 두 손 놓고 앉아만 있어도 된다는 것을 배웠을 것이다." (O'Toole, 2016: 22)

특히 여성다움과 남성다움의 평가로 인해 개인의 커리어나 사생활을 침해받는 사례가 오늘날에도 빈번하게 목격된다. 여자 축구선수로서 뛰어난 기량을 발휘하는 경우 성별검사를 수차례 요구하는 사례, 남자 선수들이 울거나 포옹을 하는 행동을 남자답지 않다고 폄하하는 사례 등이다.

물론, 사회의 변화와 함께 여성다움, 남성다움의 인식에도 변화가 일어났다. 특히 여성들이 사회활동이나 노동시장에서 적극적이고 진취적이며 다방면에서 리더십을 발휘하게 되면서 이를 긍정적으로 받아들이게 된 사회적 분위기도 형성되었다. 이제는 여자라는 이유만으로 자신이 원하지 않는 성역할

📠 기사 보기

신체조건과 실력이 뛰어난 여성 스포츠 선수들은 흔히 '남자 아니냐'는 의심의 시선을 받는다. 이런 의심은 선수의 '성별검사'로 이어지며 능력 있는 선수를 견제하는 도구로 악용된다. 우리나라도 예외는 아니다. 한국 여자 축구 간판 골잡이였던 박은선 선수에 대해 지난 2013년 박 선수의 소속팀인 서울시청을 제외한 6개 구단 감독들이 성별 의혹을 제기하며 성별검사를 요구한 사건은 유명하다. 당시 박 선수는 자신의 사회관계형서비스(SNS)인 페이스북에 "성별검사도 한두 번 받은 것도 아니고, 월드컵이나 올림픽 때도 받아서 경기 출전하고 다 했다. 그때도 어린 나이에 기분이 많이 안 좋고 수치심을 느꼈는데 지금은 말할 수도 없다."며 참담한 심정을 밝히기도 했다(한겨레, 2013. 11. 6.).

반대 사례도 있다. 남성 선수들이 울거나, 동료와 포옹을 하는 등 소위 '남자답지 않은' 행동을 했을 때에는 많은 경우 '호모같다' 등 동성애 혐오적인 반응을 얻기 일쑤다. 실제 지난해 브라질 리우 올림픽 당시 영국 남성 다이빙 팀이 우승 후 기뻐하며 포옹하는 사진을 다룬 영국의 한 언론이 동성애 혐오적 표현으로 성적 고정관념을 영속시킨다는 성소수자 단체들의 비판을 받기도 했다(허프포스트코리아, 2016. 8. 12.).

이나 성인식을 강요받지 않아도 된다는 인식변화가 일어나고 있고, 특히 젊은 세대들은 이러한 인식에 더 빨리 적응하고 있다. 그러나 여기에 또 하나의 딜레마가 발현된다.

"현대 여성들은 여성다우면서 동시에 남성다워야 하고, 남성과 다르면서 또 같아야 하는 압력을 받고 있다. 여성은 어떻게 행동해야 할까? 완벽한 남자처럼 행동하면 남자 동료들은 그를 여자답지 못하다고 비난할 것이고, 완벽한 여자처럼 행동하면 남자답지 못하다고 비난할 것이다." (Tavris, 1993: 히스테리아, 1999: 21에서 재인용)

이러한 비판의 의미는 여성은 여성다움을 여전히 강요받으면서 동시에 여성다움에 매몰되는 것에 비판을 받는 딜레마를 겪고 있다는 뜻이다.

2) 가부장제 속의 여성

가부장제는 여성을 남성보다 열등한 존재로 인식하게 하는 사회적 추동력으로 작동해 왔다. 한국에서도 가부장제는 고대부터 존재해 왔지만, 조선 시대의 유교적 남성 중심주의를 바탕으로 '남자는 하늘, 여자는 땅'과 같은 남녀

간 이분법적 위계구조로 굳어져 현대 한국사회의 근간을 이루어 왔다(이윤종, 2020: 37).

가부장제는 남성 가부장의 지배를 인정하는 것으로 역사를 거쳐 형성된 것이며 여성에 대한 성적·경제적 지배를 주요 내용으로 남성 지배 엘리트가 만들어 낸 것이다(최선영, 2012: 446). 가부장제(patriarchy)는 아버지라는 뜻의 'patri'와 지배라는 뜻의 'archy'라는 단어가 조합된 것으로 '아버지에 의한 지배'라는 의미이다. 아버지로서의 지위를 가진 남성이 가족구성원에 대해 지배하는 것을 의미하며, 더 넓게는 남성이 사회구성원에 대한 지배적 지위를 가질 수 있음을 뜻한다. 이로써 여성은 가족에서나 사회적으로 부차적이고 피지배적이며 의존적 위치에 놓이게 되는 것이다(송다영 외, 2015).

가부장제는 여성에게 헌신과 침묵과 복종을 요구한다. 행복한 집, 따뜻한 가정을 이루는 데 가정주부의 역할이 중요함을 강요하며 여성으로 하여금 개별적 욕구를 지닌 인간으로서가 아닌 어머니, 아내, 할머니로서 살게 해 왔다. 근대 이전 여성의 삶은 어머니, 처, 며느리로서의 도를 충실히 수행한 삶을 초점화해서 기록하는 것이 관례였다(김경연, 2018). 가부장제는 모성을 당연시하고 신화화한다. 여성이라면, 어머니라면 누구라도 헌신적이고 희생적인 모성적 사랑을 베푸는 존재가 되는 것이 당연한 것으로 규정한다.

여성의 권리가 확연하게 성장해 왔다고 보는 사람들은 가부장제라는 단어나 논의는 케케묵은 오래된 개념일 뿐이지 더 이상은 우리 사회에서 작동하지 않는 개념이라고 주장할지도 모른다. 또한 모든 여성이 동일한 정도와 범위로 가부장제의 피해를 입는 것도 아니다. 그러나 여전히 가부장제는 국내외적으로 사회를 작동시키는 주된 패러다임이며 체계적으로 사회 전 영역에 영향을 미치고 있다. 따라서 가부장제 속에서 여성이 어떻게 차별받고 억압받으며, 여성의 목소리와 의견이 어떤 식으로 주변화되고 있는지 탐색되어야 한다. 가부장제는 단순히 남성이 여성을 주변화시키고 열등화시키는 제도를 넘어서 남성들 간에도 위계구조를 만들어 소수의 상위계층 남성이 정치적·경제적

이익을 위해 다수의 하위계층 남성을 지배하고 억압하는 도구로도 사용되고 있기 때문이다. 이 과정에서 부가적으로 여성은 더 정치적·경제적·성적으로 억압받는 일이 발생하고 있다(이윤종, 2020: 39).

3) 자본주의적 가부장제 속의 여성

가부장제는 페미니스트가 제기하는 오래된 불평등 문제, 여성차별 문제의 핵심이다. 그러나 가부장제를 비판하면서 자본주의를 말하지 않는다면 성불평등이나 여성차별의 핵심을 간과하게 되는 것이다(Mies, 1999). 가부장제는 자본주의 체제의 보이지 않는 배경으로 작용하는데, 그 이유는 여성의 무임금 가사노동이나 양육이 자본주의하의 남성이나 자본가들이 물질적 이익을 얻고 자본축적을 가능하게 해 주는 기초가 되기 때문이다.

자본주의적 가부장제의 문제점을 비판한 마리아 미즈(Mies, 1999)는 자본주의적 가부장제의 물적 토대를 생물학적 성별 분업에서 찾는다. 성별 분업은 남성이 자연과 맺는 폭력의 관계를 여성을 대상으로 똑같이 맺음으로서 나타난 결과라고 분석한다. '남성 → 사냥꾼' '사냥꾼 → 전사' 패러다임은 자연을 지배하고 약탈할 대상으로 여기며 식민지를 만드는데, 이를 여성에게 대입하여 여성을 억압하며 생산력을 발전시키고 자본을 축적하는 것을 정당화했다는 것이다. 미즈(1999)는 자본주의에서든 사회주의에서든 외부 식민지나 여성에 대한 수탈 없이 생산적 발전이 불가능하다고 주장한다.

'가정주부화'라는 말은 여성을 가정주부로 만든다는 의미도 내포하지만 실제로는 여성들이 임금노동자로서 사회적 노동에 참여하고 있고, 많은 경우 생계를 부양하는 생계부양자임에도 불구하고, 여자는 가정주부라는 이데올로기를 이용해서 여성노동자에게는 적은 임금을 주는 것을 당연시하는 것과 관련이 있다는 것이다. 미즈는 남성들은 일터에서 여성노동자들을 쫓아내서 안정된 일자리를 독점할 뿐 아니라 집안에서 여성의 무급노동의 혜택을 온전히 누리며, 심지어 제3세계의 경우 아내가 벌어 오는 소득도 통제할 수 있기 때문에 남성이 여성의 '가정주부화'를 통해 이익을 얻는다고 주장한다. 출산과 양육을 재생산 노동이라고 부르는 것에 대해 반대하는 미즈는 재생산이라고 말하는 것은 임금노동을 재생산하는 데 있어 부수적이고 종속적인 노동이라는 의미를 함축하기 때문에 생산노동이라고 불러야 한다고 주장한다. 따라서 자본주의하의 자본축적을 위한 다른 생산노동과 다름없이 여성의 생명 생산과 가사노동도 생산적 노동이라고 불러야 여성의 노동을 제대로 평가받을 수 있다고 말한다(Mies, 1999).

2. 여성과 성차별

1) 성차별이란

성차별은 성별로 인한 차별을 말하는데 남성이나 여성이라는 이유만으로 받는 차별을 말한다(국립국어원 표준국어대사전, https://stdict.korean.go.kr). 따라서 특정 성이 우월하다는 믿음이나, 특정 성에 대한 합리적 이유 없이 우대하거나 홀대하는 것, 성에 따라 선호 · 성격 · 능력이 다를 것이라는 믿음을 가지는 것도 포함한다. 또한 특정 성 이외의 성에 대한 불신하거나 폄훼하는 것, 법과 제도가 특정 성 이외의 성에게 불리하게 적용되는 것을 포함한다. 성차별은 남성에게도, 여성에게도 나타날 수 있다. 그러나 역사적으로 동서양을 막론하고 성차별은 남성에 비해 대부분 여성에 대한 차별의 형태로 나타났다.

전통적 성차별은 여성에게서 교육과 취업의 기회를 빼앗고 자율성을 통제하고 억압한 형태로 진행되었지만, 오늘날의 성차별은 형식적인 기회균등과 말뿐인 선택의 자유 속에서 오히려 여성은 이전보다 더 복잡한 생존 전략을 가지고 삶을 살아가야 한다는 비판의 목소리를 귀담아 들어야 할 필요가 있다(여성을 위한 모임, 2014: 102).

　오늘날의 성차별은 이러한 형태로 여성을 더욱 억압한다. 출산휴가와 육아휴직이 법적으로는 보장되어 있지만, 이러한 제도를 사용해야 할 경우 직장에서 눈치를 봐야 하고, 승진은 포기해야 하는 경우가 많으며, 경력관리는 결국 어렵게 되었음을 의미한다. 여성이라는 성별 때문에 공공연하게 취업에서 차별하는 사례는 감소했을지 모르지만, 여전히 남성 직원을 선호하여 채용하는 사례는 사회에서 어렵지 않게 발견할 수 있다.

2) 언어를 통한 성차별

　언어는 물건, 사람, 감정이나 경험, 어떤 현상에 이름을 붙이거나 규정하기 위해 사용된다. 그런데 우리 사회에는 남성통칭어가 매우 많다. 남성과 여성을 모두 포함한다고 하는 남성통칭어는 대부분 남성만을 지칭한다. 예를 들면, 영어 표현에서는 직장인을 가리키는 비즈니스맨(businessman), 의장(chairman), 우편배달부(mailman) 등은 여성과 남성을 모두 포함한다고 하지만 사람들은 이 단어들을 듣거나 읽을 때 줄곧 여성이 아닌 남성만을 뜻하는 것으로 인식한다(Wood, 1994). 한국어에도 이런 현상이 비일비재하다. 주로 작가, 영화배우, 교수라 하면 남자 작가, 남자 배우, 남자 교수를 의미하고, 여성들은 여작가, 여배우, 여교수라는 언어로 불린다. 한국어학자 이정복(2007)은『한국어 사전』에 나타난 성차별 언어를 다섯 가지 유형으로 나누어 제시한 바 있다. 첫째, 여성을 배제하기, 둘째, 아내를 남편에 종속시키기, 셋째, 여성을 주부나 아내 등의 성 역할에 묶어 두기, 넷째, 여성의 품위를 떨어뜨리기, 다섯째, 여성을 남성의 하위자로 다루기이다.

　서양 속담에도 여성차별의 사상과 관습은 유사하게 나타난다. "여자란 머리카락은 길어도 사상은 짧은 동물이다."(아르투르 쇼펜하우어), "여자는 깊이 있는 척하는 껍데기이다."(프리드리히 니체), "여자가 위대한 업적을 이룬다면 우리는 그녀를 어떤 남자보다 우러러 볼 것이다. 왜냐하면 누구도 여자가 그런 업적을 이루리라 기대하지 않기 때문이다."(쇠렌 키에르케고르), "여자는 죽고 나서 석 달 뒤에 철이 든다."(라틴아메리카 원주민 속담), "여자와 북어는 3일에 한 번씩 두들겨 줘야 한다."(한국 속담)

이러한 성차별적 언어와 표현은 사실 폭력적이다. 이러한 폭력은 결국 사회 구조, 문화, 역사가 반영된 사회적 구성물이기 때문에 사회의 주류 담론과 이데올로기, 사회구조와 문화가 성평등적 언어로 바뀌어야 이러한 차별적 언어와 표현이 사라지게 될 것이다.

3) 문화와 미디어에 나타난 성차별

「2022년 대중매체 양성평등 내용분석 보고서」(서울여성회, 2022)에서는 게임 광고가 여성의 성을 상품화하는 현상이 계속되고 있음을 지적했다. 매년 게임 이용률은 급속도로 증가하고 있는데 게임 속 여성 캐릭터는 왜곡된 몸매에 과장된 자세로 전시되는가 하면, 게임의 보상으로 여성 캐릭터 옷을 벗길 수 있게 만드는 등 성적 대상화가 만연하다는 것이다. 게임 속 여성 캐릭터들은 신체 노출, 가슴과 엉덩이를 과도하게 부각하는 성적 대상화 등 게임 유저들이 남성의 시선에서 여성 캐릭터들을 소비하게 만들고 있다는 비판이 끊임없이 제기되고 있다.

한편, 2022년 방영 중이거나 종영된 프로그램 중 인기가 많았던 스포츠예능 프로그램 28개 영상을 분석한 결과 성차별 사례 대부분 '성 고정관념'에 의한 것으로 나타났는데, 가장 많은 비율을 차지한 순으로 '남성의 타고난 속성이 있다는 전제'(64회), '동성 간의 위계 강조'(62회), '외모지상주의 강화'(55회), '성역할을 수행하는 남자다운 남자 강조'(50회)가 많이 나타났다(서울여성회, 2022).

어느 프로그램에서는 남자 출연자가 어머니에게 전화를 걸어 어떤 며느리를 원하는지 묻자, "그냥 착하고 살림 잘 하고 그러면 되지."라고 답하는 모습이 방영되었다. 스포츠 보도에서도 남성 선수들은 운동선수로서의 기술 위주로 초점을 맞춰 보도하는 한편, 여성 선수들은 주로 옷맵시, 몸매, 헤어스타일 등 운동기술과 상관없는 외모 또는 성적인 부분에 초점을 맞춰 보도하는 경향이 강하다.

E채널,
2022. 1. 31.
24(회)

한 출연자가 어머니에게 전화를 걸어 다른 출연자들이 궁금해한다는 핑계로 어떤 며느리를 원하시는지 묻고 답하는 장면. "어머니, 어떤 며느리를 원하세요?"라고 묻고, "그냥 착하고 살림 잘하고 그러면 되지."라고 답하였다.

어머니가 원하는 며느리 상에 대해 성격과 역할, 나이, 외모까지 묻고 답하는 과정에 어머니의 입을 빌려 표현되지만, 사실상 질문을 하고 있는 남성 출연자들 스스로가 여성을 어떤 존재로 바라보는지를 보여 준다. 결국 여성은 착하고 살림을 잘해야 하고, 결혼하기에 적당한 나이가 있으며, 외모도 중요하다는 고정관념, 그리고 여성과 남성은 개성과 인격을 가진 인간 대 인간으로 관계 맺는 것이 아니라 여자다운 여자와 남자다운 남자로 관계 맺는 것이라는 고정관념을 강화한다.

출처: 서울여성회(2022).

이와 같이 미디어나 문화 속에 나타나는 성차별적 고정관념이나 인식은 여전히 만연한 것을 알 수 있다.

4) 여자에 의한 성차별

모순적이게도 여성들은 모든 사람에게가 아닌, 자신과 같은 성을 지닌 다른 여성들을 향해 특유의 공격성을 드러낸다(Chesler, 2009). 간접적이면서도 은밀하게, 익명성에 기댄 사회적 · 인격적 공격을 가하는 것이다. 체슬러(Chesler)는 여성들은 같은 여성을 공격하고자 하는 의지가 있어도 남들 앞에서 대놓고 욕하거나 폭력을 행사한다면 자기 또한 다른 여성에게 공격을 당할 구실을 줄 수 있으므로 여성 특유의 친화성을 이용하여 일종의 하위그룹을 만들고 이 그룹의 동지들을 통해 간접공격을 가한다고 분석한다. 예를 들면, 남들 앞에서 대놓고 무시하기, 차가운 눈빛 보내기, 인맥 가로채기, 핀잔주기, [주로 성(性)과 관련된] 질 나쁜 소문내기 등 다양한 방법이 존재한다.

체슬러(2009)는 여성들 사이의 공격 원인을 어머니와 딸의 관계에서 찾고 있다. 과거 남성들은 사냥이나 전쟁을 위해 서로 긴밀하게 협력해야 하는 의무를 가졌지만, 여성들은 가정에서 아이들을 키우고, 다른 여성들과 협력과 경쟁을 해야 하는 처지에 놓여 있었다. 서로 도움을 주고받으면서 중요한 존재로 관계를 지속하기보다 제한된 자원과 타인으로부터의 관심을 이끌어 내기 위해서는 간접적이면서도 부드러운 방식을 택했다는 것이다. 이러한 공격의 심리적 기저는 여자 자신의 육체적 열세를 반영함과 동시에 모녀 관계에서의 애정결핍도 한 부분을 차지한다. 어머니는 자신의 약함을 보호해 줄 남편이나 아들이 필요하기 때문에 이들의 관심을 얻으려 하고 딸은 오히려 가정이나 주변 남성들을 놓고 경쟁하는 대상으로 여긴다는 것이다.

3. 여성과 성평등

1) 성평등의 개념

성평등(性平等)은 '모든 사람이 정치적 · 경제적 · 사회적 · 문화적으로 차별 없이 평등한 대우를 받아야 하고 성별에 근거하여 차별 대우를 받으면 안 된다는 관점'이다. 그러나 성평등의 정의는 그 자체로 사회적 구성물이다. 왜냐하면 각 사회의 지배적인 젠더질서나 체계에 따라 성평등의 내용도 달라질 수 있기 때문이다(신경아, 2016: 4-5).

성평등이라는 단어와 함께 혼용해서 사용하는 단어는 양성평등인데, 「양성평등기본법」 제3조 제1항에 따르면, "양성평등이란 성별에 따른 차별, 편견, 비하 및 폭력 없이 인권을 동등하게 보장받고 모든 영역에 동등하게 참여하고 대우받는 것"을 말한다. 보통 사람들이 '양성평등'이라는 말을 사용할 때는 남녀평등으로 간주하지만, 여성주의자들과 급진여성단체들은 양성평등을 '성평등'(젠더 평등; gender equality), 즉 성소수자들의 차별받지 않을 권리까지 포함시켜 말하고 있다고 보고 있다. 성평등과 양성평등 용어 모두 'gender equality'라는 영어로 번역되고 있으나 국내에서는 이 두 용어의 사용에 있어 여성계와 종교계 간의 갈등이 있다.[9]

평등이란 무엇인가? 사실 평등의 핵심은 차이를 어떻게 개념화하고, 어떻게 관계 지을 것인가에 있다. 성평등의 핵심은 성차를 정책이 어떻게 이해하고 접근해야 하는가가 관건이다(이재경, 2010: 44). 성평등은 워낙에 다양한 차원과

---

9) 보수 기독교계와 동성애 반대 단체 등은 성평등을 "동성애를 포함한 다양한 성 정체성 간 평등을 의미한다."며 꾸준히 반대해 왔다. 반면 급진주의 여성단체에서는 '양성평등'의 '양성'이란 말은 또 다른 성의 존재 가능성을 지우기 때문에 이 용어의 사용을 반대한다.

많은 의미의 층위를 가진 복잡한 개념이기 때문에 한 마디로 정의하기 어렵지만, 궁극적으로는 남성 중심적이고 위계화된 사회운영 논리와 젠더 질서를 바꾸는 것이다(이재경, 김경희, 2012). 페미니즘에서는 과연 무엇이 평등이고 어떻게 실현될 수 있는가에 대한 논쟁이 있어 왔는데, 이 논쟁에는 세 가지 입장이 있다. 첫째, 남성과 여성이 같다는 전제에 기반한 동등기회 전략, 둘째, 남녀의 차이를 강조하는 실질적 평등 전략, 셋째, 남성성 대 여성성, 평등과 차이라는 이분법을 넘어서 구성되는 가부장적 규범과 제도에 도전하는 변혁적 전략이다.

성평등이나 양성평등의 개념을 논의할 때 형식적 평등과 실질적 평등을 구분해서 살펴볼 필요가 있다. 형식적 평등은 '같은 것은 같게'의 차원으로 비슷한 상황에서는 비슷하게 대우받아야 한다는 논리를 전제로 한다. 그러나 여성과 남성이 같은 조건, 같은 상황에 있지 않은 경우가 더 많고, 사회구조적으로나 규범적으로 이미 분리된 경우가 많으며, 대부분 남성의 상황을 기준으로 삼는 것이 일반적이다. 따라서 남성 중심적 기준에서의 평등 추구는 여성에게 남성 중심 사회에 동화되라는 요구가 된다. 따라서 실질적 평등의 개념이 필요한데, 이는 기회, 조건, 결과의 평등까지 의미하는 개념이다. 이를 위해서는 차별금지 정책이 가장 유효할 수 있다는 주장이 있다(신경아, 2016).

그렇다면 우리나라를 포함한 전 세계는 성평등이 이루어지고 있는가? 그렇지 않다는 비판이 더 우세하다(이수연, 이혜림, 강혜란, 김미경, 김하얀, 2014). 수많은 양성평등 정책과 실천에도 불구하고 성불평등은 여전히 사라지지 않고 있으며, 단지 변형되어 왔다(김미경, 2001). 김미경(2001)은 가부장제가 재구조화되어 신가부장제가 나타났는데, 이는 여성들이 가정에서 나와 직장과 사회로 진출을 함으로써 형식적으로는 평등이 이루어진 것 같지만, 이중 또는 다중의 역할로 인해 여성들이 일과 가정을 양립해야 하는 부담과 결과적으로 슈퍼우먼 콤플렉스를 부담 지우게 되었다고 주장한다. 실제적 평등이 아닌 형식적 평등만 이루어진 셈이다.

2) 한국의 성평등 정책의 역사와 문제

한국의 여성정책은 1980년대 중반까지는 요보호 여성을 위한 부녀정책 중심으로 전개되었고, 1980년대 중반 이후는 여성을 수혜대상으로 삼는 복지적 성격의 여성정책으로 진행되었다(신경아, 2016: 8). 2000년대 들어서는 양성평등정책으로 전환되었는데, 이러한 변화는 성평등의 정치적 성격이 약화되고 복지정책이 가속화되어 온 것이라고 볼 수 있다. 왜냐하면 '차별'이나 '평등'의 언어가 공식 문건에서 사라지고, 여성가족부가 여성부로 축소되었다가 다시 복원되면서 여성정책의 조정 역할보다는 복지기능에 집중하게 되었기 때문이다. 결국 성평등이라는 본래의 목표는 사라지고 성별 권력관계를 분석하고 변화시키는 방향으로 나아가기보다는 균형과 조화를 중심으로 하는 양성평등의 논리로 나아가게 된 것이다. 즉, 여성이 경험하는 차별이나 불평등, 그것을 발생시키는 맥락에 대한 규명이나 노력 없이 여성의 현재 조건을 끌어올리는 평등 논리로 뒤바뀌게 된 것이다(배은경, 2016; 신경아, 2016).

특히나 2005년 「남녀차별금지 및 구제에 관한 법률」이 폐지되고 차별업무가 국가인권위원회로 이관되면서 젠더정책의 핵심이 성차별에 대한 관심보다 양성평등으로 전환되었다. 결과적으로 여성정책은 여성이 경험하는 불평등한 현실과 차별에 대한 해결이나 해소보다 여성의 사회경제적 참여 확대라는 틀 속에 갇히게 되었고, 따라서 성별 격차를 줄이려는 노력은 주변적 관심으로 밀려나게 되었다(신경아, 2016: 11). 더불어 '남성의 불이익을 어떻게 고려할 것인가'에 대한 과제가 중요하게 등장했는데, 이것이 '양성평등'의 취지에 부합하기 때문이라는 주장에 근거를 두고 있다. 물론 남녀 모두 차별이나 불평등을 경험해서는 안 되지만, 여성에 대한 성차별과 불평등은 가부장적 체계의 모순과 문제점에 대한 접근이 전제되어야 하는데, 이러한 접근의 중요성이 감춰지고 희석된 채 양성평등 정책이나 복지정책으로 나아가고 있는 것이 문제로 지적되고 있다.

1980년대 여성학자들이 제안한 양성평등의 개념은 남녀를 동등하게 대우하는 것을 의미했다. 교육이나 정치참여 등의 현실적인 상황 속에서 남녀에게 동일한 권리를 보장해 주는 것을 의미했다. 이들은 특정 제도나 혜택이 여성의 불평등으로 이루어지지 않도록 사회의 억압적인 구조나 불평등한 체계를 변화시켜야 할 필요성을 주장했다.

그러나 2000년대에 들어서면서 양성평등은 여성학자나 여성운동가들만의 문제가 아니라 국가차원에서 추구하는 평등의 한 축으로 작동하고 있다. 세계여성회의에서 여성 발전의 새로운 패러다임으로 채택되고 있으며, 유엔은 각국 정부에 모든 정책과 프로그램에 성평등 관점을 통합하는 책무를 부여하고 주류 의사결정 과정의 성평등한 참여를 보장하고 정책과 프로그램에 성평등 관점을 통합함으로써 정책의 시스템과 문화를 새롭게 전환하는 것이다(김양희 외, 2007).

「여성발전기본법」을 '성평등기본법'으로 전환하는 것이 필요하다고 제기된 지 10여 년 만에 「양성평등기본법」으로의 전부개정이 의결되어 2015년 7월부터 시행되었다. 1995년 「여성발전기본법」이 제정된 지 20년 만에 정책방향의 전환이 이루어진 것이다(차인순, 2014). 「양성평등기본법」은 정책 추진체계 강화, 성 주류화 조치 체계화, 참여 확대, 인권보호와 복지증진, 문화 확산 등의 주요 내용이 포함되어 있다. 그러나 문제는 이 법이 실질적인 양성평등 사회가 어떤 사회인지, 이러한 사회를 이루기 위해 어떤 전략과 절차가 필요한지에 대해 명시하고 있지 않아 이 법의 취지와 목표의 해석을 둘러싸고 잘못된 해석이나 오해, 왜곡을 초래할 수 있다는 비판이 지속되고 있다.

3) 성인지적 관점

「양성평등기본법」 제18조에서 성인지란 "사회 모든 영역에서 법령, 정책, 관습 및 각종 제도 등이 여성과 남성에게 미치는 영향을 인식하는 능력"으로 정의하고 있다. 다시 말하면, 성인지적 관점(gender-sensitive perspective)은 여성의 불이익 문제에 관심을 두는 여성주의 관점과는 달리, 여성과 남성이 자신들이 지닌 생물학적 · 사회문화적 경험의 차이로 인한 서로 다른 이해나 요구를 가지고 있다는 보는 관점이다. 특정 개념이나 정책 및 실천이 특정 성별에게 유리하거나 불리하지 않은지 성역할 고정관념으로 인해 선입견이나 편견, 차별이 개입되어 있지 않은지 검토하는 관점이다(박옥임 외, 2020).

따라서 성인지 정책은 여성과 남성의 차이를 고려해서 정책을 수행하는 것이되 과거의 몰성적인(gender-blind) 정책을 비판하면서 대안으로 제시된 정책이다. 그러나 성인지 정책이 성평등을 목표로 추진하는 것임에도 불구하고 여전히 여성만을 정책대상으로 함으로써 성평등의 급진성이 사라지고 있다는 비판을 받고 있다. 평등이라는 용어보다는 여성을 보호하고 발전시키고 지원하는 것을 강조한다는 것이다. 이것은 '성평등' 정책이 아닌 '여성'정책이 되고 있다는 점에서 비판을 받고 있다(이재경, 김경희, 2012).

여성복지에 있어서 성인지적 관점은 기존의 여성복지가 남녀 간의 전통적인 성역할 차이와 고정된 성관념을 당연하게 받아들이는 잘못된 가정이나 전제하에 제공되었기 때문에 이러한 성별 전제를 깨고 양성평등한 복지를 실현하기 위해 필수적인 접근방식이다(최동주, 문은영, 강문구, 2004). 문제는 남성중심적 문화가 지배하는 공직 사회에서 성인지적 관점에 대한 명확한 이해와 적용이 없이 성평등 정책을 추진하기가 매우 어렵다는 비판이 많다. 성평등이 무엇인지에 대한 충분한 개념정의가 없어 담당 공무원의 제각각의 판단과 기계적이고 산술적인 판단으로 정책을 추진하는 경우가 많기 때문이다(배경은, 2016; 신경아, 2016). 더불어 여성에 관련된 주요한 의사결정을 하는 대부분이 남성이라는 점도 여전히 문제점으로 남아 있다.

4) 성 주류화

「서울특별시 성평등 기본 조례」 제1조의2에서 성 주류화란 "법규, 정책, 예산, 제도 등의 영역에서 성별에 따른 차이와 특성을 고려하여 시정 전반에서 성평등을 이루는 것"으로 정의하고 있다. 다시 말하면, 성 주류화(gender-mainstreaming)는 모든 영역과 수준에서 입법 및 프로그램을 포함하여 계획된 정책 조치가 여성과 남성에게 미치는 다양한 영향을 평가하는 공공 정책 개념이다.

성 주류화는 본질적으로 남성과 여성 모두의 다양성을 중시하는 다원적 접근 방식을 제공한다. 이 개념은 1985년 케냐 나이로비에서 열린 제3차 세계 여성 회의에서 처음 제안되었고, 1995년 중국 베이징에서 열린 제4차 세계 여성 회의에서 공식적으로 소개되었으며, 회의 결과 문서인 「베이징 행동 강령」에서 인용되었다. 우리나라는 2002년 「여성발전기본법」 개정을 통해 성별영향 분석평가의 근거가 마련되고, 2005년 중앙행정기관 및 광역자치단체, 2006년 기초자치단체, 2007년 시 · 도 교육청까지 확대 시행되게 되었다. 성 주류화는 여성을 정책의 대상으로 하는 여성정책을 넘어서서 일반정책에 있어서도 성차별적인 기존 제도의 부당성을 인식하는 관점에서 정책이 미치는 성별 영향을 분석하고, 그 영향이 남녀 간의 불평등에 영향을 미치지 않도록 하는 것을 목표로 하는 것이다.

성 주류화를 이루기 위해서는, 첫째, 주류사회의 모든 분야에서 여성이 목소리를 낼 수 있어야 하고, 둘째, 정책과 프로그램에서 성인지적 관점을 통합해야 하며, 셋째, 기존의 남성 중심의 주류영역의 시스템과 문화가 성인지적으로 재편되어야 한다(이재경, 김경희, 2012). 그동안 여성정책은 다른 공공정책과 달리 여성운동의 적극적인 참여를 통해 발전되어 왔으며 사회의 지배원리에 도전하고 사회에 작동되는 원리를 재조직하는 것을 여성운동의 목표로 삼아 왔다. 그러나 우리나라 정부가 성 주류화 전략을 실천하는 과정에서 여성운동을 적극 참여시키지 않고 전문가-관료주의 모델을 채택함으로써 여성을 포함한 다양한 주체들로부터 의견을 수렴하기보다는 행정공무원 주도하에 전문가가 협력하는 식의 성인지 정책이 운영되어 왔다는 비판을 받아 왔다(이재경, 김경희, 2012).

　문제는 정책 현장에서 성 주류화라는 용어가 "모호하고 이해하기 어려우며, 지루하고 귀찮은 용어로 인식되고 있다는 점"(마경희, 2007: 40)이다. 성 주류화는 국가 기구들의 핵심적 정책이 되어야 하지만 국가 공무원들은 성평등에 대한 문제의식과 지식, 관점이 부족하기 때문에 이를 도구와 절차의 문제로 축소시키게 된다. 담당 공무원들도 가부장적 구조에 의해 내재화된 규범을 적용함으로써 의도치 않은 성불평등을 재생산시키고 있다(마경희, 2007). 성 주류화를 실천하기 위한 주요 도구에는 성별영향분석평가(Gender Impact Assessment: GIA), 성인지 예산제도, 성인지 통계 등이 있지만, 이러한 도구들이 제대로 작동하기 위해서는 성 주류화에 대한 정확한 개념정의와 공유되는 공감적 인식이 있어야 하는데 막상 정책 현장에서는 이러한 인식이 매우 부족한 것이 현실이다.

토론하기 주제

1. 나와 내 가족이 경험한 성불평등이나 성차별의 사례에 대해 그룹으로 이야기를 나눠 봅시다.
2. 가부장적 자본주의가 영향을 미치고 있는 사회의 다양한 체계와 문화, 영역을 찾아 그룹으로 이야기를 나눠 봅시다.
3. '젠더갈등' 현상의 원인에 대해 개인적·사회적·국가적 차원에서 토론해 봅시다.

🎬 **도움이 되는 자료**

1. 영화 〈서프러제트(Suffragette)〉(2016)

이 영화는 급진적인 여성 참정권 운동을 벌인 20세기 초 영국의 대표적인 여성 운동가 에멀린 팽크허스트와 그녀가 이끌던 여성사회정치연합이 활동하던 1912년 영국이 배경이다. 그러나 이 영화의 중심이 되는 인물은 에멀린 팽크허스트가 아니고 한 평범한 여성 노동자이다. 20세기 초 영국 세탁공장 노동자인 모드와츠는 한 남자의 아내, 한 아이의 엄마로 평범하게 살아가지만 여성 투표권을 주장하는 거리의 투쟁 여성들인 '서프러제트'를 목격하며 삶에 큰 변화를 겪게 된다. 여성에게 주어지지 않은 투표권뿐 아니라 여성에게 당연시되던 차별과 권리박탈에 맞서 싸우게 되면서 걷잡을 수 없는 투쟁의 중심에 서게 된다. 이 영화는 차별받는 여성들의 사연을 비극적으로 그려 내기보다 변화를 두려워하던 20세기 초 영국 사회의 시대적 분위기를 담아내며, 이러한 변화에 대한 남성의 저항뿐 아니라 여성들의 갈등도 세밀하게 담아내고 있다. 누구도 강요하지 않았지만 스스로의 희생을 감내하며 역사를 바꾸어 나아갔던 수많은 서프러제트의 목소리를 기억하기에 좋은 영화이다.

참고문헌

김경연(2018). 노년여성의 귀환과 탈가부장제의 징후들. 어문논집, 82, 133-177.

김경희, 양애경, 김둘순(2009). 성주류화 관련 제도의 효과적 정착을 위한 연구(Ⅱ): 성주류화 실행 모델 개발. 한국여성정책연구원.

김미경(2001). 이중사회화 과정을 통해 본 한국 여성해방전략의 제한성과 부적절성.

한국여성학, 17(1), 101-136.

김혜선(1997). 성차별의식이 여성의 직업의식에 미치는 영향. 이화여자대학교 대학원 석사학위논문.

마경희(2007). 성주류화(gender mainstreaming)에 대한 비판적 성찰. 한국여성학, 23(1), 39-67.

박옥임, 김경신, 이주희, 최은정, 박준섭(2020). 여성복지학. 공동체. eBook.

박채복(2005). 한국 여성운동의 전개와 과제. 한·독사회과학논총, 15(1), 231-252.

배은경(2016). 젠더 관점과 여성정책 패러다임: 해방 이후 한국 여성정책의 역사에 대한 이론적 검토. 한국여성학, 32(1), 1-45.

서울여성회(2022). 2022년 대중매체 양성평등 내용분석 보고서.

송다영, 김미주, 최희경, 장수정(2015). 새로쓰는 여성복지론: 쟁점과 실천. 양서원.

신경아(2016). 여성정책에서 성평등정책으로?-젠더정책의 오해와 이해. 한국여성학 32(4), 1-36.

심미영, 안성아, 이둘녀(2014). 대학생의 양성평등에 관한 주관적 인식 연구. 사회과학연구, 30(3), 1-22.

여성을 위한 모임(2014). 내 안의 여성 콤플렉스 7. 후마니타스.

염운옥(2014). 마리아 미즈처럼 '타나(TINA)'에 저항하기, 서평. 여성과 역사, 21, 283-288.

이수연, 이혜림, 강혜란, 김미경, 김하얀(2014). 양성평등문화 확산을 위한 정책과제 개발. 한국여성정책연구원.

이윤종(2020). 페미니즘의 확장성을 지향하며. 문화과학, 통권 제104호, 23-48.

이정복(2007). 한국어 사전에 나타난 성차별 언어 연구. 한국어학, 34, 257-300.

이재경(2010). 국가와 젠더: 성 주류화의 이론과 실천. 이화여자대학교 한국여성연구원 기획. 한울아카데미.

이재경, 김경희(2012). 여성주의 정책 패러다임 모색과 '성평등'. 한국여성학 28(3), 1-33.

전경옥, 유숙란, 이명실, 신희선(2011). 한국 근현대 여성사: 정치, 사회 1. 모티브북.

최동주, 문은영, 강문구(2004). 성인지적 관점과 아시아 여성복지정책 비교: 필리핀, 일본, 대만, 중국, 싱가포르의 사례를 중심으로. 국제지역연구, 8(1), 271-304.

최선영(2012). 박완서 소설에 나타난 가부장제자본주의 양상과 극복의 가능성. 현대소설연구, 51, 431-455.

홍미영(2015). 양성평등기본법 시행과 부산의 과제. 여성우리 54, 4-9. 부산여성가족개발원.

홍양희(2016). 현모양처의 상징, 신사임당: 식민지시기 신사임당의 재현과 젠더 정치
    학. 사학연구, 112, 155-190.

Chesler, P. (2009). *Woman's inhumanity to woman*. 정명진 역(2009). 여자의 적은 여
    자다. 부글북스.

Mies, M. (1999). *Patriarchy and accumulation on a world scale: Women in the
    international division of lavour*. 최재인 역(2014). 가부장제와 자본주의. 갈무리.

O'Toole, E. (2016). *Girls willl be girls*. 박다솜 역(2016). 여자다운 게 어딨어. 창비.

Tavris, C. (1993). *The mismeasure of women*. 히스테리아 역(1999). 여성과 남성이 다
    르지도 똑같지도 않은 이유. 또 하나의 문화.

Wood, J. (1994). *Gendered lives: Communication, gender, and culture*. 한희정 역
    (2007). 젠더에 갇힌 삶. 커뮤니케이션북스.

한겨레(2013. 11. 6.). 성별 논란 박은선 "여자로서 수치심 말할 수 없을 정도".

허프포스트코리아(2016. 8. 12.). 남자 싱크로 다이빙 선수들의 세리머니를 다룬 언론
    보도가 LGBT 단체의 비난을 받다.

국립국어원 표준국어대사전. 성차별. https://stdict.korean.go.kr

페미니즘과 여성운동의 역사

 학습개요 o┈┈┈┈┈┈┈┈┈┈┈┈┈┈┈┈┈┈┈┈┈┈┈┈┈┈┈┈┈┈┈┈┈┈┈

우리는 여성이 경험하는 성차별을 논할 때 페미니즘을 논하지 않을 수 없다. 이 장에서는 페미니즘의 역사와 정의에 대해 살펴보되, 여성들이 다양한 페미니즘의 스펙트럼 속에서 고민하고 갈등하며 성취를 이루어 냈던 점들을 중심으로 학습한다.

학습목표 o┈┈┈┈┈┈┈┈┈┈┈┈┈┈┈┈┈┈┈┈┈┈┈┈┈┈┈┈┈┈┈┈┈┈┈

1. 페미니즘의 개념과 특성에 대해 학습한다.
2. 서구의 근현대 여성운동의 역사에 대해 학습한다.
3. 한국의 근현대 여성운동의 역사에 대해 학습한다.
4. 국내외 대표적 여성운동가들에 대해 살펴본다.

"여성사를 서술하기 위해서는 역사 서술의 다양성을 인정하고, 거대담론을 해체하며, 미시사(microhistory)를 통해 전체사를 완성해 가는 작업이 필요하다. '여성의 역사'는 전체 사회구조 속에서 조망되는 '관계의 역사'이며 동시에 '남성의 역사'이기도 한 점에서 절반의 역사가 아니라 전체의 역사이다."(전경옥 외, 2011: 16-17)

1. 페미니즘

1) 페미니즘이란

페미니즘은 서양에서 18세기를 전후로 많은 여성이 정치 운동과 혁명에 뛰어들면서 시작되었다(김정화, 2019: 12). 페미니즘은 여성이라는 이유만으로 배제와 억압, 차별이 작동하는 사회의 체제를 비판하고 이를 개혁하여 여성도 한 사람의 당당한 시민으로서의 권리를 행사할 수 있기를 바라는 운동이다. 다양한 시대와 공간을 아울러 발전해 온 페미니즘을 한마디로 정의하기는 어렵지만 몇 가지 공통점은 있다.

첫째, 페미니스트는 '여성'이라는 성별을 지닌 인간이 오랫동안 권력으로부터 배제되어 왔으며, 정신과 신체, 감정을 억압당했다고 인식한다. 둘째, 페미니스트는 이런 배제와 억압을 당연한 자연의 산물로 여기지 않고, 역사와 구조 속에서 지속적으로 만들어진 것일 뿐이라는 인식을 공유한다. 따라서 페미니스트는 남성 개개인을 혐오하는 것이 아니라 일부 남성에게만 권력이 주어지거나 치중되어 있고, 남성이라는 성별로 여성이라는 성별을 차별하고 억압하는 데 활용되는 남성 중심의 문화와 체제를 비판하는 것이다(김정화, 2019: 14).

2) 페미니즘 운동의 물결

페미니즘 학자들에 의해 미국, 캐나다 그리고 서유럽의 많은 나라의 페미니즘은 세 개의 물결로 나뉘었다. 제1, 제2, 제3의 물결(wave)로 나뉘며, 최근 2010년대부터는 새로운 미디어 플랫폼에 의해 특징지어지는 제4의 물결이 있다.

(1) 제1물결 페미니즘

제1물결 페미니즘은 19세기와 20세기 초 서구에서 일어난 페미니스트 활동과 사상의 시기이다. 주로 여성의 투표권을 확보하는 것을 중심으로 법적인 문제에 초점을 맞췄다. 계몽주의 시대 이후, 근대 시민사회의 보편적 이념이라 할 수 있는 인간의 존엄성과 평등성에 대한 여성들의 자각이 이루어지면서 제1물결 페미니즘은 법적·제도적 측면에서의 성적 불평등 문제를 해결하고자 노력하였다.

여성들이 얻지 못한 교육 기회, 직업에의 기회, 재산권 등에 대한 권리를 요구하는 운동에서 시작된 제1물결 페미니즘은 이후 참정권 운동으로 확대되었다. 참정권 운동은 주로 의회민주주의가 발달하지 못한 국가에서 발생한 경향이 있었으며, 대부분 중산층(귀족) 여성들이 초기 여성운동에 적극적으로 참여하였다. 그 이유는 귀족계급 여성은 귀족 남성들과 마찬가지로 특권은 누렸지만, 그 권리가 남성들에 비해 상대적으로 취약한 상태였고, 노동계급 여성은 생존 자체가 위협받는 상황이어서 여성권리 운동에 관심을 가질 여력이 없었기 때문이다.

따라서 이 시기의 여성운동은 주로 재산을 가지고 있는 여성에 대한 참정권 운동에 초점이 맞춰져 있었고, 중산계급과 자유주의자를 중심으로 전개되었다. 주로 영국, 스칸디나비아 반도 국가, 미국, 뉴질랜드, 호주 등에서 활발히 펼쳐졌으며, 후에 영국은 중산계급과 노동계급 여성이 함께 연대하여 투쟁하기도 했다. 제1물결 페미니즘 운동에 있어 사회주의 경향의 여성운동도 전개되었는데, 중산층 여성들이 노동자 계층 여성들이 겪는 삶의 조건과 불평등, 차별에 대해 전혀 이해가 없다는 점에 환멸을 느낀 여성노동자들을 중심으로 사회주의 여성운동이 활발하게 전개되기 시작했다.

(2) 제2물결 페미니즘

제2물결 페미니즘은 1960년대 초에 시작되어 약 20년 동안 지속된 페미니스트 활동 기간이다. 서구 세계 전역에서 일어났고, 이전의 페미니스트 운동의 결과를 바탕으로 여성의 평등을 높이는 것을 목표로 전개되었다. 특히 1968년은 여성운동의 전기를 마련한 해로서, 이 시기에는 학생운동, 반전운동, 흑인의 인권운동, 좌파운동 등의 사회운동이 활발히 일어났던 시기와 맥을 같이한다. 이러한 시민운동의 중심에는 의식이 깨어 있는 여성들이 적극 참여하게 되었으며 이로 인해 여성운동의 르네상스 시기를 맞게 되었다.

제1물결 페미니즘이 주로 참정권과 성평등에 대한 법적 장애물(예: 투표권과 재산권)을 뒤집는 데 초점을 맞춘 반면, 제2물결 페미니즘은 성, 가족, 가정, 직장, 생식권, 사실상의 불평등, 공식적인 법적 불평등 등 더 넓은 범위의 문제를 다루도록 논쟁의 영역이 확장되었다. 남성 중심의 가부장제, 즉 남성 중심의 제도와 사회 전반의 문화적 관행을 비판하는 데 초점이 맞춰지게 된 것이다. 가정폭력과 부부강간 문제에 관심을 모았고, 강간피해센터와 여성쉼터를 조성했으며, 양육법과 이혼법의 변화를 가져왔다.

제2의 물결 페미니스트 운동은 미국에서 가장 활발하게 전개되었는데, 1966년 베티 프리단(Betty Friedan)을 중심으로 전미여성연합(National Organization for Women: NOW)이 조직되기에 이르렀다. 이 단체를 중심으로 여성들이 참정권과 교육기회를 획득했음에도 불구하고 여전히 불평등으로 고통받고 있다고 주장한 반면, 가부장제와 성별 분업 폐지가 함께 이루어져야 여성문제가 해결될 것이라고 보는 사회주의 여성운동도 함께 공존했다.

제2물결 페미니즘에서는 여성에 대한 차별의 원인은 여성의 본성적 열등성에 있는 것이 아니라 여성을 비이성적이고 감성적인 존재로 보는 사회적·문화적 관습과 편견 때문이라고 주장했다. 많은 역사학자가 미국의 제2의 물결 페미니스트 시대가 1990년대 초 제3물결 페미니즘의 시대를 이끌었던 성, 포르노와 같은 문제들을 둘러싼 페미니스트 내의 논쟁과 함께 1980년대 초에 끝난 것으로 본다.

(3) 제3물결 페미니즘

제3물결 페미니즘은 1990년대 초에 시작된 페미니스트 운동이다. 1960년대와 1970년대에 태어난 X세대가 제3세대 여성주의자의 주를 이루었다. 이들은 제2물결의 시민권 진보에 기초하여 여성의 다양성과 개인주의를 받아들이면서 페미니스트라는 것이 무엇을 의미하는지 그 개념을 재정의하려고 노력했다. 이러한 노력을 통해 제3물결 페미니즘에서는 교차성, 성긍정성, 채식주의, 에코페미니즘, 트랜스페미니즘, 포스트모던 페미니즘과 같은 새로운 페미니스트 흐름과 이론을 출현시켰다.

제3물결 페미니즘과 초기 페미니즘의 물결 사이의 중요한 차이점 중 하나는 성별과 인종, 계급, 성적 지향, 능력과 같은 다른 사회적 정체성의 교차성을 인식한다는 점이다. 즉, 페미니즘에 대한 교차적 접근은 다양한 형태의 억압으로 인해 소외된 여성들의 경험과 관점을 인식하고자 하는 노력이다. 또한 제3물결 페미니즘은 성적 해방을 강하게 강조하고, 성과 관계에 관한 전통적인 성역할과 규범에 도전하며, 안전하고 합의된 방식으로 자신을 성적으로 표현할 수 있는 여성의 권리를 지지한다.

제3물결 페미니즘에서는 다양성과 포괄성을 포용한다. 여성의 경험, 배경 및 정체성의 다양성을 인식하고 축하하며, 모든 성별, 인종 및 성적 지향의 사람들을 환영하는 보다 포괄적인 페미니스트 운동을 만들기 위해 노력한다. 제3물결 페미니즘은 새로운 사회운동 차원에서의 환경 및 생명 존중 운동으로까지 발전했는데, 남성 중심적 사고가 환경 및 생명의 황폐화와 밀접히 관련되어 있다는 문제의식을 가지고 있었기 때문이다.

이와 같이 제3물결 페미니즘에서는 단순히 성불평등 문제뿐만 아니라 남성과 여성이 함께 대안적 문화를 형성해 나아가고자 실천적 노력을 추구하였다.

3) 페미니즘의 다양한 관점

(1) 자유주의 페미니즘

자유주의 페미니즘(Liberal Feminism)은 자유, 평등, 정의라는 자유주의의 가치에 근거해 여성과 남성이 동등한 법적·사회적·정치적 권리를 획득하는 것에 초점을 두는 페미니즘의 한 이론이다. 제1물결 페미니즘이라고도 이야기할 수 있지만, 제1물결 페미니즘에 반드시 자유주의 페미니즘만 존재했던 것은 아니다.

18세기 메리 울스턴크래프트(Mary Wollstonecraft)의 저서인 『여성의 권리 옹호(Vindication of the rights of woman)』를 통해 여성의 교육받을 권리가 주창되면서 이어 여성에게도 남성과 같은 정치적·경제적 권리와 기회가 주어져야 함이 주장되었다. 자유주의 페미니스트들은 노예제 철폐 운동과 여성에 대한 차별철폐와 권리운동을 유사한 관점으로 바라보면서 이 두 가지 운동을 통합하는 권리주장 운동을 펼쳤다. 1920년경 약 50년에 걸친 투쟁 끝에 미국 「헌법」 제19조항을 수정하고 참정권을 얻는 데 성공하는데, 이후 1960년경에는 자유주의 페미니스트 단체와 급진적 페미니스트 단체로 갈라지게 되었다.

20세기 자유주의 여성운동은 노동시장에서의 차별 대우나 재산권, 친권과 같은 법적 권리에 있어 성차별이 일어나는 것을 반대하고 이를 변화시키기 위한 법 제정과 개정 노력을 기울였다. 그러나 자유주의 페미니즘은 전통적으로 여성에게 부여되어 온 역할이 인간의 삶에 있어 매우 중요하며, 이러한 역할이나 자질을 열등한 것으로 여기는 것은 잘못된 것이라는 입장을 유지함으로써 가부장적 이데올로기에 기반한 보수적 관점과 여성에게 전통적으로 부여된 성역할 수행을 정당화했다는 점에서 한계가 있다는 비판을 받고 있다.

(2) 사회주의 페미니즘

사회주의 페미니즘(Socialist Feminism)은 초기 마르크스주의에 기반을 둔 관점으로 급진적 페미니즘과 마르크스주의 페미니즘의 핵심적 개념을 통합한 주의이다. 여성해방을 위해 자본주의를 종식시켜야 한다는 점에서 마르크스주의 페미니즘과 같지만, 가부장제가 해체되기 전까지는 자본주의가 종식되지 않는다고 보았다. 따라서 자본주의와 가부장제 모두에 여성 억압의 원인이 있다고 보고 있는 관점이 사회주의 페미니즘이다.

사회주의 페미니즘에서는 여성의 지위는 단순히 경제적인 차원뿐 아니라 다른 여러 가지 차원이 결합되어 나타나는데, 사회주의 국가들이 가부장제를 유지하며 존재했다는 점에 주목한다. 따라서 여성해방을 위해서는 경제뿐 아니라 정신적·문화적 혁명이 필요하다고 강조했다. 대표적인 사회주의 페미니스트인 하이디 하트만(Heidi Hartman)은 자본주의와 별개인 가부장제에 초점을 맞추어 남성이 여성의 노동력을 통제하는 것에 대해 설명한 바 있다. 즉, 자본주의 가부장제 사회에서는 여성의 노동력을 통제하는데, 이는 자본과 가부장제의 이해관계가 일치하기 때문에 발생한 결과라고 해석한다. 예를 들면, 가족임금제도를 통해 남성이 노동시장에서 여성보다 더 좋은 직업을 구할 수 있게 되고, 여성보다 더 높은 임금을 받게 된다는 것이다. 남성이 가장이고 생계부양자이기 때문에 여성보다 높은 임금을 받는 것은 당연하다는 규범이 작동한다는 것이다. 이로 인해 여성이 노동시장에서 낮은 임금을 받게 함으로써 여성으로 하여금 주부를 선택하게 만들고, 여성은 가사노동을 하고 자녀를 양육하는 등 남성에게 직접적으로 혜택이 돌아가는 서비스를 가정에서 수행함으로써 남성이 우월적 지위를 차지하게 만든다는 것이다. 결국 여성의 임금이 낮은 것은 남편이 돈을 번다는 것을 고려하는 가족임금제에 의해 기반한 것이며, 이로 인해 여성의 노동이 통제된다는 주장이다.

(3) 급진적 페미니즘

급진적 페미니즘(Radical Feminism)은 법과 제도의 결함보다는 가부장제 자체에 집중하는 페미니즘의 한 갈래이다. 이 페미니즘에서는 주로 시위를 통해 여성을 위한 교육이나 피해 지원, 문화적인 투쟁을 이루고, 이러한 결과로 여성 억압을 극복하고자 한다. 급진적 페미니즘에서는 여성이 역사적으로 지배당하는 피지배 집단이자 여성에 대한 차별과 억압은 모든 사회에 존재하는 보편적인 현상으로 보았다. 따라서 계급사회 철폐만으로는 여성 억압을 종식시키기 어렵다고 보았고, 여성이 당하는 억압은 가해자나 피해자에게 인식되지 못한 채 진행되는데, 이는 모두가 가진 성차별적 편견으로 인한 것이라고 분석하였다. 따라서 급진적 페미니즘에서는 단지 공적인 영역이나 법, 제도만의 개혁으로는 뿌리 깊은 여성차별과 여성 억압을 해결할 수 없기 때문에 여성 억압의 근본이 되는 가부장제를 철폐하고 성별 체제 자체를 변화시켜야 한다고 주장했다.

급진적 페미니즘에서 주장한 가장 유명한 명언이 있는데, 그것은 "가장 사적인 것이(개인적인 것이) 가장 정치적인 것이다."라는 명언이다. 이는 가정과 같은 사적인 영역에서 일어나는 일에 정치가 개입해서는 안 되는 것으로 보았던 자유주의의 전제를 비판하는 것으로 사적 영역에서의 지배구조와 여성 억압이 비정치적 영역으로 취급받는 것이 문제라는 점을 지적한 것이다. 예를 들면, 여성이 겪는 생리, 임신, 낙태, 강간, 가정폭력 등 사적 영역으로 치부되었던 영역에서 여성이 겪는 고통과 억압을 정치적이고 공적인 영역으로 이끌어 내어 문제를 제기하고 해결점을 찾아야 한다는 주장인 것이다. 이 슬로건은 오늘날의 페미니즘 운동까지 지속적이고 중요한 영향을 미쳐 왔고, 이제 여성 개개인이 겪는 사적이거나 작은 차별이나 억압도 개인적 차원의 문제로 치부하지 않고 공적이고 정치적인 이슈로 인식해야 한다는 의식을 고취하였다.

(4) 에코페미니즘

에코페미니즘(Ecofeminism) 또는 생태여성주의는 생태주의와 페미니즘을 동시에 지향하는 사상이다. 1970년대 서부 유럽에서 시작된 에코페미니즘은 생태학(ecology)과 여성주의(feminism)의 합성어로 여성해방과 자연해방을 동시에 추구하는 이론이면서 운동이다. 에코페미니즘은 여성과 자연은 동일하다는 전제에서 출발했는데, 여성이 가정과 사회 내에 놓여 있는 수동적·억압적 대상으로서의 위치를 가지기 때문에 자연이 인간에 의해 지배당하는 수동적 대상이라는 측면에서 동일하다고 보는 것이다. 인간이 자연을 지배하고 착취하는 것이 여성이 남성에 의해 지배당하는 것과 유사하고 서로 상관성이 있다는 주장인 것이다.

에코페미니즘은 여성과 환경 문제는 그 뿌리가 남성 중심의 억압적 사회구조에 있다는 전제에서 출발하기 때문에 성(性)의 조화를 통해 모든 생명체가 공생할 수 있어야 한다고 주장한다. 에코페미니즘에서는 인간과 자연, 남성과 여성이 관계를 맺는 방식을 전환해서 단순한 환경보호, 남녀 대결 식의 접근을 변화시킬 것을 지적한다.

에코페미니즘에는 몇 가지 원칙이 있는데, '여성의 억압과 착취 그리고 자연의 억압과 착취 사이에는 중요한 연관성이 있다' '이러한 연관성의 성격을 올바로 이해하기 위해서는 여성과 자연의 이중적 억압을 올바로 이해할 필요가 있다' '모든 페미니즘 이론과 실천은 반드시 생태학적 관점을 포함해야 한다' '생태 문제에 대한 해결은 반드시 페미니즘적 관점을 포함해야 한다' 등이 있다.

김현미 에코페미니즘 연구센터 소장은 에코페미니즘이란 인간을 비롯한 비인간 생명체가 자본주의 성장을 위한 도구와 상품이 되는 것에 근본적인 질문을 던지는 것이라고 말한다. 그리고 자본주의를 기반으로 한 풍요로운 삶도 결국 엘리트 남성 인간의 관점에서 더 많은 생산물을 만들어 내기 위해 동식물을 그 본질대로 살지 못하고 조작하게 만든다는 점을 지적한다. 이와 같이 에코페미니즘은 남성 중심적이고 성장 중심적인 패러다임을 비판하고 생태주의적 삶, 새로운 패러다임을 지향한다(우먼타임스, 2023. 1. 27.).

2. 서양의 근현대 여성운동 역사

1) 미국의 여성운동 역사

미국에서 페미니즘의 첫 시작은 1848년 7월 뉴욕에서 열린 최초의 여성 권리 대회인 '세네카 폴스 대회'에서 시작되었다. 이 대회는 1840년 런던에서 열린 세계노예제도 반대 대회에서 단지 여성이라는 이유로 입장을 거절당했던 엘리자베스 캐디 스탠튼(Elizabeth Cady Stanton)과 루크레시야 모트(Lucretia Mott)에 의해 시작되었다. 사회가 여성을 대하는 방식과 여성들이 처한 환경에 매우 문제가 있다는 의식에서 출발한 것이다. 이들은 「독립선언문」의 형식을 빌려 「감정선언(The Declaration of Sentiments)」을 발표했는데, 이 선언문에서 "우리는 모든 남성과 여성이 동등하게 창조되었으며 그들의 창조주로부터 양도할 수 없는 특정한 권리를 부여받았다는 자명한 사실을 믿는다."라고 선언했다. 더불어 인류는 남자가 여자에게 반복적으로 해를 입히고 강탈한 역사라고 주장했다.

이 선언에서는 기혼 여성의 임금이나 재산 소유권을 거부하는 법률에 문제가 있다는 점, 여성의 교육이나 전문 직업에의 기회가 매우 부족한 점, 대부분의 교회에서 여성에게 부여하는 낮은 지위에 관한 내용이 언급되었다. 또한 여성에게 투표권이 주어져야 한다고도 주장했는데, 이로부터 여성이 참정권을 얻는 데에 72년이 걸려 마침내 1920년이 되어서야 평등권 수정법안에 "미합중국 시민의 투표권을 성을 이유로 거부되거나 축소되지 않는다."라고 선언되었다.

제2차 세계대전 중에는 남성노동력의 부족으로 인해 여성들의 노동시장 진입이 급격하게 증가하였다. 1943년까지 보잉의 시애틀 공장 근로자의 1/3이 여성일 정도였다. 여성의 노동 능력이 긍정적으로 평가되고 이를 미디어가 긍정적으로 묘사하게 됨으로써 더 많은 여성이 일터에 진입하게 되었다. 한편, 1946년 미국 여성연합에서는 흑인과 소수자 여성의 권리를 옹호하기 시작했다. 여성이면서 인종이나 소수자 등의 다른 요인을 가진 여성들의 권리를 옹호하는 교차성 운동이 일어나게 된 것이다. 1940년대 유색인종 여성들의 소득과 사회적 지위가 점점 증가하면서 이는 미국 페미니스트 운동에 영향을 미치게 되었다.

이와 같이 여성들이 일터에 많이 참여하게 되었음에도 불구하고 여전히 여성들의 주부 역할에 대한 강조가 지속되자, 에디스 스턴(Edith Stern)이라는 페미니스트는 '여성은 가정의 노예'라는 글에서 현재 형태의 주부 제도가 지속되는 한 이념적으로나 실질적으로 여성의 진정한 해방은 이뤄지기 어렵다고 주장했다. 미국의 1950년대는 여성의 전통적인 성역할과 가치로 회귀했던 시기이다. 전쟁에서 돌아온 남성들을 위해 여성이 직장을 포기하는 현상이 벌어지기 시작했고, 37%였던 여성의 경제활동 참가율이 32%까지 떨어졌다. 이 시기 언론도 다시 여성의 가사 역할을 강조하기 시작했다. 그러면서 동시에 1950년대 『Vogue』 같은 여성 잡지는 여성의 자아실현과 개성을 옹호하는 출판을 하면서 제2물결 페미니즘의 토대를 마련했다.

1970년대 후반 전미여성연합(NOW)이 주도한 페미니스트 운동은 이혼녀와 과부를 돕기 위한 프로그램을 시작했다. 이들은 사회보장 혜택이 거의 없었고, 주부로서 지내 온 경우가 대다수라 노동기술도 가지지 못했었다. 그러나 이러한 특정 집단에 대한 운동은 그와 다른 이해관계를 가진 젊은 여성들에 의해 비판을 받기도 했다. 특히 평등권 수정법안에 초점을 맞추어 운동을 전개해 나아가야 한다는 비판이 일었는데, 왜냐하면 1920년 여성에 대한 차별을 금지했던 평등권 수정안이 비준되지 못했기 때문이다. 평등권 수정안의 비준기한이 1982년이었는데 그것을 준비하는 페미니스트 운동을 하지 못했다는 비판이었다. 미국은 1980년에 여성에 대한 모든 형태의 차별 철폐에 관한 협약에 서명은 했지만 비준된 적은 없었다. 실효성 없는 서명이었다는 비판을 면하기 어려운 것이다.

미국의 제3물결 페미니즘은 1990년대 초에 시작되었다. 이 시기엔 여성들에게 충격적인 사건이 하나 있었다. 미국 연방 대법관으로 지명된 흑인 남성 클라렌스 토머스(Clarence Thomas)가 아니타 힐(Anita Hill)이라는 흑인 여성에 의해 성추행 혐의로 고소되었다. 토머스는 혐의를 부인했고, 미국 상원들이 청문회에서 52 대 48로 토마스의 편을 들어주었다. 이 사건은 흑인에 대한 인종차별 이슈로부터 직장 내 권력형 성희롱 이슈까지 지금 현재는 빈번하게 논의되고 수용되는 문제이지만 그 당시 아니타 힐이라는 여성은 전문직을 가진 유능한 여성이었음에도 불구하고 성희롱의 피해자가 되었고, 이를 인정하지 않는 남성 중심적 문화의 희생자가 되었다. 그럼에도 불구하고 이 사건을 계기로 미국 내 직장 성추행에 대한 인식에 변화가 일어나서 성추행 피해자에게 국가가 배상금을 지불하는 법안이 청문회 직후 통과되었다. 이후로 고용평등위원회에 성추문 사건 신고가 5년 사이 두 배 이상 급증했으며 일반 기업들도 성추행 방지를 위한 교육 프로그램이 신설되기 시작하였고, 하원과 상원 선거에 더 많은 여성이 출마하기 시작했다(시사저널, 2018. 9. 21.).

1992년에는 미국 페미니스트 레베카 워커(Rebecca Walker)와 섀넌 리스(Shannon Liss)가 젊은 활동가를 지원하기 위해 다양한 인종, 문화, 이슈를 다루는 제3물결행동연합(Third Wave Direct Action Corporation)을 설립했다. 이 조직은 젊은 여성 리더십 공백을 메우고 젊은 사람들이 지역 사회에 사회적·정치적으로 더 많이 참여하도록 동원하는 것을 목적으로 두었다. 제3물결 페미니스트들은 무엇보다도 젠더, 성역할, 여성다움, 아름다움, 섹슈얼리티에 대한 생각을 전달한 생각이나 말, 매체에 의문을 제기하고 그것을 재정의하기 위해 노력했다. 유명인사인 마돈나, 안젤리나 졸리, 엠마 왓슨, 비욘세, 레이디 가가와 같은 많은 새로운 페미니스트도 이 운동에 참여했다.

미국의 제4물결 페미니즘은 2012년경에 시작된 페미니즘에 대한 관심이 다시 일어난 시기를 말하며, 소셜미디어의 사용과 밀접한 관련이 있다. 이 페미니즘 물결은 여성을 위한 정의를 실현하는 것과, 여성에 대한 성희롱이나 성폭력을 근절하는 것에 초점이 맞춰져 있다. 제4물결 페미니즘은 테크놀로지와 깊숙이 연관되어 있는데, 페이스북이나 트위터, 인스타그램, 유튜브 등을 사용해서 여성혐오를 줄이고 성평등을 실현하고자 한다. 특히 캠퍼스 성폭행이나 강간, 거리에서의 불특정 여성을 향한 괴롭힘이나 폭력, 직장 내 괴롭힘 등의 문제에 관심을 가지고 있다.

2) 유럽의 여성운동 역사

(1) 1789년~현재, '여성 시민의 권리선언'

프랑스 혁명으로 국민 투표를 통해 대표자를 정할 수 있게 되었지만, 모두에게 투표권이 주어지지는 않았다. 세금을 내는 남성 시민에게만 투표권이 주어진 것이다. 프랑스 혁명 당시, 혁명 세력은 「인간과 시민의 권리선언」을 발표하여 모든 인간의 천부인권을 언급했지만, 권리선언이 말하는 시민에 여성은 포함되지 않았다. 올랭프 드 구주(Olympe de Gouges, 1748~1793년)는 이에 강하게 저항하며 여성의 참정권을 주장했다. 구주는 혁명 당시 발표된 권리선언을 본떠 1791년에 「여성과 여성 시민의 권리선언」을 발표했다. 선언문의 마지막 문단에 구주는 '남성과 여성 간의 사회적 계약'이라는 타이틀을 붙였다. 남편과 아내의 부는 마땅히 동등하게 분배되어야 한다는 것, 그들이 어떤 사회 계층 출신이든지 재산은 그 둘 모두와 자녀들에게 귀속되어야 한다는 것이 그 계약의 내용이다. 만약 남편과 아내가 이혼할 시에는, 그들이 가졌던 소유지는 똑같이 나눠야 한다는 말이었다. 구주는 이러한 것을 '혼인 계약'이라고 이름 붙였다. 구주는 또한 무책임한 남편을 두었던 이혼녀와 과부, 미성년자인 어린 여성들을 보호할 수 있는 법안을 만들어야 한다고도 주장했다. 1793년, 벽보를 붙이던 구주는 체포되어 11월 사형 선고를 받게 된다. 단두대에 오른

그는 "여성이 단두대에 오를 권리가 있다면 의정 연설 연단 위에 오를 권리도 있다."라고 말했다. 처형 이후 모든 여성단체는 강제 해산되었고 집회도 금지됐다. 프랑스에서 여성의 참정권은 1944년 4월 21일에야 인정되었다.

미국의 경우 전미여성연합(NOW)의 주도로 여성의 연합활동을 이끌어 왔지만, 프랑스에는 이러한 조직이 없이 이데올로기적 기반에 따른 다양한 여성운동단체가 활동하고 있고 이슈별로 많은 단일 이슈 여성단체가 존재하고 있는 것이 특징이다. 또한 한 단체 내에서도 일정한 위계질서를 가진 조직으로서 활동하기보다는 일반 회원들이 지역별로, 소그룹별로 활동하는 경향이 높다(김민정, 2016: 6).

(2) 1865～현재, '말보다는 행동'

영국에서 여성 참정권 운동이 현실 운동으로 전개된 것은 1865년 런던에서 여성참정권위원회가 결성된 이후이다. 영국의 여성들은 참정권을 얻기 위해 활발한 활동을 했다. 옥스퍼드 대학교에서 영문학을 공부한 여성인 에밀리 데이비슨(Emily W. Davison, 1872～1913년)이 런던 인근 엡섬다운스 더비에 출전한 국왕 조지 5세의 경주마가 결승점으로 질주하던 순간 몸을 던졌고 결국 사망했다. 그녀의 외투에는 '여성들에게 투표권을(Votes For Women)'이라는 문구가 새겨져 있었다. 여성운동 지도자 에멀린 팽크허스트(Emmeline Pankhurst, 1858～1928년)는 서명과 의회 청원으로 참정권법을 얻으려다 실패하자 1903년 '여성사회정치연맹(Women's Social and Political Union: WSPU)'을 조직하여 비합법 투쟁을 시작했다. 런던 도심의 진열장 유리창 부수기부터 국립미술관 작품 훼손, 전철이나 유명 정치인의 집 방화 등 그들의 투쟁은 거의 무정부주의자의 행동을 방불케 했다. 전투적인 참정권 운동가가 사망하면서 격렬한 항의 시위가 이어지고 체포와 구금, 투옥과 단식투쟁이 발생하는 등 영국에서의 여성운동 초기에는 매우 급진적인 분위기를 띠었다.

1914년 제1차 세계대전이 시작되면서 여성운동은 잠시 중단되었지만 전쟁이 끝난 후 1918년 「인민대표법」이 의회를 통과해 30세 이상의 일정 재산을 가진 여성과 재산이 있는 남자와 결혼한 여성에게 투표권이 주어졌다. 남성과 동등한 투표권을 쟁취한 것은 1928년 「평등선거권법」이 통과된 이후부터이다. 1950년대 영국의 페미니즘은 암울한 시기를 겪었다. 제2차 세계대전 이후 동거결혼과 핵가족이 새롭게 강조되면서 여성에게 결혼이 '모두를 위한 최선의 길'이자 '가장 단순하고 쉬운 삶의 방식'이라고 강조되었기 때문이다. 새로운 복지국가의 패러다임에 따라 아내와 아내로서의 역할을 강조하는 차원의 가족수당을 지급하고 대중매체를 통해 여성의 결혼과 가정 내 역할이 강조되었다. 그럼에도 불구하고 1950년대 영국에서는 몇몇 활동가 덕분에 여성 교사와 여성 공무원에 대해 남성과 동등한 급여를 요구하는 요청에 있어 약간의 성과를 얻게 되었다.

이후 1968년 임금 불평등에 대한 여성 기계공의 공장 파업, 같은 해 지역 어부의 안전에 대한 캠페인을 통해 여성들의 조직화 운동이 일어나기 시작했다. 약 600명의 여성이 참석한 최초의 전국 여성 해방 운동 회의가 1970년 2월 영국의 러스킨 대학교에서 열렸는데, 이 회의에서 여성운동가들은 육아, 평등한 교육과 기회, 임금 평등, 생식권을 포함하는 의제를 제시했다. 1975년에는 「성차별금지법」이 입법되면서 성별이나 혼인 여부로 차별을 금하는 법이 제정되었다. 이 법은 2010년 「평등법」이 생기면서 폐지되었다. 영국에서는 자신을 페미니스트라고 생각하는 여성들조차 아동의 필요가 최우선이라는 일반적인 생각을 강력하게 지지했기 때문에 여성의 전통적 성역할 패러다임 변화가 다른 나라들에 비해 늦은 편이라 할 수 있다. 피임약의 경우에도 1961년 영국의 국민건강서비스(National Health Service: NHS)에서 기혼 여성만을 대상으로 도입되었으며 1967년이 되어서야 NHS에 가입된 모든 여성이 사용할 수 있게 되었다.

3. 한국의 근현대 여성운동 역사

이나영(2020)은 한국 여성운동의 역사를 크게 네 시기로 구분하고 있다. 1차 시기는 탈식민과 민족해방을 기치로 내건 구한말부터 일제 강점기와 해방 직후 시기, 2차 시기는 한국전쟁부터 박정희 군사독재 시절까지, 3차 시기는 1980년 대 민주화운동 가운데 시작된 진보여성운동 시기, 4차 시기는 2010년대 중반부터 등장한 페미니즘 시기이다.

그런데 한국의 여성운동은 서구 운동에 비해 국가적 상황인 식민지, 반제국주의, 민주화 등의 거대 물결의 영향을 받아 독특한 나름의 특성을 가지게 되었는데, 탈식민지운동, 사회주의적 계급투쟁, 가부장제의 전복을 추구하면서 여성운동이 성장했다.

1) 1차 시기: '인간'이 되고자

1898년 9월 1일, 서울 양반집 여성들과 기생, 서민층 여성 등 300여 명이 발표한 '여성통문'은 '여성도 남성과 동등한 인간'임을 자각하고 교육권·직업권·참정권을 주장했던 여성 주도의 대한민국 최초 '성평등 선언문'이었다.

"어찌하여 우리 여인들은 일향 귀먹고 눈 어두운 병신 모양으로 옛날식 규방만 지키고 있는지 모를 일이다. 어찌하여 병신 모양으로 사나이의 벌어 주는 것만 먹고 평생을 심규[1]에 처하여 그 절제만 받으리오. ……(중략)…… 우리도 옛것을 버리고 새것을 따라 타국과 같이 여학교를 실시하고, 각각 여아들을 보내 재주를 배우고, 규칙과 행세하는 도리를 배워 남녀가 일반 사람이 되게 할

---

1) 여자가 거처하는, 깊이 들어앉은 집이나 방을 말한다.

당장 여학교를 실시하오니……." (이나영, 2020: 1; 1898년 9월 8일 『황선신
문』과 9월 9일 『독립신문』에 난 기사의 주요 내용)

이후 여성운동은 애국계몽운동, 구국운동, 반외세·반봉건 운동, 독립운동
으로 변화해 가면서 '근우회'를 주축으로 계속되었다. 근우회는 1927년 조선의
여성운동가들이 설립한 전국조직의 여성단체이다. 근우회는 조선의 자주독립
을 우선으로 하되 정치·경제·사회 전반에서의 여성해방을 추구하였다. 특
히 근우회는 공창제도 폐지운동에 앞장선 바 있는데, 그 결과 1947년 미군정
에 의해 공창제도등폐지령, 매춘 전면 금지 등을 공포했으나 미군은 군인의 성
매매를 묵인함으로써 한국사회 기지촌 성매매의 원형이 되었다.

2) 2차 시기: 여성운동의 암흑기

2차 시기는 한국전쟁부터 박정희 군사독재시절로 전쟁과 분단, 군사독재시
기를 거치며 여성운동은 암흑기에 들어가게 된다. 그럼에도 불구하고 이 시기
에는 호주제 폐지를 주장하는 가족법 개정운동, 여성노동자 투쟁, 한국교회여
성연합회(이하 교회연)의 기생관광반대 운동 등이 활발하게 전개되었다. 특히
1967년 창립된 교회연은 진보운동단체가 살아남기 힘든 유신정권하에서도 세
계교회여성과 연대해 있었기 때문에 다른 여성단체보다는 정권으로부터 독립
적으로 활동했는데, 외화 획득을 위해 한국 정부에 의해 장려된 일본인 기생관
광 문제를 본격적으로 제기한 단체이기도 하다. 당시 대한민국은 공식적으로
는 성매매를 금지하고 있었지만 외국인 대상 성매매에는 예외 규정을 두고 있
었기 때문이다.

이 시기에는 부르주아 여성단체의 활동이 주를 이루었다. 이들의 활동은 대
부분 유신정권을 지지하는 것에서 그쳤다. 인권운동으로서의 성격은 매우 약
했다. 하지만 1973년에는 62개 여성단체가 '범여성 가족법 개정 촉진회'를 구

성해 운동을 펼쳤고, 성차별 조항을 완화하는 내용으로 가족법이 개정되었다. 한편 기독교계에서는 다양한 계층의 여성을 대상으로 여성교육운동을 전개했다. 교육을 받은 여성들은 '가족법 개정운동'과 '미인대회 폐지운동'을 벌였고, 이때 만들어진 '여성해방노동자기수회'는 민주화운동과 여성노동 운동의 기반이 되었다.

3) 3차 시기: 민주화운동과 여성운동이 꽃을 피우다

3차 시기는 1980년 중반 민주화운동의 시기로 한국의 여성운동도 민주화운동과 함께 본격적인 꽃을 피우기 시작했다. 1977년 이화여자대학교에 여성학 강좌가 개설되고, 여러 대학에 교양여성학 강좌 개설 및 학위과정이 생기면서 페미니즘의 확산이 이루어졌다. 남성 중심적 학문과 세계관에 저항하는 사회변혁운동으로서의 색채를 가지고 우리 사회의 깊은 성적 편견과 성차별로부터 여성을 해방시켜야 한다고 믿었던 '여성평우회'가 1983년 조직되었다. 여성평우회는 여성 대상의 조기정년제 철폐운동, 결혼퇴직제 반대운동을 전개했으나 얼마 되지 않아 해체되고, 이후 1987년 '한국여성민우회'로 그 맥을 잇게 된다.

'한국여성민우회'에서는 사무직 여성노동자와 주부 등 여성대중으로 운동의 범위를 확대해 개인과 사회변혁을 동시에 도모하였다. 또한 같은 해인 1987년 '한국여성단체연합'(이하 여연)이 결성되는데, 이들은 특히 1980년대 말, 1990년대 초 연이어 발생한 성폭력, 가정폭력 사건에서 피해자 지원과 가해자 처벌을 법제화하는 운동을 펼치게 된다.

이 시기에는 오늘날 한국의 미투(Me Too)운동이 사실상 시작되었다고 보아야 한다. 1986년 부천경찰서 성고문 사건(피해자 권인숙)을 시작으로 1991년 아동성폭력 피해자가 성인이 되어 가해자를 살해한 김부남 사건, 1991년 김학순 할머니의 일본군 성노예제 고발사건, 1992년 계부에 의해 지속적으로 성폭력 피해자가 된 여성이 남자친구와 함께 계부를 살해한 김영오 사건, 1992년 미군에 의해 살해당한 기지촌 여성 윤금이 사건, 1993년 조교에 대한 성희롱 사건인 서울대학교 신 교수 사건 등이 연달아 드러나면서 여성단체들은 성폭력범죄 및 가정폭력 방지와 관련한 법률 제정에 큰 역할을 하게 된다.

이 시기에는 국제 여성운동의 성장과 맞물려 1993년 유엔의 '여성에 대한 폭력 철폐 선언', 1995년의 제4차 북경세계여성대회에서의 선언 등이 한국 여성운동에 힘을 실어 주었다. 특히 2000년 이후 성매매 집결지에서 일어난 일련의 화재사건을 계기로 반성매매 운동이 활발하게 전개되었다. 이 운동의 결과로 2004년 「성매매방지 및 피해자보호 등에 관한 법률」이 제정되고, 윤리적으로 스스로 타락한 여성이라는 의미의 '윤락'이라는 용어 대신 '성매매'라는 공식적 법률용어가 등장했으며, 성매매 여성을 피해자로 규정하고, 성 구매자와 알선행위자에 대한 처벌을 강화하게 되었다는 점에서 의미를 가진다.

4) 4차 시기: 신(新)페미니즘의 시대

이 시기는 2010년대부터 시작된 신(新)페미니즘의 시대로 이전 여성운동과는 다른 양상으로 여성운동이 전개되었다. 그것은 2016년 5월 '강남역 살인사건'을 계기로 시작되었는데, 이 사건은 20대 여성이 강남역 부근 건물 남녀공용 화장실에서 한 남성으로부터 묻지마 살인, 여성혐오에 기반한 여성살인의 피해자가 된 사건이었다. 이 사건을 계기로 젊은 여성들 주도의 다양한 방식의 페미니즘 운동이 전개되기 시작했다. 2018년의 미투운동은 미국의 거물급 영화제작자의 수십 년간의 성폭력 보도가 촉발제가 되었고, 한국에서도 서지현 검사의 전 검찰국장 성추행 사건이 한국에서의 미투운동의 시발점이 되었다. 이후 여성들의 폭로는 영화계, 학계, 종교계, 문화예술계, 정치계, 체육계 할 것 없이 전방위적으로 확대되었다. 성폭력의 문제를 '여성문제'로 치부하던 것에서 '남성문제'임을 지적하며 가해자의 보편적 특성에 대해 다루기 시작했다.

이후에도 새롭고 창의적인 방식과 어젠다로 페미니즘이 전개되었고, 일상에서의 성차별적 관계와 관습으로 허용되던 여성에 대한 폭력이 도전받고 공개되기 시작했다. 물론 이러한 운동이 '남녀 갈등' '남성혐오'의 이름으로 페미니스트들을 극단적 여성 중심 이기주의자로 이슈를 몰아가는 움직임도 있었지만 한국사회의 여성운동은 새롭게 진화하고 있고, 여전히 다양한 목소리와 차이도 존재한다.

독일 여성학자 안젤리카 베터러(Angelika Wetterer)는 양성평등의식이 전 지구적으로 확산되었지만 오히려 페미니즘의 침체와 주변화를 가져왔다고 주장하였다(Wetterer, 2013: 이수연 외, 2014에서 재인용). 특히 한국사회에서는 여성운동이 제시한 쟁점을 국가가 수용해서 목표를 달성할 것처럼 보이지만, 여성운동가들이 상당 부분 제도권으로 들어가 여성단체들이 운동적 성격을 상실하고 여성운동의 새로운 이슈들을 발굴하지 못한 채 정부사업 수주에 매달리고 있는 실정이라는 비판을 받고 있다(이수연 외, 2014).

4. 대표적 페미니스트

1) 메리 울스턴크래프트

메리 울스턴크래프트(Mary Wollstonecraft, 1759~1797년)는 잉글랜드의 작가, 철학자, 여성의 권리 옹호자이다. 그녀는 장편소설, 논문, 여행기, 프랑스 혁명사, 지도서, 동화책 저술에 이르기까지 폭넓은 분야에서 활동했다. 특히 유명한 저서는 『여성의 권리 옹호(A vindication of the rights of woman)』(1792)인데, 이 책에서 울스턴크래프트는 여성이 태생적으로 남성에 비해 열등하지 않으며, 교육의 결여로 인해 열등한 것처럼 보이는 것이라고 주장했다. 울스턴크

래프트는 남녀가 모두 이성적 존재로 간주되어야 하며 이성에 기반한 사회질
서를 마련하자고 제안했다. 울스턴크래프트는 당시의 많은 여성이 어리석고
천박하다는 것을 우선 인정하면서 여성들을 장난감 같은 존재라고 표현했다
(Wollstonecraft, 1988: 34). 그러나 그것은 여성의 심신이 선천적으로 미약하기
때문이 아니며, 남성들이 여성의 교육에 대한 접근을 차단했기 때문이라고 주
장했다.

울스턴크래프트는 여성의 교육 부족이 그들을 어떤 처지에 몰아넣고 있는
지 설명하였다. 유아기 때부터 아름다움이야말로 여자의 상징이라고 가르침
을 받게 됨으로써 육체에 스스로를 맞추게 되고 도금된 새장 안을 기어다니며
그 감옥을 치장하는 데만 골몰하게 되는 것이 여성들이라고 지적하였다. 따라
서 여성에게 어려서부터 아름다움을 추구하라는 격려가 없어지고 대신 외부
적 성취를 추구하도록 가르친다면 여성들은 더 많은 성취를 이룰 수 있을 것이
라 주장하였다. 울스턴크래프트가 『여성의 권리 옹호』에서 가장 강하게 비판
하는 것 중 하나는 여성들이 너무 감성에 매몰되는 태도를 보인다는 것이었다.
울스턴크래프트는 자신의 감성에 굴복하는 여성은 '매순간 감성의 돌풍에 잎
새처럼 흩날릴 것'이요, 합리적인 사고를 할 수 없는 '감각의 먹이'에 불과하게
된다고 하였다(Wollstonecraft, 1988). 울스턴크래프트는 여성의 감성적 태도가
그들 자신에게 해로울 뿐 아니라 문명 전체에 해악이라고 주장했다.

울스턴크래프트는 당대의 성적 편견에 저항하여 여성을 수단화하거나 도구
화하는 논리를 거부하였다. 특히 루소의 여성교육관을 맹렬하게 비판하였는
데, 예를 들면 "여성은 남성을 기쁘게 하기 위해 존재한다." "여성은 남성에게
복종해야 한다." "여성의 교육은 독자적으로 기획될 수 없고 남성과의 관계에서
기획되어야 한다."는 등의 루소의 주장에 대한 비판이었다(김용민, 2004: 122).

오늘날의 관점에서 울스턴크래프트의 주요 주장을 살펴보면 시대착오적이
고 모순적인 점들도 발견된다. 또한 중산층 이상의 여성들 중심의 권리옹호라
는 측면도 쉽게 발견할 수 있다. 그럼에도 불구하고 페미니즘의 서막을 연, 남

성 중심의 시대적 사상과 체계에 강하고 용감하게 도전한 근대 최초의 페미니스트임은 틀림없다 할 것이다(김용민, 2004: 109).

2) 베티 프리단

베티 프리단(Betty Friedan, 1921~2006년)은 미국의 페미니스트 작가이자 사회운동가이다. 명문 여대를 나와 자녀를 키우며 여유 있게 살던 백인 중산층 엘리트 여성이라는 겉으로 비치는 모습과 다르게 그녀는 백인 중심 사회에서 아주 소수자로 살아왔던 유대계 여성이자 급진적 학생운동가, 두 번의 해고를 경험한 노동자로서 여성의 차별의 근원을 사회의 문제와 모순에 연결시켜 투쟁하고자 했던 여성운동가였다(최하영, 2019). 그녀는 1963년 『여성성의 신화(The Feminine Mystique)』로 미국 제2물결 페미니즘의 형성에 크게 기여했다. 프리단은 1966년 전미여성연합(NOW)의 설립에 함께했고 초대 회장직을 역임했으며, 1970년 8월 26일에 열린 평등쟁취를 위한 여성 파업 시위(Women's Strike for Equality) 기획에 참여했다.

베티 프리단은 20세기 자유주의 페미니즘의 대표격인 인물이다. 『여성성의 신화』에서 프리단은 학력이 높고 중산층인 이성애 백인 주부들의 관점과 견해 중심으로 논의를 펼쳐 나갔다. 프리단은 여성들에게 경력을 위해 결혼과 어머니 노릇을 희생할 것을 요구하지 않았다. 프리단이 판단하기에 여성성 신화의 약점은 그것이 결혼과 어머니 노릇에 가치를 부여한 것이 아니라 경력과 결혼 두 방향에 지나칠 정도로 가치 부여를 했다는 데에 있었다. 프리단은 아내이자 어머니인 여성이 직업을 가질 시간이 없다고 생각하는 것이 여성이 온전한 한 인간으로 발전하는 것을 제한하는 것이라 말했다. 모든 여성은 단지 약간의 도움을 받게 되면 남성과 마찬가지로 자신의 개인적 의무를 모두 수행할 수 있으며 공적 세계에서 자유롭게 중요한 역할들과 책임을 떠맡을 수 있다고 주장하였다.

그러나 프리단의 주장에 대해 비판가들은 이 책이 중산층의 백인 가정주부들의 불만에 치우쳐 있다고 했다. 여성성 신화는 주요한 구조적 변화가 가정 밖은 물론 가정 내에서도 이루어지지 않으면 결혼과 어머니 노릇을 직업과 조화시키는 일이 얼마나 힘들지를 과소평가했다는 것이다. 다시 말하면, 프리단은 남성을 사적 영역으로 불러들이기보다 여성을 공적 영역으로 내보내는 것에만 치우쳤다는 비판을 면하기 어려웠다.

다행히도 프리단은 『여성성의 신화』보다 한참 후에 쓴 저서에서 어머니 노릇과 직업을 조화시키는 것이 얼마나 어려운지를 설명했다. 딸 세대의 일부 여성이 직업과 어머니 노릇이 모두 완벽한 슈퍼우먼 역할을 하느라 희생당하고 있는 것을 목격하면서 1960년대 전업주부나 1980년대 슈퍼우먼 모두 억압당하는 여성들이라고 주장했다. 프리단은 여성들이 가정과 직업, 이 두 가지 역할을 모두 해내야 하는지 자문해 볼 것을 요청하며 여성들에게 제1단계 페미니즘에서 제2단계 페미니즘으로 이동하라고 주장했다. 프리단은 공적·사적 세계 모두에서 남성 여성 모두가 억압받지 않고 평등한 선택을 할 수 있는 사회적 가치와 구조를 남녀 함께 개발할 수 있을 것이라고 밝힌 바 있다. 비록 프리단의 주장과 제안한 해결방식이 여성문제의 모든 것을 해결해 주지는 못했다고 해도 여성에 대한 차별을 부수고 보다 평등한 길로 향하는 기반이 되었다는 사실은 부인하기 어려울 것이다(최하영, 2019: 275).

3) 주디스 버틀러

주디스 버틀러(Judith Butler, 1956년~현재)는 성, 정체성에 대한 영향력 있는 연구로 가장 잘 알려진 미국의 철학자, 성 이론가 그리고 페미니스트 학자이다. 그녀는 현재 캘리포니아 버클리 대학교의 석좌교수이며 성, 사회 정의와 관련된 광범위한 주제에 대한 수많은 책과 기사를 썼다. 버틀러의 페미니스트 사상에 대한 가장 중요한 공헌 중 하나는 1990년 저서 『젠더 트러블(Gender trouble)』에서 소개한 그녀의 성과주의 이론이다. 이 이론에 따르면, 성별은 개인의 고정적이거나 자연적인 특성이 아니라 반복적인 수행 행위를 통해 만들어지고 강화되는 사회적 구성이다.

　버틀러는 우리가 단순히 성별을 '갖는' 것이 아니라, 우리의 행동 그리고 말을 통해 지속적으로 성별을 수행한다고 주장한다. 이러한 성별의 수행은 우리가 선택하거나 통제하는 것이 아니라 우리가 살고 있는 사회의 규범과 기대에 의해 형성된다는 것이 그녀의 핵심 주장이다. 버틀러의 작품은 성별과 성에 대한 전통적인 생각에 도전하는 데 큰 영향을 미쳤으며, 페미니스트, 퀴어, 트랜스젠더 이론에 큰 영향을 미쳤다. 버틀러는 사회 정의와 정치적 행동주의를 옹호하는 데에 목소리를 냈고, 많은 사회적 · 정치적 운동에 관여해 왔다. 전반적으로, 페미니스트 사고에 대한 주디스 버틀러의 기여는 광범위하고 영향력이 있었으며, 그녀의 연구는 오늘날 우리가 성별, 정체성에 대해 생각하는 방식을 계속 형성하고 있다.

토론하기 주제

1. 페미니즘의 역사적 흐름과 현재 국내의 페미니즘의 경향에 대해 토론해 봅시다.

2. 한국에서 가부장주의가 가정과 사회 속에서 미치는 영향에 대해 토론해 봅시다.

도움이 되는 자료

1. [EBS 위대한 수업, 그레이트 마인즈] 여성들이 나무를 껴안은 이유? 반다나 시바-
   식량 주권 선언 4강 에코페미니즘(유튜브, www.youtube.com)

이 영상은 칩코(chipko)운동에 대해 설명한다. 이는 삼림이 파괴되며 시작된 운동
으로 가우라 데비(Gaura Devi)라는 인도의 환경운동가에 의해 시작되었다. 나무를
껴안는다는 뜻으로 함부로 나무를 베지 못하게 함으로써 자연을 향한 존경과 사랑
을 표현하는 운동이자 철학이다. 이 영상을 통해 여성들의 연대, 자연을 지키고자
하는 노력에 대해 에코페미니즘의 맥락에서 이해할 수 있다.

참고문헌

김민정(2016). 프랑스 여성운동 의제의 정책화. 유럽연구, 34(1), 1-36.

김용민(2004). 메리 울스턴크래프트의 페미니즘 재조명: 루소에 대한 비판을 중심으
　　로. 아시아여성연구, 43(2), 108-135.

김정화(2019). "나는 페미니스트다": 한국 페미니즘의 역사. (사)부산여성사회교육원
　　편저, 여성학 강의: 일곱 번째 이야기(pp. 11-35). 신정.

이나영(2020). 한국여성운동의 역사를 어떻게 기억하고 계승할 것인가?: 3·8 세계 여
　　성의 날을 맞아. Issue & Review on Democracy, 47, 1-17. 민주화운동기념사업회,
　　한국민주주의연구소.

이수연, 이혜림, 강혜란, 김미경, 김하얀(2014). 양성평등문화 확산을 위한 정책과제 개발. 한국여성정책연구원.

이재경(2010). 국가와 젠더: 성 주류화의 이론과 실천. 이화여자대학교 한국여성연구원 기획. 한울아카데미.

이재경, 김경희(2012). 여성주의 정책 패러다임 모색과 '성평등'. 한국여성학 28(3), 1-33.

임현진, 박순열(2012). 한국 사회의 변화와 양성평등 사회의 모색. 사회와 이론. 21(2), 569-609.

전경옥, 유숙란, 이명실, 신희선(2011). 한국 근현대 여성사: 정치, 사회1. 모티브북.

최하영(2019). 베티 프리단을 위한 변명: 김진희,『페미니즘의 방아쇠를 당기다』서평. 여/성이론. 통권40호, 265-275

Wollstonecraft, M. (1988). *Vindication of the rights of women*. Penguin Books.

시사저널(2018. 9. 21.). '성추행 스캔들'은 미국을 어떻게 바꿔놓았나.

우먼타임스(2023. 1. 27.). 에코페미니즘이 뭐냐고요? … 인간이 누리는 것들에 대한 근본적 질문.

여성 통계 실태와 여성의 지위

여성을 둘러싼 많은 통계가 주기적으로 산출되고 있다. 이러한 통계 결과를 통해 여성의 삶의 실태를 살펴보고 추측해 볼 수 있다. 이 장에서는 우리나라뿐 아니라 전 세계적으로 여성들이 경험하는 삶의 실태를 통계를 통해 살펴보고자 한다.

학습목표

1. 여성 관련 통계를 경제, 정치 및 법률, 교육, 사회문화 영역에 따라 살펴본다.
2. 우리 사회에서 여성의 지위는 어떠한가에 대해 학습한다.
3. 세계 여성과 관련한 통계를 경제, 정치, 교육, 안전, 폭력 등 다양한 영역에 따라 살펴본다.

1. 국내 통계를 통해 살펴보는 여성의 삶

1) 여성 인구 및 가구 실태

2022년 현재 한국의 여성 인구는 2,583만 명으로 총인구(5,162만 8천 명)의 50.3%로 추계되고 있다. 연령대별로는 0~14세, 15~64세 인구는 감소하고 있고, 65세 이상은 증가하고 있다(통계청, 2021). 2021년 한부모가구(총 151만 가구)는 전체 가구의 6.9%를 차지하고, 여성 한부모가구(75.2%)가 남성 한부모가구(24.8%) 대비 약 3배 많은 것으로 나타났다. 2022년 여성 가구주 비율은 33.7%로 2005년의 22.0% 대비 11.7%p 상승하여 여성 가구주의 비율이 높아지고 있음을 알 수 있다([그림 3-1] 참조).

한편 2021년 1인 가구는 남녀별 규모가 거의 비슷한데, 여성은 358만 2천 가구(50%), 남성 358만 4천 가구(50%)로 나타났다. 1인 가구는 2000년 222만 4천

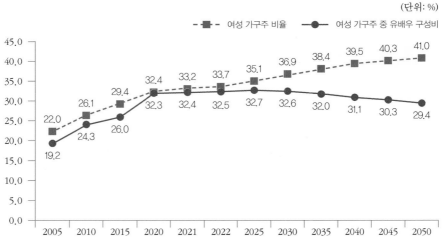

[그림 3-1] 여성 가구주 비율

출처: 여성가족부(2022).

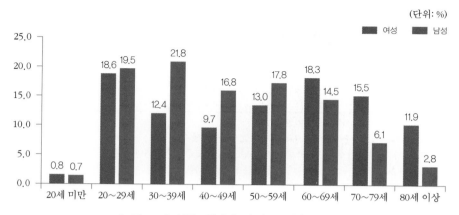

[그림 3-2] 성별 · 연령별 1인 가구 비율(2021년)

출처: 여성가족부(2022).

가구에 비하면 3배 이상 증가하여 2021년에는 총 716만 6천 가구에 이르고 있다. 연령대별로는 여성은 20대(18.6%), 남성은 30대(21.8%)가 가장 많고, 다음으로는 여성은 60대(18.3%), 70대(15.5%), 50대(13.0%) 순으로 많으며, 남성은 20대(19.5%), 50대(17.8%), 40대(16.8%) 순으로 많다([그림 3-2] 참조).

2) 교육 실태

2021년 기준으로 25~29세 여성 중 대학교 이상 학력을 보유한 비율은 66.4%로, 2011년에 비해 약 21%p 증가한 것으로 나타났다. 한편 연령대를 넓

표 3-1   남녀 학교수준별   (단위: %)

성별	2020년			
	초졸 이하	중졸	고졸	대졸 이상
전체	10.6	8.4	37.6	43.4
여자	14.8	9.1	36.6	39.5
남자	6.4	7.7	38.7	47.3

표 3-2 **성별 평균 교육연수**   (단위: 년)

구분		1980	1985	1990	1995	2000	2005	2010	2015	2020
교육 연수	전체	7.6	8.6	9.5	10.3	10.5	11.2	11.6	12.1	12.5
	남자	8.7	9.7	10.6	11.2	11.5	12.1	12.4	12.8	13.1
	여자	6.6	7.6	8.6	9.4	9.8	10.5	10.9	11.4	12.0

자료: 통계청, 「한국의 사회지표」 각 연도
주: 1) 평균 교육연수＝총교육연수÷(만 6세 이상 인구−학생 수)
　　 2) 초등학교 중퇴는 3년, 중학교 중퇴는 7.5년, 고등학교 중퇴는 10.5년, 전문대 중퇴는 13년, 대학 중
　　　 퇴는 14년, 석사 중퇴는 17년, 박사 중퇴는 19년으로 계산함
출처: 통계청(2021c).

혔을 때 15~64세 여성 중 대학교 이상 학력을 보유한 비율은 43.9%로 나타났으며, 2000년에 비해 약 33%p 증가한 것으로 나타났다. 한국에서 여성의 교육수준은 통계수치상으로는 지속적으로 높아지고 있는 것을 알 수 있다. 〈표 3-1〉을 보면 초졸 이하는 여자가, 대졸 이상은 남자 비율이 높게 나타나고 있다. 〈표 3-2〉에서는 남녀 교육연수 격차가 점점 줄어들고 있음을 알 수 있다.

3) 의사결정 실태

여성의 국회의원 및 장관 비율, 관리자 및 고위직 비율은 여성의 의사결정 수준이 어떠한지를 나타내 준다. 2020년 제21대 국회의원 선거에서 당선된 의원 총 300명 중 여성은 57명(19.0%)으로 2000년 16명(5.9%) 대비 13.1%p 증가하였지만 여전히 소수인 것으로 파악된다. 2021년 여성 장관은 5명으로 전체(18명)의 27.8%이며, 2020년 4급 이상 일반직 국가공무원 중 여성 비율은 17.8%, 변호사 중 여성 비율은 27.8%로 나타났다.

여성 관리자 비율은 2010년 15.1%에서 2020년 20.9%로 5.8%p 상승하였고, 공공기관보다 민간기업의 여성 관리자 비율이 더 높다. 그러나 2021년 기준 대기업 500개사의 경영진에서 여성 임원은 5.6%로 집계되어 여전히 매우 낮

은 수준임을 알 수 있다. 유리천장 장벽이 여전히 높은 것을 알 수 있다.

4) 고용 및 소득 통계 실태[1]

　　김남순 등(2020)은 우리나라 여성은 경제활동 참여율과 노동조건에서 성별 격차가 크며, 성차별적 사회규범과 문화가 여전히 여성의 삶을 제약하고 있다고 밝힌 바 있다. 2021년 여성의 경제활동 참여율은 53.3%, 남성은 72.6%로 그 차이가 19.3%p에 이르고 있다. 이 격차는 약 20년 전인 2000년의 25.6%에 비하면 감소된 수치이지만, 여전히 여성의 경제활동 참여율은 남성에 비해 낮은 편이다.

　　여성은 남성에 비해 비정규직 근로자 비율과 저임금 근로자(중위임금의 2/3 미만인 자) 비율이 높은데, 2021년 기준 여성의 비정규직 근로자 비율은 47.4%, 남성은 31.0%로 이 수치 역시 16.4%p의 격차가 발생하였다. 저임금 근로자 비율도 여성이 남성보다 2배 높은데, 여성은 22.1%, 남성은 11.1%이다. 임금근로자의 시간당 임금도 2021년 기준 남성은 22,637원인 반면 여성은 남성의 69.8%에 지나지 않는 15,804원이다.

　　2021년 경력단절여성은 144만 8천 명으로, 207만 3천 명이었던 2015년 대비 30.1%p 감소하였다. 15~54세 기혼여성 중 경력단절여성 비율은 17.4%로

표 3-3　경력단절여성 실태
(단위: 천 명, %)

구분	15~54세 기혼여성(A)	비취업 여성 (B)	B/A	경력단절여성(C)	
				전체	C/A
2015	9,420	3,815	40.5	2,073	22.0
2020	8,323	3,240	38.9	1,448	17.4

1) 여성의 고용 및 소득 관련 내용은 이 책의 제4장을 참조하길 바란다.

2015년 대비 4.6%p 감소했다.

5) 건강 및 사회안전망 실태

통계청(2021a) 조사에 따르면, 2021년 기준 기대수명은 83.6년으로 2011년의 80.6년 대비 3년이 증가하였다. 남자는 80.6년, 여자는 86.6년으로 여자의 기대수명이 6년 많은 것으로 나타났다. 주요 만성질환 중 당뇨, 비만, 빈혈의 유병률이 증가하는 추세에 있는데, 예를 들면 2011년 당뇨 유병률이 여성은 7.3%, 남성은 11.1%이던 것이 2020년에는 여성 8.2%, 남성 13.0%로 나타났다. 비만의 경우도 마찬가지로 2011년에는 여성이 27.1%, 남성이 35.1%이던 것이 2020년에는 여성 27.7%, 남성 48%로 나타났다.

2021년 우울장애 유병률은 여성이 2.4%, 남성이 1.1%로 여성이 남성 대비 2배 이상 높은 반면, 자살 사망률은 남성이 35.5%, 여성이 15.9%로 남성이 여성 대비 2배 이상 높은 것으로 나타났다. 2020년 기준 60세 이상 인구 중 치매 유병률은 여성이 8.0%, 남성이 6.3%로 여성이 남성보다 1.7%p 높게 나타났다.

김남순 등(2020)은 「한국 여성의 건강통계(4차) 및 주요 건강이슈 분석」 보고서에서 여성의 건강수명, 자가평가 건강수준이 남성보다 낮고, 노인여성의 만성질환 유병률이 높다고 하였다. 특히 여성들은 갑상선암과 유방암 발생률이 높거나 증가하는 경향이 있으며, 남성에 비해 기분장애, 불안장애, 스트레스 인지율, 우울증상 경험률, 자살생각률 등이 높다고 하였다. 일상생활 수행능력 제한이 있는 여성노인의 비율이 남성노인보다 매우 높은 것으로도 나타났다. 이와 같이 여성은 건강실태에 있어 여러 측면에서 취약성이 있는 것을 알 수 있다.

여성의 사회안전망 실태를 살펴보면 다음과 같다. 2021년 국민연금 수급자 중 여성 규모는 272만 6천 명(44.7%)으로 2010년 대비 약 2배 이상 증가하였다. 2015년 이후 여성 수급자 중 노령연금 수급자 비율은 증가하고 유족연금

수급자 비율은 감소하는 추세이다. 2021년 여성 임금근로자 중 고용보험 가입률은 66.5%로, 2010년 대비 33.3%p 증가하였는데, 남성의 72.4%에 비하면 5.9%p 낮은 수치이다. 2021년 건강보험 직장가입률은 여성은 71.7%, 남성은 81.3%로 2010년 성별 격차가 17.6%p이던 것이 9.6%p로 완화된 것을 알 수 있다.

2021년 여성 기초생활수급자는 125만 7천 명으로 2010년 대비 약 1.5배 증가했다. 2021년 전체 기초생활수급자 중 여성의 비율은 55.4%로 남성에 비해 높은 수준이다.

6) 여성 폭력 피해 실태

여성은 가정폭력 또는 폭력 범죄의 피해자가 되는 비율이 높다. 2019년 가정폭력 검거 건수는 5만 277건으로 2011년 대비 7.3배 수준으로 증가하였으며, 전년 대비 20%p 증가하여 여성의 피해가 증가하고 있음을 알 수 있다.

표 3-4 가정폭력 검거 건수 및 인원 실태   (단위: 건, 명)

연도	검거 건수	검거 인원
2011	6,878	7,272
2018	41,905	43,576
2019	50,277	59,472

출처: 경찰청(2020).

2019년 성폭력 검거 인원은 33,717명으로 2010년(19,712명) 대비 1.7배 수준으로 증가하였으며, 2020년 불법촬영 검거 인원은 5,151명으로 2011년(1,354명) 대비 3.8배 수준으로 증가하였다. 검거 인원의 94.1%는 남성이 차지하고 있다. 2019년 데이트폭력 · 스토킹 검거 건수는 각각 9,858건, 581건으로 2013년 (7,237건, 312건) 대비 약 1.4배 및 1.9배 수준으로 증가하여 불법촬영, 데이트폭력, 스토킹 등의 여성 피해가 점점 심각해지고 있음을 알 수 있다.

7) 일 · 생활 균형 실태

여성의 일과 생활 균형 실태는 다음과 같이 나타났다. 2021년 육아휴직자 약 11만 1천 명 중 여성은 73.7%(8만 2천 명), 남성은 26.3%(2만 9천 명)로, 여성이 남성보다 2.8배 이상 많게 나타났다. 남성 육아휴직자는 2021년 약 2만 9천 명으로 2015년의 약 5천 명에 비하면 매우 증가한 숫자이고 추세적으로도 증가하고 있다. 물론 육아휴직을 거의 의무화하다시피 하는 스웨덴 등과 비교하면 현저히 낮은 수치이다. 사업장 규모별로 살펴보면, 남성과 여성 모두 1천 명 이상 사업장에서 그 비율이 높게 나타나 중소기업 등에서의 육아휴직은 여전히 원활하게 이루어지지 못하고 있음을 알 수 있다.

2021년 육아기 근로시간 단축제도를 활용한 근로자는 2015년 대비 8배 이상 증가하였으며, 여성이 대부분(90.2%)을 차지하였다. 2021년 유연근무제를 활용한 근로자는 여성(15.2%)보다 남성(18.2%) 비율이 높고, 사업장 규모가 커질수록 남녀 모두 유연근무 활용률이 높아지고, 특히 300명 이상 사업장의 비율이 높게 나타나 사업장 간 큰 차이가 있음을 알 수 있다.[2]

2019년 취업 여성의 가사시간(가정관리+돌보기)은 2시간 25분으로 20년 전인 1999년에 비해 26분 감소하였으나, 취업남성의 가사시간(50분)은 22분 증가한 것으로 나타났다. 2019년 비취업 여성의 가사시간은 4시간 10분으로 비취업 남성(1시간 18분)에 비해 2시간 52분 많으며, 1999년에 비해 1시간 4분 감소하였다. 2019년 맞벌이 가구의 여성 가사시간은 3시간 7분으로 남성의 가사시간(54분)보다 2시간 13분 더 많으며, 성별 차이는 5년 전보다 19분 감소하였

---

2) 2021년 사업장 규모별 유연근무 활용률(%): (10~29명) 여성 15.3, 남성 15.1, (100~299명) 여성 27.2, 남성 29.0, (300명 이상) 여성 42.3, 남성 42.7

표 3-5 육아휴직자 현황   (단위: 명, %)

구분	계	여성	여성 비율	남성	남성 비율
2015	87,339	82,467	94.4	4,872	5.6
2017	90,145	78,102	86.6	12,043	13.4
2019	105,181	82,886	78.8	22,295	21.2
2021	110,555	81,516	73.7	29,039	26.3

자료: 한국고용정보원, 「고용행정통계」 각 연도.
출처: 여성가족부(2022).

다. 남편 외벌이 가구의 경우 여성은 남성에 비해 4시간 48분을, 아내 외벌이 가구 여성의 경우도 남성보다 37분 더 가사노동에 참여하는 것으로 나타나, 여성의 가사노동 시간은 남성에 비해 여전히 많은 것을 알 수 있다.

8) 사회 공정성 인식 실태

사회가 얼마나 공정하다고 인식하는지에 대한 조사에서 2020년 19세 이상 여성은 '교육기회'(76.8%)를 가장 높게 평가했고 '정치활동'(40.3%)을 가장 낮게 평가했다. 2013년 대비 공정성에 대한 인식은 모두 높아진 가운데, '취업기회'와 '성별에 따른 대우'의 사회 공정성은 전년 대비 각각 9.3%p와 4.9%p 개선되었다. 그러나 '성별에 따른 대우'의 경우 여성은 남성보다 사회 공정성을 낮게 평가했는데, 사회 공정성에 대해 성별 격차가 가장 큰 분야는 '성별에 따른 대우' '병역의무이행' '지역균형발전' '교육기회' 순으로 나타났다(여성가족부, 2021).

최소 지난 20여 년간 한국사회에서 여성의 지위가 월등하게 향상되었다고 각종 매스컴이나 보고서 등에서 언급되고 있지만, 이러한 주장에는 드러나지 않은 이면이 존재한다. 다시 말하면, 교육이나 노동 참여, 정치 참여 등에 있어 여성의 비율이 양적 증가를 이루었지만 실상에서는 그 참여나 향상의 질이 매우 낮기 때문이다. 예를 들면, 노동참여율은 증가했으나 비정규직, 임시직, 저

임금노동 참여가 확대되었다는 점, 대학진학률이 남성과 거의 차이 없이 향상
되었으나 교육수준이 양질의 취업으로 연결되는 데 있어 노동시장의 구조로
인해 남성보다 기회를 균등하게 얻지 못한다는 점, 기업 임원의 여성 비율은 여
전히 매우 미미하여 유리천장이 높게 존재한다는 점, 고위직 공무원이나 국회
의원 등의 여성 비율도 높아졌으나 주요 의사결정에서 남성과 동등한 만큼의
권리를 행사하지 못한다는 점 등 여전히 한국사회의 여성의 지위는 질적으로
향상되었다고 보기 어렵기 때문이다. 이뿐 아니라 여성들은 활발한 사회참여
를 하는 동시에 여전히 육아나 가사의 주책임자로서 자발적 또는 비자발적으
로 인식하는 데에서 오는 불편함과 스트레스가 과중함을 부정할 수 없는 것이
현실이다.

2. UN 통계를 통해 살펴보는 세계 여성의 삶[3]

1) 가족 구성의 변화 실태

젊은 자녀와 성인 자녀를 포함한 자녀가 있는 부부로 구성된 가구는 전 세계
전체 가구의 38.4%를 차지하고, 그다음으로는 18세 이하 자녀가 최소 한 명 이
상 있는 가정이 33.0%를 차지한다. 확대가족(성인, 친척, 자녀 혼합 가구)은 전 세
계 가구의 26.6%를 차지하는데, 확대가족은 사하라 이남 아프리카와 중앙아시
아에서 가장 흔하지만(32.0%), 유럽과 북미에서는 10.3%의 비율을 차지한다.

한부모가정의 전 세계 점유율은 7.5%이다. 한부모가정 중 여성 한부모가정
은 84.3%로 한부모가정의 대부분을 차지한다. 89개국의 자료에 따르면, 전 세

---

3) 이 절의 내용은 UN 사회경제부, UN 여성부에서 발간한 「Progress on the sustainable development
　 goals: The gender snapshot 2022」에서 발췌하였다.

계에는 적어도 1억 1천만 명 이상의 한부모 여성이 살고 있다. 그러나 이들이 모두 자녀와 홀로 사는 것은 아니고 그 상황이 매우 다양한데, 예를 들면 조부모나 친척 등 확대가족과 함께 사는 경우도 다수 있기 때문이다.

전 세계적으로 자녀 없이 부부만 사는 가구는 12.9%, 1인 가구는 12.5%로 이러한 추세가 점점 강해지고 있다. 특히 유럽과 북아메리카에서 이러한 무자녀 가구(23.6%)와 1인 가구(27.1%) 비율이 점점 증가하고 있다. 가구원 수는 점점 작아지고 있는데, 2017년의 경우 전 세계적으로 한 가구당 평균 3.7명의 가구원이 있는 것으로 나타났고 이는 국가별로 큰 차이가 있다(네덜란드는 평균 가구원 수 2.2명, 세네갈은 8.3명 등).

잘 알려진 대로 세계 인구는 고령화되고 있어, 2019년 통계로 60세 이상의 사람들이 세계 인구의 1/8을 차지하는 것으로 나타났다. 2017년 통계로 볼 때 여성 인구가 전 세계 60세 이상 인구의 54%를 차지하고 있으며, 80세 이상 인구에서는 60% 이상이 여성 인구인 것으로 나타났다.

결혼(결혼 최소 연령 포함), 이혼, 자녀 양육권 및 후견, 입양 및 상속에는 종종 성별에 따른 차별 조항이 포함되어 있는 것을 볼 수 있는데, 이와 같이 세계 여러 곳에서 여성과 소녀들에게 매우 불평등한 법과 관습을 가지고 있다. 조사된 189개국 중 19개의 나라에서 결혼과 가정에서 여성의 동등한 권리와 발언권의 측면에서 무조건 남편의 말에 복종할 것을 법으로 명시하고 있을 뿐 아니라, 17개국에서는 결혼한 여성은 남편처럼 자유롭게 집 밖으로 여행하는 것이 금지되어 있다.

2020년 세계 합계출산율은 여성 1인당 2.3명이며, 미국 1.64명, 인도 2.05명이고, OECD 평균은 1.59명인데 한국은 0.78명으로 전 세계 평균의 1/3 수준, OECD 평균의 절반 수준이다(The World Bank Data Catalog, datacatalog.worldbank.org). 전 세계 92개국 자료를 볼 때 20~24세의 최빈곤층 여성들은 소득이 높은 동 연령대 그룹보다 18세 이전에 출산할 확률이 3.7배 높다는 통계가 있다. 이와 같은 조기 임신은 사하라 이남 아프리카에서 가장 흔하며, 이들 지역에서는 20세~24세 여성의 27.8%가 18세 이전에 출산을 하며, 특히 빈곤한 여성의 경우에는 이 비율이 41.3%까지 증가한다는 통계가 있다. 가난한 여성일수록 조기 임신 및 출산율이 높음을 알 수 있다.

2) 여성에 대한 폭력과 관련 법률 실태

여성에 대한 폭력에 관한 법률에 있어 그동안 진전이 있었지만 그것을 이행하는 데에는 세계 여러 국가에서 부족함이 있는 것으로 나타났다. 1990년대에는 소수의 국가만이 가정폭력을 범죄로 규정하는 법률이 있었지만, 2018년에는 조사대상 189개국 중 76%에 해당하는 144개국에서 관련 법률을 갖추고 있었다. 그럼에도 불구하고 통계를 볼 때, 전 세계적으로 연애 경험이 있는 여성의 약 30%가 평생 동안 친밀한 파트너로부터 신체적 및/또는 성적 폭력을 경험한 것으로 보고되고 있다. 15~49세의 여성의 약 18%가 지난 12개월 동안 친밀한 관계의 파트너나 배우자로부터 폭력을 당한 경험이 있고, 특히 오세아니아나 중앙아시아 및 남아시아에서의 비율이 높게 나타났다. 2017년에는 의도적 살인을 당한 여성 피해자의 절반 이상(58%)이 가족으로부터 살인을 당했으며, 1년으로 치면 5만 명의 여성이, 매일 137명의 여성이 피해자로 집계되고 있다. 특히 이 중 3만 명 이상이 이전 또는 현재의 배우자나 파트너로부터 살해당한 것으로 나타났다. 한편 여성 할례(Female Genital Mutilation: FGM)[4]는

------

4) 여성 할례는 의료적 목적 없이 성인식이라는 이유로 여성 성기의 전체 혹은 일부를 제거하거나 상처를 낸 뒤 좁은 구멍만 남긴 채 봉합하는 의식을 말한다. 여성 포경수술(female circumcision) 또는 컷팅(cutting)이라고도 불리며, 대다수의 경우 미성년자를 대상으로 실시된다. 여성 할례는 대부분 마취, 소독, 의료 장비 없이 비위생적 환경에서 행해지는데 이로 인해 할례를 당한 여성들은 통증, 출혈, 용변 장애를 부르는 누공 등의 합병증을 겪기도 한다. 특히 질과 방광 사이 또는 질과 항문 사이 누관이 생기는 산과적 누공이 생긴 여성은 평생 대소변을 조절하지 못하는 부작용에 시달려야 한다. 여성 할례는 소말리아, 이집트, 에티오피아, 나이지리아 등 아프리카, 중동, 아시아

점점 감소하고는 있으나 전 세계적으로 약 30개국에서 15~19세 소녀 3명 중 1명이 할례를 당하고 있다.

3) 여성의 소득활동 및 빈곤 실태

여성의 경우, 자산을 소유하거나 유급 직업이나 사회적 보호를 통해 소득을 얻는 것과 같은 자신의 자원을 갖는 것은 부부관계나 연인관계에서 남성과 보다 동등한 입장에 서게 하고 가족 내에서 협상 위치를 강화한다. 특히 나이 든 여성의 경우 자신의 소득이나 자산을 갖는 것이 적절한 생활수준을 확보하는 데 있어 매우 중요하다. 전 세계적으로 25~54세 여성의 경제활동 참가율은 1998년 64%에서 2018년 63%로 약간 감소했다.

여성의 경제활동 참여는 결혼 상태에 영향을 받는다. 93개국 조사에 따르면, 25~54세 여성 중 기혼여성은 52.1%만 경제활동을 하는 반면, 미혼여성은 65.6%, 이혼 및 별거여성은 72.6%가 참여하는 것으로 나타났다. 결혼했거나 동거 중인 여성의 경제활동 참가율은 유럽과 북미(78.2%), 사하라 이남 아프리카(73.8%)에서는 매우 높은 비율로 나타나는 반면, 중앙아시아와 남아시아(29.1%)에서 특히 낮은 편이다.

여성은 남성보다 비공식 경제에서 일할 가능성이 더 높다. 무급 돌봄노동이 여성에게 집중되고, 이런 돌봄노동은 출산이나 육아 휴직 및 수당도 받을 수 있는 경우가 거의 없어서 불평등을 증대시키고 격차를 심화시킨다. 이러한 상황은 15~24세의 젊은 여성이 25세 이상 여성보다 더 심각한 것으로 나타났

의 30개 국가에서 행해진다. 그중 여성 할례가 가장 많이 이루어지는 나라는 아프리카 소말리아로, 여성의 98%가 할례를 경험하며, 60% 이상이 할례 의식을 지켜야 한다고 믿는다. 최근에는 이민자들에 의해 유럽 및 미주 국가로 여성 할례가 유입되었다. 특히 미국에서는 지난 20년간 여성 할례를 경험한 여성의 수가 3배 증가하기도 하였다(월드비전, www.worldvision.or.kr).

다. 2021년 4분기 데이터에 따르면, 46개국 중 8개국에서 15~24세의 젊은 여성 4명 중 1명이 실직상태이거나 교육을 받지 못하는 것으로 나타났다.

가정 내 어린 자녀(6세 미만)가 있는 것도 전 세계적으로 여성이 경제활동을 하는 데 영향을 미치는데, 6세 미만 어린 자녀가 있는 경우 여성의 경제활동 참여는 5.9%p 감소하는 반면, 남성은 3.4%p 증가한다. 이러한 격차는 남성은 경제활동, 여성은 가정의 이분법적 구도를 잘 나타내 주고 있고, 이러한 현상이 단지 한국만의 현상이 아닌 전 세계적인 현상임을 말해 준다. 마찬가지로 고소득 국가의 연구에 따르면, 어머니인 여성은 임금 측면에서 상당한 불이익을 받는 반면, 대부분의 남성의 경우 아버지가 되면 '임금 보너스'가 발생한다.

전 세계적으로 여성은 남성보다 무급 돌봄이나 가사노동을 3배 더 많이 한다. 이러한 성별 불평등은 나라마다 상황이 다양하지만 특히 개발도상국에서는 더 심각하다. 또한 유급이나 무급 노동을 합치면 여성이 남성보다 전반적으로 더 오래 일한다. 특히 농촌에 거주하는 여성은 무급 가사노동 시간이 더 늘어나는 경향이 있는데, 이는 시간을 절약해 주는 가사노동 기기나 인프라가 부족하기 때문이기도 하다.

모든 국가에서 노인과 장애인을 위한 거의 모든 장기요양보호(Long Term Care)는 여성이 제공하는데, 스웨덴의 경우 이러한 장기요양보호 노동자들의 20%, 이탈리아는 70%가 외국인 노동자 출신인 것으로 알려져 있다. 국제노동기구(ILO)에 따르면, 전 세계 돌봄노동자는 3억 8,100만 명으로 이는 세계 고용의 11.5%에 달하는 수치이다. 그런데 이 돌봄노동자의 2/3가 여성 근로자이며, 여성 5명 중 1명이 돌봄노동에 고용되어 있다.

전 세계적으로 여성과 여자아이들의 절대적 빈곤은 더욱 심화될 것으로 보인다. 코로나19 팬데믹 이전에는 하루 1.90달러 미만으로 생활하는 여성과 여자아이들의 비율이 2013년 11.2%에서 2018년 8.6%로 감소되었다. 그러나 코로나19로 인해 2022년에 약 9%로 증가할 것으로 예상되기 때문에 빈곤감소 추세가 무너졌다. 2022년 말까지 약 3억 8,300만 명의 여성과 소녀가 절대적 빈곤 속에 살게 될 것으로 추측되고 있는데, 특히 사하라 이남의 아프리카와 중앙아시아 및 남아시아 여성들의 절대적 빈곤율이 높아 10명 중 8명이 이러한 절대적 빈곤에 살게 될 것이라는 통계가 있다.

세계 영양실조 인구의 60%가 분쟁 지역에 살고 있는데, 2021년 전쟁 피해 지역의 여성 가장 가구의 37.5%가 중간 또는 심각한 수준의 식량 불안을 경험한 반면 남성 가장 가구는 20.5%가 식량 불안을 경험하였다.

4) 여성의 교육 실태

소녀와 젊은 여성이 교육을 받는 것이 빈곤을 감소하고, 더 나은 모성 건강을 유지하며, HIV를 예방하고 여성에 대한 폭력을 감소시키는 것에 직간접적인 이점과 효과가 있다는 많은 연구가 있다. 학교에서 1년을 더 공부할 때마다 소녀가 성인이 되어 받을 수 있는 수입을 최대 20%까지 늘릴 수 있다는 통계도 있다. 세계적으로 최근 수십 년 동안 여학생들의 학습성과에 있어 놀랄 만한 성장이 이루어졌고, 그 결과로 남학생들의 학업성취를 따라잡았을 뿐 아니라 어떤 경우에는 남학생들을 능가하기도 한다. 그러나 가장 가난한 가정이나 시골 지역 소녀들에게는 이와 같은 변화가 동등하게 나타나지는 않는다. 29개국을 조사한 연구에서 성별, 지역, 부의 수준별로 보면 가장 가난한 시골 소녀들과 가장 부유한 도시 소녀들 사이의 고등학교 수료율 격차가 11.5%p에서 72.2%p에 이르는 것으로 나타났고, 42개국 조사에서는 인종, 민족, 종교, 이민 상태 및/또는 장애에 따라 초등교육 진학률에 매우 큰 차이가 있는 것으로 나타났다. 특히 장애가 있는 아이들이 장애가 없는 아이들보다 유아 교육 접근성이 낮은데, 특히 그 차이가 장애를 가진 소녀들에게 더 큰 것으로 나타났다. 코로나19와 같은 전염병 관련 문제는 소녀와 젊은 여성 집단의 교육 접근성을 더 낮추고 학습 불평등을 심화시키는 것으로 나타났다.

전 세계적으로, 여성은 이공계 전문가의 19.9%만을 차지하고 있다. 이공계가 일반적으로 남성 중심적이고 융통성이 없으며 배제적인 작업 환경이기 때문에 여성의 이공계 진입이 낮은 원인이 된다. 아시아와 태평양 지역의 한 조사에서는 돌봄 책임이 있는 STEM 직업[5]의 여성 중 44%가 코로나19 대유행 기간 동안 유연한 업무 배치를 적용받지 못해 어려움을 겪은 것으로 나타났다. STEM 교육과 경력의 격차는 성별과 다른 취약성의 교차로 인해 이중으로 여성과 소녀에게 더 크다. 미국에서 흑인과 히스패닉 여성들은 STEM 직업의 평균 연봉보다 약 2만 달러 적게 받으며, 같은 STEM 직업의 백인 남성들보다 약 3만 3,000달러를 적게 받는 것으로 조사되었다. 같은 직업군 내에서도 여성들이, 특정 인종이 임금차별을 받고 있는 것을 알 수 있다.

5) 여성의 건강 실태

코로나19는 여성의 건강한 삶에 매우 부정적인 영향을 끼쳤다. 전 세계적으로 백만 명이 넘는 소녀 및 여성(15~49세)이 안전한 피임을 할 수 없는 국가에서 살고 있는 것으로 조사되었다. 특히 개발도상국에서는 여성청소년 출산율이 매우 높은데 1,000명당 94명이 여성청소년 시기에 출산하는 것으로 나타났다. 이 수치는 전 세계 통계인 1,000명당 42명보다 2배 높은 수치이다. 조기 출산은 산모와 신생아 모두에게 위험을 증가시킨다. 특히 임신한 여성청소년들은 성인 여성보다 안전하지 않은 낙태를 할 가능성이 더 높다. 전 세계적으로 매년 약 300만 건의 안전하지 않은 낙태가 15~19세 소녀들에게서 발생하는 것으로 보고되고 있다(Africa Health Organisation, 2023). 안전하지 않은 낙태는 지속적인 건강 문제와 산모 사망에 크게 영향을 미치는데, 임신과 출산으로 인한 합병증은 저소득 및 중간 소득 국가에서 15~19세 소녀의 중요한 사망 원인이

---

5) STEM 직업군은 과학(Science), 기술(Technology), 엔지니어링(Engineering) 수학(Mathematics)을 말한다.

되고 있다. 특히 코로나19 팬데믹으로 인해 출산 시 사망하는 여성의 비율이 우간다는 62%, 페루는 50%, 멕시코는 26%, 남아프리카는 15%가 증가했다.

한편 여성은 남성보다 우울증과 불안에 더 취약하다. 우울증은 고소득 국가와 저소득 및 중간 소득 국가 모두에서 여성의 질병 부담의 주요 원인이 되고 있다. 출산 후 우울증은 저소득 및 저·중소득 국가 산모의 20%에 영향을 미친다. 전 세계적으로 매년 약 80만 명이 자살로 사망하며 대다수는 남성인데, 중국의 농촌 지역에서는 남성보다 여성의 자살률이 최대 20배를 초과한다는 보고가 있다(Africa Health Organisation, 2023). 전 세계 여성의 건강을 조사한 한 연구에서는 여성들의 걱정이나 스트레스, 분노나 슬픔 등의 정서적 건강 수치에 있어 대만 여성이 가장 정서적으로 스트레스 수치가 낮으며, 이라크 여성이 가장 수치가 높은 것으로 나타났다(Hologic, 2021: 44).

6) 여성과 안전

코로나19 대유행 기간 동안 폭력과 괴롭힘이 증가했다는 증거와 함께, 여성의 절반이 도시 지역에서 밤에 혼자 걷는 것이 안전하지 않다고 느끼는 것으로 나타났다. 도시 지역에 사는 여성과 소녀는 2020년 현재 56.2%이지만 2030년까지 60.4%로 증가할 것으로 예상된다. 도시 지역은 전형적으로 풍부한 자원과 기회를 제공하지만 거대한 불평등의 현장이기도 하다. 빈민가와 같은 환경에서는 적절한 주택, 물, 위생 시설이 부족하고, 양질의 의료 서비스에 대한 접근이 부족하며, 교통이 불편하고, 양질의 일자리 기회가 거의 없다. 도시 환경은 잘못 계획된 기반 시설, 공원과 골목길의 가시적인 시야의 부족, 그리고 공중화장실과 주차장과 같은 잘 정비되지 않고 조명이 꺼진 공간으로 인해 안전하지 않을 수 있으며, 여성과 소녀들이 성적 폭력과 다른 형태의 폭력에 노출될 수 있다. 에콰도르 키토에서는 여성의 68%가 공공장소에서 성희롱을 경험했다는 보고가 있으며, 베트남 호치민에서는 여성의 41%와 남성의 39%가 공

공장소에서 성희롱을 목격했다고 한다. 홀로직(Hologic, 2021: 51)의 연구에서
도 전 세계 여성 3명 중 1명(8억 명 이상)이 밤에 지역사회에서 혼자 걷는 것이
안전하지 않다고 느끼는 것으로 조사되었다. 특히 많은 라틴 아메리카와 사
하라 이남 아프리카 지역의 여성 대다수는 그들이 사는 곳에서 밤에 혼자 걷
는 것이 안전하지 않다고 느끼는 것으로 나타났는데, 이들 국가 중 다수는 고
의적 살인율이 높으며, 이것이 여성들이 느끼는 안전감과 관련이 있는 것으로
볼 수 있다.

7) 여성과 의사결정

전 세계적으로 여성은 공공 부문 인력의 46%를 차지하지만 리더의 지위나
특정 직업에서는 여성 인력이 매우 적은 편이다. 예를 들면, 2017년 기준 사
법직에서는 42%를 차지하지만 경찰직에서는 16%에 불과하다. 특히 취약하
고 분쟁의 영향을 받는 국가에서는 공공행정에서 여성이 차지하는 비율은 세
계 평균의 절반에도 미치지 못한다. 정치 영역, 특히 최고 수준의 행정 및 입법
권한에 있어서도 성평등 달성과는 거리가 멀다. 2022년 7월 29일 현재 27개국
(14%)만이 여성 국가원수 및/또는 정부 수반을 보유하고 있으며, 2021년에는
여성이 21.9%의 장관직을 보유하고 있다. 전 세계 국회의원의 26.4%만이 여
성 의원이며, 지방 정부 대표의 34.3%만을 여성이 차지하고 있다.

8) 성평등 정책 예산

전 세계적으로, 여성들은 코로나19 팬데믹으로 인해 2020년에 약 8,000억 달
러의 수입을 잃었다. 그만큼 노동시장에서의 기회를 잃었다는 뜻이다. 그 이후
의 반등에도 불구하고, 2022년 노동 시장에서의 여성들의 참여는 코로나19 팬
데믹 이전보다 낮을 것으로 예상되고 있다. 빈곤율이 높아지고, 식량이나 상

품 가격은 치솟고 있으며 가속화되는 기후이상 사태, 성적 및 생식 권리의 축소로 전 세계 여성들과 소녀들은 전례 없는 위협에 직면해 있다고 UN 여성보고서에서는 분석하고 있다. 특히 성평등을 위한 예산과 전략적 실행 계획이 더 견고하게 집행되어야 함에도 불구하고 이 예산 조달은 여전히 불안정하고 불충분한 것으로 알려져 있다.

전반적인 성평등 기금은 꾸준히 유지되고 있지만 개별 국가의 기여는 급격하게 변화하고 있다. 예를 들면, 캐나다는 2019년 양성평등을 우선시하는 계획에 양자 간 할당 가능한 공적개발원조(Official Development Assistance: ODA)의 25%인 8억 7천 5백만 달러를 기부했지만 2020년에는 3억 8천 8백만 달러로 절반 이상 감소했다. 이러한 기금의 감소는 선진국의 양성평등 기금의 혜택을 받는 많은 개발도상국가의 여성과 소녀들을 위한 지속적이고 혁신적 변화의 가능성이 낮아지고 있음을 의미한다.

토론하기 주제

1. 우리나라 여성들이 경험하는 경제적 · 문화적 · 사회적 환경에 한국의 가부장적 문화가 미쳐 온 영향에 대해 토론해 봅시다.
2. 세계 각국의 여성들이 처한 경제적 · 사회적 · 의료적 상황에 대해 토론해 봅시다.

도움이 되는 자료

1. 2022 Global Women's Summit(유튜브, www.youtube.com)

2022년 열린 세계 여성 지도자 회의(Global Women's Summit 2022)는 변화를 주도하고 있는 전 세계의 최고 여성 지도자들과 용기 있는 선구자들이 참석하는 회의이다. 이 회의는 매년 수백 명에서 천여 명의 전 세계 여성 지도자와 명사가 모여 글로벌 현안을 토론하고 새로운 기회를 찾아 활발히 교류하는 네트워크 장으로 2022년에는 '새로운 현실 속 여성의 기회 창출'이라는 주제로 여성의 리더십에 대해 논의했다.

2. UN Women(https://www.unwomen.org/en)

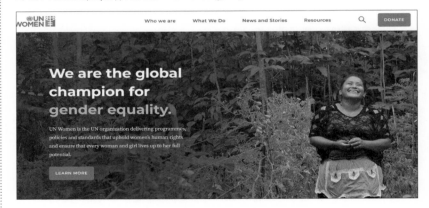

UN 여성 사이트로 전 세계 여성에 대한 각종 통계와 정보를 얻을 수 있다.

참고문헌

경찰청(2020). 2020 경찰통계연보.

김남순, 박은자, 이나경, 배정은, 최지희, 김명희, 김성이, 김유미, 송현종, 최귀선, 정규원, 지선미, 이은주, 천희란, 윤혜란, 김정욱(2020). 한국 여성의 건강통계(4차) 및 주요 건강이슈 분석. 한국보건사회연구원.

박현영(2021). 여성의 건강행동과 여성 건강 증진. 보건복지포럼.

송다영, 김미주, 최희경, 장수정(2015). 새로 쓰는 여성복지론: 쟁점과 실천. 양서원.

여성가족부(2021). 2021 통계로 보는 여성의 삶 보도자료.

여성가족부(2022). 2022 통계로 보는 남녀의 삶 보도자료.

여성을 위한 모임(2014). 내 안의 여성 콤플렉스 7. 후마니타스.

이수연, 이혜림, 강혜란, 김미경, 김하얀(2014). 양성평등문화 확산을 위한 정책과제 개발. 한국여성정책연구원.

통계청(2021a). 생명표 2021.

통계청(2021b). 장래인구추계: 2020~2070년. 중위추계.

통계청(2021c). 인구총조사.

Hologic (2021). 2020 Global Report Hologic Global Women's Health Index.

Mies, M. (1999). *Patriarchy and accumulation on a world scale: Women in the international division of lavour*. 최재인 역(2014). 가부장제와 자본주의. 갈무리.

O'Toole, E. (2016). *Girls willl be girls*. 박다솜 역(2016). 여자다운 게 어딨어. 창비.

Tavris, C. (1993). *The mismeasure of women*. 히스테리아 역(1999). 여성과 남성이 다르지도 똑같지도 않은 이유. 또 하나의 문화.

Wood, J. (1994). *Gendered lives: Communication, gender, and culture*. 한희정 역(2007). 젠더에 갇힌 삶. 커뮤니케이션북스.

UN Department of Economics and Social Affairs & UN Women (2022). Progress on the sustainable development goals: The gender snapshot 2022.

Africa Health Organisation(2023). Women's health fact sheet. https://aho.org/

UN Women(2023). Global Factsheet: Progress of the World's women 2019–2020

Families in a changing world. https://www.unwomen.org

월드비전. www.worldvision.or.kr

The World Bank Data Catalog. datacatalog.worldbank.org

제**2**부

영역별 여성문제

여성과 노동

 학습개요 o··

여성의 경제활동 참여율이 증가하고 있는 현대사회에서 여성의 노동 관련 실태는 매우 열악하고 많은 개선과 변화가 필요하다. 이 장에서는 한국의 여성노동의 실태와 특징을 통해 노동시장에서의 여성의 불평등한 지위를 고찰하고, 여성의 경력단절 실태와 과제를 점검한다. 이를 통해 여성의 노동권리가 보장될 수 있는 방안에 대해 살펴보고자 한다.

학습목표 ··

1. 여성노동의 실태와 특징을 살펴본다.
2. 노동시장에서의 여성의 지위와 성불평등에 대해 학습한다.
3. 여성의 경력단절 실태와 과제에 대해 살펴본다.
4. 여성노동자를 위한 정책과제에 대해 살펴본다.

1. 여성노동의 실태와 특징

전통적으로 우리나라 여성들의 연령별 경제활동 참가율은 'M'자형을 벗어나지 못하고 있다. M자형이란 결혼 전에 일하였지만 출산이나 육아기간 동안일을 그만두고, 공백기 이후 다시 노동시장에 참여하는 형태를 의미한다. 이는 서구의 선진국 여성들의 경제활동 참가율이 역'U'자형을 그리는 것과는 큰차이가 있다. [그림 4-1]에서 보는 바와 같이, 독일, 영국, 프랑스, 미국, 이탈리아 등은 역U자형을 그리지만, 한국은 M자형, 일본도 M자형에 가까운 곡선을 보여 주고 있다. 이는 서구의 경우 여성들의 노동주기가 가족 내 생애사건에 크게 영향을 받기보다 연속적인 노동주기를 갖는 것을 의미한다.

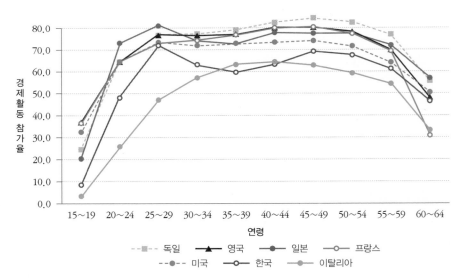

[그림 4-1] OECD 주요국 여성 연령대별 고용률

출처: 뉴스핌(2019. 10. 20.).

이러한 특징을 염두에 두고, 한국 여성들의 경제활동 실태와 특징에 대해 살펴보면 다음과 같다.

1) 여성의 연도별 경제활동 실태

　　우리나라의 여성 경제활동 인구는 2006년 천만 명 시대를 연 이후 조금씩 증가해 왔다. 그러나 지난 10년간 여성 경제활동 참가율은 50% 수준에서 정체되어 있다. 2022년 기준 1,254만 명의 여성이 경제활동에 참여하고 있어, 54.6%의 경제활동 참가율을 나타내고 있다(통계청, 2022). 〈표 4-1〉에서 보는 바와 같이, 2012년 50%에 진입하여 2020년 52.8%, 2022년 54.6% 등 50%대를 유지하고 있다.

표 4-1 여성 경제활동 인구 및 참가율　　　　　　　　　　(단위: 천 명, %)

구분	2011	2012	2013	2014	2015	2016	2017	2018	2019	2020	2021	2022
15세 이상 여성 인구	21,119	21,356	21,576	21,806	22,018	22,205	22,357	22,484	22,618	22,750	22,882	22,988
여성 경제 활동 인구	10,520	10,704	10,862	11,229	11,426	11,583	11,773	11,893	12,097	12,007	12,186	12,546
여성 경제 활동 참가율	49.8	50.1	50.3	51.5	51.9	52.2	52.7	52.9	53.5	52.8	53.3	54.6

출처: 통계청(2023).

　　고용률에 있어서는 2022년 여성 고용률은 60%로 2012년 53.5% 대비 6.5%p 상승하였다. 이에 비해 남성의 경우는 2012년 75.1%에서 2022년도 76.9%로 꾸준히 70% 중반대를 유지하고 있어 여성 고용률과의 격차가 있음을 알 수 있다. 실업률에 있어서는 여성의 경우 2022년 3.0%로 2012년 3.1% 대비 0.1%p 감소한 반면 남성의 경우 2022년 2.7%로 2012년 3.4% 대비 0.7%p 감소한 것을 알 수 있다(〈표 4-2〉, 〈표 4-3〉 참조).

표 4-2 성별 고용률(15~64세)   (단위: %)

성별 \ 연도	2012	2013	2014	2015	2016	2017	2018	2019	2020	2021	2022
전체	64.3	64.6	65.6	65.9	66.1	66.6	66.6	66.8	65.9	66.5	68.5
남성	75.1	75.2	76.0	75.9	75.9	76.3	75.9	75.7	74.8	75.2	76.9
여성	53.5	54.0	55.0	55.7	56.1	56.9	57.2	57.8	56.7	57.7	60.0

출처: 통계청(2023).

표 4-3 성별 실업률(15~64세)   (단위: %)

성별 \ 연도	2012	2013	2014	2015	2016	2017	2018	2019	2020	2021	2022
전체	3.3	3.2	3.6	3.7	3.8	3.8	3.9	3.8	4.0	3.6	2.9
남성	3.4	3.4	3.6	3.7	3.9	3.9	4.0	4.0	4.0	3.6	2.7
여성	3.1	3.0	3.6	3.7	3.7	3.6	3.8	3.6	4.0	3.7	3.0

주: 실업률 = (만 15~64세 실업자 수 ÷ 만 15~64세 경제활동 인구) × 100
출처: 통계청(2023).

2) 여성의 연령대별 경제활동 실태

여성의 연령대별 경제활동 실태를 살펴보면 다음과 같다. 2021년 여성의 고용률은 20대 후반이 70.9%로 가장 높고, 다음으로 50대 초반(67.1%), 40대 후반(66.3%) 순으로 높게 나타났다. 여성의 초혼 연령이 높아지면서 주로 30대에 결혼, 임신, 출산, 육아를 하게 되는데, 이로 인해 30대에는 경력단절이 발생함으로써 고용률이 감소하고, 40대에 재취업이 증가하게 되는 M자형의 형태를 보여 주고 있음을 알 수 있다([그림 4-2] 참조).

10년 전인 2010년과 비교하면 20~24세, 40~44세를 제외한 전 연령대에서 고용률이 모두 상승했음을 알 수 있고, 특히 30~34세, 55~59세 연령대의 고용률이 10년 전에 비해 크게 상승했음을 알 수 있다.

아주 최근 자료인 2022년 3월 통계를 보면, 50~59세가 66.1%로 가장 높은 고용률을 나타내고 있으며, 40~49세(64.1%), 30~39세(62.9%), 20~29세(62.8%)

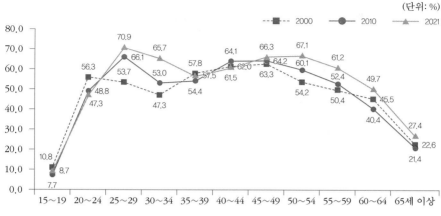

[그림 4-2] 연령대별 여성 고용률

출처: 여성가족부(2022).

순으로 나타나 상대적으로 고연령대의 여성 고용률이 증가했음을 알 수 있다.
인구 고령화에 따라 이전에 고령층에 속하던 연령대의 노동시장 참여가 더 활
발해졌음을 알 수 있다(〈표 4-4〉 참조).

표 4-4 **연령대별 여성 고용실태(2022년 3월 기준)**　(단위: 천 명, %)

연령 계층별	15세 이상 인구	경제 활동 인구	취업자	실업자	비경제 활동 인구	경제활동 참가율	실업률	고용률
계	22,966	12,348	11,949	399	10,618	53.8	3.2	52.0
15~19세	1,113	112	99	13	1,001	10.1	11.8	8.9
20~29세	3,201	2,147	2,010	137	1,054	67.1	6.4	62.8
30~39세	3,289	2,139	2,068	71	1,151	65.0	3.3	62.9
40~49세	3,986	2,625	2,555	71	1,360	65.9	2.7	64.1
50~59세	4,271	2,871	2,823	47	1,400	67.2	1.6	66.1
60세 이상	7,106	2,454	2,394	60	4,653	34.5	2.4	33.7

출처: 통계청(2023).

3) 여성의 종사상 지위별 경제활동 실태

우리나라 여성의 종사상 지위별 경제활동 실태를 보면, 2022년 기준 여성 취업자 중 임금근로자 비중은 79.7%로 나타나 2013년 이후 매년 증가해 온 것으로 나타났다. 그러나 여전히 상용근로자 비율이 낮고, 임시근로자 비율이 높아 여성의 고용안정성은 낮은 것으로 보인다(〈표 4-5〉 참조).

구분	2013	2014	2015	2016	2017	2018	2019	2020	2021	2022
취업자	100.0	100.0	100.0	100.0	100.0	100.0	100.0	100.0	100.0	100.0
비임금근로자	25.3	24.6	23.6	22.8	22.8	22.6	22.1	21.7	20.6	20.3
−자영업주	15.2	14.8	14.5	14.1	14.4	14.2	14.1	14.0	13.3	13.6
−무급가족 종사자	10.1	9.8	9.1	8.7	8.4	8.4	8.0	7.7	7.2	6.6
임금근로자	74.7	75.4	76.4	77.2	77.2	77.4	77.9	78.3	79.4	79.7
−상용	40.6	42.0	43.1	44.6	45.7	47.4	48.7	50.8	52.0	53.6
−임시	27.5	27.4	27.6	27.5	26.4	25.5	24.9	23.7	24.4	23.4
−일용	6.5	6.0	5.8	5.1	5.0	4.5	4.3	3.8	3.1	2.7

표 4-5 종사상 지위별 여성취업자 구성비 (단위: %)

출처: 통계청(2023).

특히 임금근로자 중 여성은 남성에 비해 상용근로자 비율이 낮고 임시근로자가 두 배 이상 많으며, 남성에 비해 여성은 자영업자나 고용주 비율은 적은 반면, 무급가족 종사자 비율은 월등히 높은 것으로 나타났다(〈표 4-6〉 참조).

표 4-6	성별 종사상 지위별 취업자 구성비 추이							(단위: %, %p)
구분		임금 근로자	상용	임시	일용	비임금 근로자	고용주	자영자	무급가족 종사자
여성	2000	61.5	19.2	28.4	13.9	38.5	3.0	16.2	19.3
	2005	67.2	25.7	30.2	11.3	32.8	3.5	15.3	13.9
	2010	72.9	34.5	30.0	8.4	27.1	3.3	12.9	10.9
	2015	76.4	43.1	27.6	5.8	23.6	3.5	11.0	9.1
	2019	77.9	48.7	24.9	4.3	22.1	3.5	10.6	8.0
	2020	78.3	50.8	23.7	3.8	21.7	3.2	10.8	7.7
	2021	79.4	52.0	24.4	3.1	20.6	2.9	10.4	7.2
	2000년 대비	17.9	32.8	−4.0	−10.8	−17.9	−0.1	−5.8	−12.1
	2020년 대비	1.1	1.2	0.7	−0.7	−1.1	−0.3	−0.4	−0.5
남성	2000	64.2	38.0	17.0	9.2	35.8	9.6	24.2	2.0
	2005	66.0	41.1	16.4	8.5	34.0	9.9	22.7	1.3
	2010	70.0	48.0	15.0	7.0	30.0	8.4	20.2	1.3
	2015	72.5	52.6	13.7	6.2	27.5	8.1	18.5	1.0
	2019	73.4	55.2	12.6	6.0	26.6	7.3	18.3	0.9
	2020	73.5	56.3	11.4	5.7	26.5	6.6	18.9	1.0
	2021	73.6	56.6	11.4	5.6	26.4	6.2	19.2	1.0
	2000년 대비	9.4	18.6	−5.6	−3.6	−9.4	−3.4	−5.0	−1.0
	2020년 대비	0.1	0.3	0.0	−0.1	−0.1	−0.4	0.3	0.0

출처: 통계청(2023).

4) 여성의 직업별 · 산업별 취업 실태

2021년 여성취업자의 직업별 취업 실태를 살펴보면, '전문가 및 관련 종사자' 비율이 23.3%로 가장 높고, 다음으로 '사무 종사자'(20.7%), '서비스 종사자' (17.2%) 순으로 나타났다. 남성의 경우에는 '전문가 및 관련 종사자'(18.3%), '장치, 기계조작 및 조립 종사자'(17.0%), '사무 종사자'(14.9%) 순으로 높게 나타났

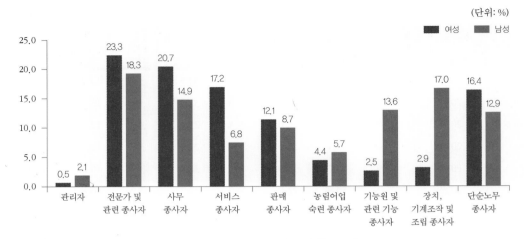

[그림 4-3] 직업별 취업자 구성비(2021년)

출처: 여성가족부(2022. 9. 6.).

다([그림 4-3] 참조). 여성의 경우, 교육서비스업(교사 등) 및 보건복지산업 종사자 비율이 매우 높은데 이 산업군이 '전문가 및 관련 종사자'로 분류되고 있다.

2021년 여성취업자의 산업별 취업 실태를 살펴보면, '보건 및 사회복지 서비스업' 종사 비율이 17.7%로 가장 높고, 다음으로 '도소매업'(13.1%), '숙박 및 음식점업'(11.0%) 순이다. 2013년 대비 여성 취업자가 크게 증가한 산업은 '보건 및 사회복지 서비스업'으로 81만 1천 명 증가한 것으로 나타났으며, 남성은 2013년 대비 '건설업'과 '보건 및 사회복지 서비스업'이 큰 폭으로 증가한 것을 알 수 있다([그림 4-4] 참조).

여성 취업자 증감(2013~2021년)

(단위: 천 명)

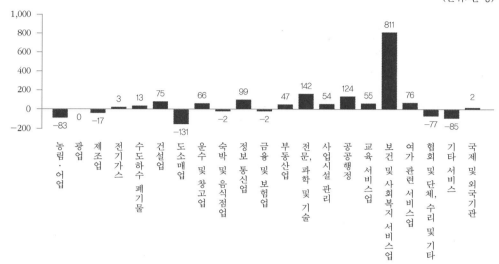

남성 취업자 증감(2013~2021년)

(단위: 천 명)

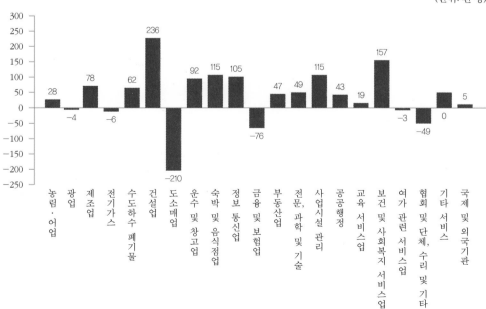

[그림 4-4] 여성 및 남성 산업별 취업자 증감 실태(2013년~2021년)

출처: 여성가족부(2022. 9. 6.).

5) 여성의 정치참여 및 의사결정 실태

여성의 정치참여 및 관리직 고용 실태는 사회에서의 여성의 지위를 나타내는 지표가 될 수 있다. 지난 30여 년간 여성의 정치참여는 지속적으로 증가해 왔는데, 1992년 국회의원 중 여성 비율이 1%에 지나지 않았던 것이 2020년 기준 19%로(300명 중 57명) 약 20배가량 증가한 것을 알 수 있다. 이러한 증가에도 불구하고 절대적 수치는 여전히 낮은 편이다. 고위직에 속하는 여성 장관직 비율은 2022년 기준 전체 18명의 장관 중 16.7%에 해당하는 3명으로 나타났는데, 이는 2020년 6명, 33.3%에 비해 16.6%p 하락한 수치이다. 기초자치단체장 중 여성은 2014년 9명(4.0%)에서 2018년 8명(3.5%)으로 감소하는 등 여전히 여성들의 고위직 비율은 낮은 편임을 알 수 있다.

4급 이상 일반직 국가공무원 중 여성 비율은 2010년 6.3%에서 지속적으로 상승하여 2021년 19.7%로 역대 최고 비율을 기록했다. 2021년 고위공무원의 여성 비율은 2010년 2.4%에서 2021년 8.2%로 약 4배 가까이 증가하였다([그림 4-5] 참조).

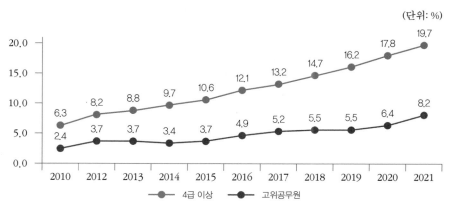

[그림 4-5] 4급 이상 일반직 국가공무원 여성 비율 추이

출처: 여성가족부(2022. 9. 6.).

적극적 고용개선조치(Affirmative Action: AA)[1] 결과, 공공기관, 지방공사 · 지방공단 및 500인 이상 민간기업(대규모 기업집단 중 300인 이상 포함)의 관리자 중 여성 비율이 2012년 16.6%에서 2020년 22.3%로 상승하였다. 〈표 4-7〉을 보면, 공공기관이나 지방공기업보다 민간기업의 여성 관리자 비율이 높은 것을 알 수 있다.

표 4-7　여성 관리자 비율 (단위: %)

구분	2012	2013	2014	2015	2016	2017	2018	2019[3]	2020	
									여성	남성
여성 관리자[1]	16.6	17.0	18.4	19.4	20.1	20.4	20.6	21.1	22.3	77.7
공공기관	–	–	–	–	–	–	17.3	18.8	20.7	79.3
지방공기업	11.0	11.6	13.9	15.9	16.4	16.5	8.0	6.8	7.4	92.6
민간기업[2]	17.6	18.0	19.2	20.0	20.8	21.2	21.5	22.0	23.0	77.0

주: 1) 여성 관리자 비율은 개별기업의 고용 비율을 평균하여 산출하므로 단순 평균과는 차이가 있음
　　2) 상시근로자 500인 이상을 고용하고 있는 민간기업(대규모 기업집단 중 300인 이상 포함)
　　3) 2019년 신규 적용대상 사업장 미포함
출처: 여성가족부(2022. 9. 6.).

　이와 같이 많은 개선이 있었음에도 불구하고 여전히 의사결정의 지위와 권한을 가진 위치에 있는 여성의 비율은 남성에 비하면 현저히 낮은 것이 한국사회의 현실이다.

---

1) 적극적 고용개선조치란 여성, 소수민족 등에 대해 구조화되고 관행화된 차별을 개선하기 위해 사업주에게 차별개선목표를 부여하고 이를 달성하도록 하는 제도이다.

2. 노동시장에서의 여성의 지위와 성불평등

여성의 경제활동 참가율이 50%대를 유지하고 있는 우리 사회에서 단순히 양적 증가만을 놓고 보면 여성의 노동시장 참여가 급성장했다고 말할 수도 있을 것이다. 그렇지만 여성노동시장의 질적 측면은 매우 허약한 지반을 형성하고 있는 불안정한 노동시장임을 부인하기는 어렵다(윤자영, 2018). 장기적 삶의 전망에서 여성들이 노동시장에 참여하는 등의 변화가 많이 진행되고 있지만, 여전히 노동시장에서의 여성의 지위는 낮고 불안정하기 때문이다.

1) 여성의 비정규직 취업 실태

1997년 외환위기 이후 비정규직 근로자가 급증하면서 비정규직 근로자의 대

표 4-8 성별 및 연령집단별 비정규직 근로자 비율   (단위: %)

구분		2011	2012	2013	2014	2015	2016	2017	2018	2019	2020	2021	2022
전체		34.2	33.2	32.5	32.2	32.4	32.8	32.9	33.0	36.4	36.3	38.4	37.5
성	남성	27.7	27.0	26.4	26.4	26.4	26.3	26.3	26.3	29.4	29.4	31.0	30.6
	여성	42.9	41.4	40.6	39.9	40.2	41.1	41.2	41.4	45.0	45.0	47.4	46.0
연령집단	15~19세	69.6	76.1	74.8	70.0	74.3	75.2	73.4	74.0	77.8	84.1	85.1	86.4
	20~29세	31.6	30.5	31.1	32.0	32.1	32.2	33.1	32.3	38.3	37.7	40.0	39.1
	30~39세	24.4	23.1	22.2	21.8	21.2	21.1	20.6	21.0	23.7	22.8	23.0	21.9
	40~49세	30.5	29.1	27.2	26.6	26.0	26.1	26.0	25.3	27.0	26.7	28.6	26.6
	50~59세	39.7	37.5	37.1	34.6	34.6	34.2	33.9	34.0	35.5	34.3	35.9	35.3
	60세 이상	70.6	70.4	67.3	68.5	67.2	67.9	67.3	67.9	71.6	71.0	73.7	71.3

자료: 통계청, 「근로형태별 경제활동인구조사 부가조사」, 각 연도 8월
주: 1) 비정규직 근로자 비율 = (비정규직 근로자 수 ÷ 전체 임금근로자 수) × 100
   2) 비정규직 근로자는 한시적 근로자, 시간제 근로자, 비전형 근로자 등을 포함함
출처: 통계청(2023).

다수를 여성 인력이 채우게 되었다. 일반적으로 비정규직 근로자는 단기로 고용되거나 해고의 불안을 안고 있으며, 임금수준도 낮을 뿐 아니라 각종 수당이나 퇴직금이 없거나 빈약하다. 또한 사내 복지나 사회보험 혜택이 열악한 경우가 많다. 2022년 기준 여성 임금근로자의 46%(남성은 30.6%)가 비정규직이기 때문에 비정규직 근로자의 문제는 여성 근로자의 문제라고 해도 과언이 아니다.

통계청의 근로형태별 경제활동인구 부가조사에 따르면, 2000년에는 여성 임금근로자 중 비정규직 비율이 28.6%였으나 2011년에는 42.9%, 2019년에는 45%로 지속적으로 증가해 왔다(〈표 4-8〉 참조). 또한 이들 대부분의 비정규직 여성노동자들은 여성 정규직 노동자에 비해 판매서비스직이나 단순 노무직에 주로 종사하고 있다. 여성 정규직 대비 비정규직 임금을 봐도 비교가되는데, 이들의 임금은 2021년 시간당 13,047원으로 여성 정규직의 16,978원의 76.8%에 그칠 뿐 아니라, 남성 정규직 23,903원의 54.6%, 남성 비정규직 17,920원의 72.8%에 그치는 수준이다(〈표 4-9〉 참조). 다시 말해, 여성 비정규직은 여성 정규직, 남성 정규직, 남성 비정규직을 통틀어 가장 낮은 임금을 받고 있음을 알 수 있다.

표 4-9 정규직, 비정규직 임금 성별 비교 (단위: 원, %)

구분	여성				남성				남성임금 대비 여성 임금 수준
	임금 근로자	정규직	비정규직	정규직 대비 비정규직 임금 수준	임금 근로자	정규직	비정규직	정규직 대비 비정규직 임금 수준	
2010	9,301	10,480	6,858	65.4	15,093	16,413	9,656	58.8	61.6
2021	15,804	16,978	13,047	76.8	22,637	23,903	17,920	75.0	69.8
2010년 대비	6,503	6,498	6,188	11.4	7,545	7,490	8,264	16.1	8.2

자료: 고용노동부, 「고용형태별근로실태조사」, 원자료 분석
주: 1) 제외 산업: 농림·어업, 공공행정, 국방 및 사회보장행정
    2) 근로자 1인 이상 사업체의 전체 근로자 대상(특수형태 근로 종사자 제외)
    3) 시간당 임금=월임금 총액(정액급여+초과급여+전년도 연간특별급여/12개월)/총 근로시간
출처: 여성가족부(2022. 9. 6.).

이와 같이 우리나라 여성들은 노동시장에서 남성과 유사한 수준의 인적자본을 가지고 있다고 해도 정규직 취업 기회를 갖기가 더 어렵고, 동일 시간을 일하고도 임금이나 다른 처우에서 불리한 대우를 받는다. 여성들이 쉽게 비정규직 근로자가 되는 이유는 남성은 일(사회), 여성은 가정이라는 이분법적 가부장제 논리가 여전히 작동되고 있기 때문이다. 이러한 이데올로기는 여성들의 시장 노동력을 저평가하게 되는 현상으로 연결된다. 여성들이 낮은 보상을 받는 특정 직종이나 산업군에 몰려 있게 되는데, 이것이 여성들이 자발적으로 선택한 것이 아니라 여성들에게 다른 선택의 기회가 잘 주어지지 않기 때문이다.

이러한 직군이나 불안정한 지위상의 고용형태에서는 당연히 보상이나 복지 수준이 낮을 수밖에 없고, 성별 임금격차가 나타날 수밖에 없다. 여성은 서비스직과 판매직 등 특정 직종에 집중되어 있는데, 이들 직종은 압도적으로 비정규직으로 운영되고 있는 직종이다. 앞으로도 이러한 여성의 비정규직 비중은 증가할 수밖에 없을 것으로 예측하고 있다(김영화, 권신영, 유태한, 2022: 112).

2) 성별 직종분리 및 임금격차

(1) 성별 직종분리

'성별 직종분리(occupational segregation by gender)'는 여성과 남성이 노동시장에서 어떠한 이유에 의해 분리되고 특정 분야에 특정 성별이 집중되어 있는 현상이다. 예를 들면, 홍보, 간호 및 교육은 '여성 직업'으로 간주되고, 엔지니어링, 건설 등은 '남성 직업'으로 간주되는 식이다. 성별 직종분리는 부분적으로 고용주가 성별 고정관념이나 전제, 차별에 근거하여 근로자를 일자리에 할당한 결과로 나타나는데, 여기에서 분리는 순전히 여성이나 남성이 선택한 결과로 발생하지 않는다. 성별 직종분리의 미시적 차원의 영향은 여성 임금을 크게 낮추고 성별 임금격차에 기여한다. 미국 경제만 보더라도 가장 높은 임금을 받는 직업의 대부분은 주로 남성이며, 가장 낮은 임금을 받는 직업은 대부분 여성이라고 하는데, 이는 한국도 크게 다르지 않다.

성별 직종분리는 수직적 직종분리(vertical segregation)와 수평적 직종분리 (horizontal segregation)로 나뉜다. 수직적 직종분리는 사회경제적 지위가 높은 직업에는 남성들이 많이 분포되어 있고, 낮은 직업에는 여성들이 더 많이 분포 되어 있는 현상을 뜻한다. 수직적 분리는 회사 또는 부문 내에서 특정 성별의 경력 발전 기회가 제한되는 상황을 나타내는데, 이는 성별 임금격차와 같은 다 양한 성별 관련 불평등에 기여할 수 있다. 반면 수평적 직종분리는 어업이나 생산직과 같은 육체적 노동을 하는 직업, 교육전문직을 제외한 전문직 등에는 남성들이 더 많이 분포되어 있고, 교육전문직, 사무직이나 서비스직과 같은 비 육체적 노동 직업에는 여성들이 더 많이 종사하는 현상을 말한다.

그런데 수평적 분리는 주로 성별에 따라 선호하는 직업이 다르기 때문에 발 생하는 것이고, 그 자체로 사회적 불평등으로 볼 수 없기 때문에, 성별 직종분 리로 인한 불평등을 이야기할 때에는 수직적 불평등만 제기할 수 있다는 주장 이 있다. 수평적 직종분리가 높게 나타나면서 여성이 많은 직업군에서는 오히 려 여성들이 차별을 경험할 확률이 적어지고, 직업 내 상위직으로 진출할 가능 성이 높다는 주장이다(Blackburn & Jarman, 2006). 그러나 이동주(2007)는 이러 한 주장은 노동시장에서의 성불평등을 너무 단순하게 이해하는 데에서 나오 게 된 것이라고 반박한다. 왜냐하면 여성적 직종이라는 것 자체가 사회경제적 으로 낮은 지위나 임금에 속한 직업군을 의미한다면 수평적 직종분리의 확대 는 불평등을 고착화할 수 있기 때문이라는 것이다. 또한 우리나라의 경우 여성 의 대다수가 10인 이하의 소규모 기업, 저숙련 노동에 종사하고 있는데 여성직 종을 확대한다고 여성의 노동지위가 향상되는 것도 아니고, 결과적으로 여성 적 일이라는 것 자체로 노동은 이미 사회적으로 덜 가치 있는 노동으로 평가절 하되기 때문이다.

고용주는 노동자 개개인에 대한 완전한 정보를 갖고 있지 못하기 때문에 보 통은 노동자의 성별이나 피부색과 같은 고유의 속성을 통해 노동자의 생산성을 판단한다고 한다. 따라서 사회나 고용주가 여성들은 남성들에 비해 리더십이나 근력이 부족하고 이직률이 높다고 나타나는 통계를 신뢰하게 되고, 이에 따라 남성은 특수 기술 분야에 배치하고, 이직으로 인한 비용발생이 큰 핵심 기술 분야에는 여성 고용을 꺼리게 됨으로써 결과적으로 성별 직종분리가 나타나는 것이다(이동주, 2007). 1990년대 이후 우리나라 노동시장이 여성들의 진입으로 성장하였지만, 여성들이 진입하는 직종이 판매, 서비스 직군 등 남성에 비해 상대적으로 저임금, 저숙련 직종에 한정되어 왔고, 이러한 현상은 성별 직종분리 완화에 부정적인 영향을 끼쳤다고 할 수 있다(사명철, 2015). 결국 노동시장에서의 성별 직종분리는 성별에 대한 고정관념과 차별인식, 사회적 규범 등을 지배하는 가부장적 이데올로기의 영향을 받는다고 할 수 있다.

(2) 성별 및 교육정도별 임금격차

다음은 성별 및 교육정도별 임금격차를 살펴보자. 2009년 이후 여성의 대학 진학률이 남성을 상회하는 등 최근 여성 인적자원의 수준이 높아졌음에도 불구하고 여성인력에 대한 평가와 처우는 개선되지 않고 있음을 알 수 있다(김난주, 2017). 흔히 남성 대비 여성 임금비율, 즉 성별 임금격차라고 말하는 이것은 남성 근로자의 임금을 100으로 볼 때 여성 근로자의 임금이 차지하는 비율을 말하는 것이다.

[그림 4-6]을 살펴보면, 남성 근로자 임금 대비 여성 근로자 임금이 2017년에는 61.5%에서 2021년 64.6%로 3.1%p 증가하였음을 알 수 있다. 2012년부터의 추이를 보면 60%대를 유지하고 있음을 알 수 있고, 2015년까지는 하락하였다가 2016년부터 2020년까지 그 차이가 더 확대됨을 확인할 수 있다. 이러한 남녀 임금격차는 주요 OECD 국가들도 예외는 아닌데, 문제는 OECD 평균 남녀 임금격차가 13%에 불과하지만, 우리나라는 34.1%로 OECD 비교 국가들보다 월등히 높은 수준이라는 점이다. 우리나라 여성이 남성보다 34.1% 정도 임금을 덜 받는 것이다.

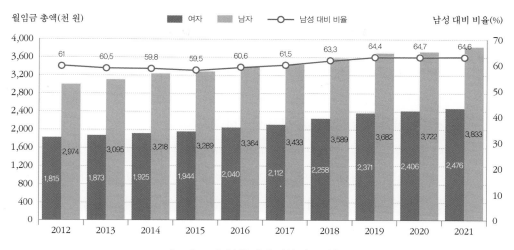

[그림 4-6] 남성 대비 여성 임금 비율

출처: 고용노동부(2022).

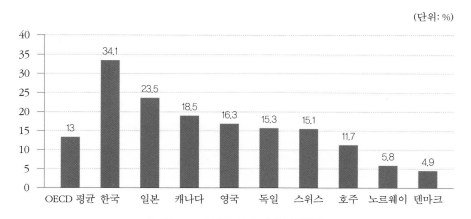

[그림 4-7] OECD 국가 성별 임금격차

출처: KOSIS 국가통계포털(www.kosis.kr).

(3) 전문직 및 고위직에서의 성별 격차

전문직이나 고위직의 성별 격차 실태를 살펴보면 다음과 같다.

한 매체(KBS 뉴스, 2020. 7. 1.)에 따르면, 우리나라는 2013년부터 8년 연속 OECD 전체 회원국 29개국 가운데 '유리천장 지수'가 꼴찌이다. 아무리 시대가 바뀌었어도 여성이 직장 내에서 고위직으로 가기 어렵다는 것을 의미한다. 여성가족부의 조사에 따르면, 우리나라 상장법인[2]의 임원 성별을 조사한 결과, 상장법인 전체 2,148개 중 여성 임원이 한 명이라도 있는 기업은 33.5%였고, 여성 임원은 모두 196명으로 전체의 4.5%에 지나지 않았다.[3]

직장인 커뮤니티 블라인드가 2020년 한국 직장인 3,493명을 대상으로 성평등 인식에 대해 설문조사한 결과에 따르면, 직장인 53%가 성평등 수준이 낮다고 응답했다. 그런데 이 답변에 있어 남녀 차이가 매우 컸는데, '재직 중인 기업의 성평등 수준이 낮다'고 응답한 비율이 남성 직장인의 경우 33%에 불과했으나, 여성의 경우 무려 81%에 육박했다. 또한 가장 심한 성차별 유형에 대해서 여성 직장인들은 '승진/평가/보상 기회의 차별'을 가장 높게 꼽았다. 반면 남성 직장인의 경우 '업무, 부서, 배치에서의 차별'이라는 응답이 가장 많았다. 이와 함께 "재직 중인 회사에 여성의 고위직 진출을 막는 유리천장이 존재한다고 생각하십니까?"라는 질문에서 남성 직장인의 70%가 '회사에 유리천장이 존재하지 않는다'고 응답한 반면, 여성 직장인의 72%가 '유리천장이 존재한다'고 답하였다. 직장 내 성차별에 대한 남녀 인식 차이가 극명하게 드러난 결과임을 알 수 있다(동양일보, 2020. 12. 1.).

(4) 직장에서의 남성적 규범

직장(일터)에는 남성적 규범이 곳곳에 스며들어 있다.

---

2) 상장법인은 증권거래소의 유가 증권 매매 시장에 당해 법인이 발행한 유가 증권이 상장되어 있는 법인을 뜻한다.

3) 이런 가운데 지난 2020년 1월 「자본시장과 금융투자업에 관한 법률」의 개정이 발의되어 "자산 총액 2조 원 이상인 주권상장기업은 이사회의 이사 전원을 특정 성(性)으로 구성하지 않아야 한다."는 일명 '여성 임원 할당제' 조항이 신설되었다.

첫째, 많은 조직에서 '매니저=남성'이라는 사고방식이 강해서 여성의 승진에 큰 장애가 된다. 관리하고 통솔하는 매니저의 능력이 주로 자기주장, 독립성, 경쟁을 부추기거나 자신감 있게 의사소통하는 방식과 연관되다 보니 여성의 의사소통 방식이나 관리 스타일이 매니저 스타일에 부합되지 않는다고 생각하는 경향이 강하다.

둘째, 직장에서의 비공식 네트워크에도 주로 남성들이 참여한다. 비공식 의사소통은 직장생활 성공에 필수적이다. 중요한 의사결정을 앞두고 남성들끼리 담배 한 대 피러 나갔다 들어와서는 자기들끼리 이렇게 하기로 했다며 결정된 사항을 통보하는 경우가 많다. 특히 여성이 소수인 직장에서 여성은 이러한 비공식 네트워크에 전혀 포함되거나 일원으로 받아들여지는 경우가 거의 없다. 이러한 경향이 국내외를 막론하고 동일하게 나타나는 것을 다음의 사례를 통해서도 확인할 수 있다.

"내가 일했던 곳에서 내 상사는 항상 내 직책과 비슷한 자리에 있는 남자 직원을 찾아오곤 했습니다. 그러나 그는 결코 같은 직책의 여직원한테는 누구에게도 들러서 말을 걸지 않았습니다. 그는 또한 본사에서 온 손님에게 우리 과의 남자 직원을 소개하는 버릇이 있었습니다. 그 손님에게 여직원들을 소개한 적은 결코 없습니다. 우리 여성들은 참여할 수 없는 남성들만의 커뮤니케이션 서클 같은 것이 있는 것 같았습니다." (Wood, 2005: 322)

셋째, 직장 내 만연한 유리천장과 유리벽 현상이 있다. 유리천장(glass ceiling)은 직장이나 사회 전반에서 여성이 고위직으로 진출하는 것을 막는 보이지 않는 장벽을 의미한다. 능력과 자격이 충분함에도 여성이라는 이유로 고위직을 맡지 못하는 장벽에 부딪히게 되는 것이다. 이에 비해 유리벽(glass wall)은 직장에서 여성을 전통적인 여성적 기술이 요구되는 직종, 즉 보조원, 사무직, 상담, 인간관계 관련 업무 등에만 배치하는데, 이러한 자리들은 주로 승진의 길이 없는 직종들이다(Wood, 2005).

이와 같이 직장 내 남성적 규범들은 직장(일터) 내 여성들의 입지를 좁게 만들고 임금이나 복지, 승진과 커리어 개발 등에 있어 많은 제한과 장애를 일으킴으로써 여성들을 차별하는 요인으로 작용하고 있다.

3. 여성의 경력단절 실태와 과제

경력단절여성이란 "혼인 · 임신 · 출산 · 육아와 가족구성원의 돌봄 등을 이유로 경제활동을 중단하였거나 경제활동을 한 적이 없는 여성 중에서 취업을 희망하는 여성"(「경력단절여성 등의 경제활동 촉진법」 제2조 제1호)을 말한다. 이절에서는 우리나라 여성들의 경력단절 실태와 주요 원인, 경력단절 이후 구직경로나 어려움, 필요한 정책 등을 살펴보고자 한다.[4]

1) 여성의 경력단절 실태

2019년 현재 15~54세 기혼여성은 884만 4천 명인데 이 중 비취업 여성은 336만 6천 명이고, 이 중에서 경력단절여성은 169만 9천 명으로 집계되고 있다(〈표 4-10〉 참조). 비취업 여성 중 결혼, 임신 · 출산, 육아, 자녀교육(초등학생), 가족돌봄 때문에 직장을 그만둔 여성을 경력단절여성으로 보는데, 기혼여성 중 경력단절여성 비율은 2014년 22.2%에서 2019년 19.2%로 다소 감소한

----

4) 경력단절여성에 관한 실태 및 주요 조사 내용은 여성가족부의 「2019년 경력단절여성 등의 경제활동 실태조사」와 「2022년 통계로 보는 남녀의 삶」의 주요 결과에 기반하여 작성하였다. 「2022년 경력단절여성 등의 경제활동 실태조사」는 수탁기관의 승인이 아직 이루어지지 않아 보고서 전문이 공개되지 않은 관계로 이 책에서는 2019년 실태조사를 활용했음을 밝힌다.

표 4-10 18세 미만 자녀 여부 및 연령별 경력단절여성 규모(2019년)   (단위: 천 명, %)

구분	기혼여성(A)	비취업여성(B)	비율 (B/A)	경력단절여성(C)	비율 (C/A)	비율 (C/B)
전체	8,844	3,366	38.1	1,699	19.2	50.5
18세 미만 자녀 없음	3,884	1,234	31.8	314	8.1	25.4
18세 미만 자녀 있음	4,960	2,267	43.0	1,385	27.9	64.9
• 6세 이하	2,202	1,121	50.9	876	39.8	78.1
• 7~12세	1,547	600	38.8	345	22.3	57.5
• 13~17세	1,211	411	33.9	164	13.5	39.8

주: 자녀 연령은 막내 자녀 기준
출처: 통계청(2019).

것으로 나타났다. 경력단절의 사유로는 육아가 38.2%로 가장 높고, 그다음으로는 결혼이 34.4%, 임신·출산이 22.6%로 나타나 대부분 육아, 결혼, 임신·출산 등의 문제로 경력단절이 일어났음을 알 수 있다.

특히 6세 이하 자녀가 있는 여성들 중에는 10명당 4명이 경력단절여성인 것으로 나타났는데, 6세 이하 자녀를 둔 여성의 경력단절 비율은 39.8%인 반면, 7~12세 자녀를 둔 여성의 경력단절 비율은 22.3%, 13~17세 자녀를 둔 여성들은 13.5%로, 나이가 어린 자녀를 둔 여성일수록 경력단절 비율이 높음을 알 수 있다.

2) 경력단절의 주요 원인

경력단절의 주요 원인을 살펴보면 다음과 같다. 2019년 여성가족부의 「경력단절여성 등의 경제활동 실태조사」에 따르면, 경력단절 사유가 대부분 결혼, 임신, 출산, 육아라고 나타났지만 경력단절 당시 일자리 상태나 환경이 결혼하고 출산하여 육아를 병행하면서 직장을 다닐 수 있는 만큼의 조건이 아니었기 때문에 경력단절로 이어진 것으로 분석하고 있다. 다시 말하면 여성들의 경력 단절 원인이 복합적이라고 볼 수 있다. 이는 임신, 출산, 육아가 직접적인 원인은 될 수 있지만, 만약 여성이 근무하던 일자리가 양질의 일자리였거나 육아 문제가 해결되었더라면, 또는 결혼이나 임신으로 인해 권고사직을 당하지 않았다면, 육아휴직을 사용하고도 복귀가 가능한 회사였다면 경력단절이 일어나지 않거나 낮은 비율의 경력단절이 일어났을 것이라는 분석이다(여성가족부, 2019).

이 주장과 유사한 조사결과도 있는데, 서울시여성가족재단에서 779명의 여성을 대상으로 조사한 결과, 기혼여성의 경우 다니던 직장을 그만두게 되는 이유가 결혼, 출산, 육아라는 기존 통념과는 다르게, '근로조건 · 직장환경 탓'이 23.6%로 1위를 차지했고, 2위가 '개인 및 가족 관련 이유'가 154명(19.8%), 3위가 '계약만료' 153명(19.6%)으로 나타났다. '결혼 및 출산'은 107명(13.7%)으로 4위를 차지한 것으로 나타났는데, 이와 같이 근로조건이나 직장환경 등 일자리의 질이 경력단절의 중요한 원인이 되고 있음을 뒷받침해 주는 결과라고 할 수 있다. 물론 30대 여성의 경우 결혼 · 임신 · 출산의 이유가 적지 않을 것이다. 이러한 개인적 · 가족적 사유가 있더라도 근로조건이 좋은 양질의 일자리였다면 직장에 더 근무하거나 육아휴직 후 복귀 비율이 더 높을 수 있을 것으로 추측할 수 있기 때문이다. 결국 여성의 경력단절 비율을 낮추고 여성들의 경제활동 참가율을 높이려면 단순한 일 · 가정 양립 정책만으로는 한계가 있고, 저임금 해소, 고용불안 완화, 양질의 일자리 제공 등의 직장 근로환경이 개선되어야 할 것이다(한겨레신문, 2015. 11. 5.).

3) 경력단절 이후 구직 경로 및 어려움

(1) 구직 방법 및 경로

경력단절 이후 구직하게 되는 방법은 지인소개가 41.9%로 가장 높았고, 사업체 문의 및 방문, 원서 제출 21.4%, 자영업 준비 18.1%, 구직등록 및 구직응

표 4-11　경력단절 이후 첫 일자리 구직 방법

응답자 특성/구직 방법		2019						
		사례 수 (명)	시험접수, 시험응시 (%)	구직등록, 구직응모 (%)	사업체 문의 및 방문, 원서 제출 (%)	자영업 준비 (%)	지인 소개 (%)	기타 (%)
전체	소계	2,301,940	2.0	15.5	21.4	18.1	41.9	1.0
연령별	만 25~29세	80,877	4.5	22.0	18.5	17.0	37.8	0.1
	만 30~39세	462,402	4.1	17.1	20.8	17.1	39.8	1.1
	만 40~49세	1,109,335	1.1	17.9	25.0	15.0	40.2	0.8
	만 50~54세	649,325	1.7	9.5	16.1	24.4	46.9	1.5

출처: 여성가족부(2019).

표 4-12　경력단절 이후 첫 일자리 구직 경로

응답자 특성/구직 경로		2019					
		사례 수 (명)	공공 취업알선 기관 (%)	민간 취업알선 기관 (%)	대중 매체 (%)	학교, 학원 (%)	지인 (%)	기타 (%)
전체	소계	2,301,940	10.4	16.5	11.6	2.0	57.6	1.9
연령별	만 25~29세	80,877	16.4	22.6	3.7	0.2	56.8	0.3
	만 30~39세	462,402	12.1	24.6	9.8	2.4	47.4	3.7
	만 40~49세	1,109,335	10.9	18.3	14.2	1.7	53.5	1.4
	만 50~54세	649,325	7.7	6.7	9.6	2.5	71.9	1.5

출처: 여성가족부(2019).

모가 15.5% 순으로 나타났다. 이와 같은 방법에는 연령대별 차이가 있었는데, 연령대가 높을수록 지인소개 비율이 높고, 연령대가 낮을수록 구직등록이나 응모 비율이 높은 것으로 나타났다(〈표 4-11〉 참조).

경력단절 첫 일자리 구직 경로도 〈표 4-11〉의 구직 방법과 크게 다르지 않았는데, 대부분 지인을 통해 일자리를 구하였고(57.6%), 민간 취업알선 기관(16.5%), 대중매체(11.6%), 공공 취업알선 기관(10.4%) 등을 통해서 일자리를 구하는 경우는 상대적으로 비율이 낮았다. 특히 지인을 통해 일자리를 구하는 경우는 연령대가 높은 50~54세의 경우 71.9%로 가장 높게 나타났다.

(2) 구직의 어려움

경력단절 이후 첫 일자리를 구직하는 과정에서 느끼는 애로사항에 대한 조사에서는 애로사항이 없다는 25%를 제외하고 구직활동 시간 확보의 어려움이 17%로 가장 높게 나타났고, 원하는 근로조건 일자리 부족 12.8%, 일자리 정보 부족 12.6%, 일자리 경험이나 경력 부족이 12.5% 순으로 나타났다(여성가족부, 2019). 구직활동 시간을 확보하기가 어렵다고 하는 것은 육아나 가사 등의 기존 역할이 있기 때문에 구직활동을 위한 충분한 시간을 내기가 어려운 현실을 보여 주는 대목이다. 또한 경력단절 이후 재취업을 위해 구직활동을 하게 되는 기간은 평균 16.5개월로 1년 이상 소요되는 것으로 나타났는데, 이 기간 또한 짧지 않은 기간이기 때문에 구직여성들의 어려움을 예상해 볼 수 있다. 특히 연령이 높을수록 구직활동 기간이 길어져 30대 초반은 5개월 이하로 짧은 편이지만, 40대 후반은 약 2년으로 나타나 연령에 따른 차이를 보이는 것으로 조사되었다. 적극적인 구직활동자들은 약 34%가 취업지원기관에 등록하였고, 특히 젊은 연령층에서 높은 등록률을 보였다(여성가족부, 2019).

4) 경력단절 이후 재취업까지 걸린 기간 및 첫 일자리

(1) 재취업까지 걸린 기간

경력단절여성이 재취업하는 데 걸린 기간은 2016년 8.4년에서 2019년 7.8년
으로 0.6년 줄어들었던 것으로 나타났지만, 이 수치는 재취업에 걸리는 시간
이 상당히 길다는 것을 보여 주고 있다(〈표 4-13〉 참조).

표 4-13　재취업까지 걸린 경력단절 기간(2016년 vs. 2019년)　　(단위: 년, %, %p)

구분	평균	2년 이하	2년 초과 5년 이하	5년 초과 7년 이하	7년 초과 10년 이하	10년 초과 14년 이하	14년 초과	전체
2016년	8.4	23.4	18.9	10.3	13.4	13.1	20.8	100.0
2019년	7.8	24.8	21.6	9.8	12.4	12.4	19.0	100.0
2019-2016년	-0.6	1.4	2.7	-0.5	-1.0	-0.7	-1.8	0.0

출처: 여성가족부(2019).

(2) 재취업(첫 일자리) 실태

경력단절 이후 첫 번째 일자리 직업은 서비스 종사자가 2016년 15.1%에서
2019년 19.2%로 4.1%p 증가하였고, 사무 종사자가 3.1%p 증가, 판매 종사자가
2.9%p 증가한 것으로 나타났다. 반면 관리자는 0.4%p, 전문가는 6.4%p 감소해

표 4-14　경력단절 이후 첫 번째 일자리 직업(2016년 vs. 2019년)　　(단위: %, %p)

구분	관리자	전문가	사무	서비스	판매	농림어업	기능원	기계조작	단순노무	전체
2016년	0.6	29.0	20.0	15.1	20.6	0.3	3.6	3.7	7.2	100.0
2019년	0.2	22.6	23.1	19.2	23.5	0.1	2.7	4.2	4.3	100.0
2019-2016년	-0.4	-6.4	3.1	4.1	2.9	-0.2	-0.9	0.5	-2.9	0.0

출처: 여성가족부(2019).

서 양질의 일자리는 감소하는 반면 단순직, 판매직, 서비스직 등 상대적으로 열악한 고용형태에 취업하는 비율이 높아진 것을 알 수 있다(〈표 4-14〉 참조).

경력단절 이후 첫 번째 일자리 형태는 전일제와 시간제 중 전일제가 대다수를 차지하고 있다. 2016년에는 전일제 비율이 71.0%에서 2019년에는 83.3%로 12.3%p 증가하였다. 「2019년 경력단절여성 등의 경제활동 실태조사」에서는 경력단절 이전 일자리와 재취업(첫 일자리) 일자리를 비교해 보았는데, 주요 내용은 다음과 같다(여성가족부, 2019). 첫째, 경력단절 이후 일자리는 상대적으로 근로조건이 괜찮은 정보통신업, 전문과학기술서비스업 등에서는 줄고, 도소매 및 숙박업, 교육서비스나 보건복지업 재취업이 증가하는 경향을 보였다. 둘째, 재취업 시 중소규모 업체로 취업하는 쏠림현상이 더 강화되었다. 셋째, 재취업 시 전일제보다 시간제 선택 비중이 크게 늘었고(5.4% → 16.7%), 임금수준도 물가 적용을 통한 분석으로 볼 때 경력단절 이전 일자리는 평균임금이 218만 원 정도인데 경력단절 이후 재취업 일자리는 191만 원 정도로 27만 원 정도가 낮아진 것으로 나타났다.

5) 경력단절여성들이 취업정책에 바라는 점

2019년 비취업자이거나 취업, 창업계획이 있는 경력단절여성들은 정부에 바라는 정책으로 '일 · 생활 균형이 가능한 기업문화 조성'을 희망하는 비중이 36.0%로 가장 높았다. 그다음이 양질의 시간제 일자리 확대가 34.2%, 정부지원 일자리 확대가 25.9%, 여성능력개발을 위한 직업 훈련 지원 강화가 20.3%, 보육시설 확충이 19.3%로 나타났다. 현재 취업 중인 여성의 경력 유지를 위해서는 보육시설 확충 욕구가 가장 높은 33.6%로 나타났고, 유연근무제 도입 및 확대가 32.1%, 경력개발 프로그램 지원이 26.5%, 육아휴직 사용 가능한 조직문화 조성이 23.7%, 장시간 일하는 문화 개선이 20.6%, 출산휴가 사용 가능한 조직문화 조성이 19.8% 등 현재 실시하고 있는 많은 정책이 실효성 있게 적용할 수 있는 문화나 환경 조성에 대한 욕구가 매우 높은 것으로 조사되었다(여성가족부, 2019).

이러한 조사 결과는 경력단절여성들을 위한 정부의 취업정책이 현실에서는 정책이나 제도로만 명목상 존재하고 실제로 유효하게 작동되지 않고 있음을 드러내고 있다.

4. 여성노동자를 위한 정책과 과제

1) 일·생활 균형이 가능한 기업문화 및 정책 활성화

'제3차 경력단절여성 등의 경제활동촉진 기본계획'(2020~2024년)에서는 여성 인력의 경제활동 참여를 촉진하기 위해 여성의 경력단절을 예방하고 경력단절여성의 재취업과 고용의 질을 제고하는 정책을 추진하겠다고 밝힌 바 있다. 이를 위해 가족친화적 기업문화를 조성하고 확산하는 데 총력을 기울이겠다고 발표했다.

그러나 가족친화적 기업문화는 정책 추진만으로 해결할 수 있는 것은 아니다. 일과 가정이 양립 가능하게 하는 것은 여성에게만 해당되는 과제가 아니라 남성 근로자에게도 똑같이 적용되어야 하는 일이다. 가정에서의 필요한 가사나 육아 활동은 남성과 여성 공동의 책임이지 여성 단독의 역할이 아니기 때문이다. 따라서 남성이든 여성이든 유연근무제, 육아기 단축근무, 육아휴직 등의 제도에 대한 접근성이 더 높아져야 하고, 이를 더 활성화할 수 있는 제도적 접근이 필요하다. 여성이든 남성이든 경력단절이나 승진누락, 기타 근로현장에서의 불이익 없이 지속적으로 일할 수 있는 근로환경을 만드는 것이 무엇보다 중요하다. 이를 위해서는 기업의 문화 조성뿐 아니라 기업의 의사결정자들의 인식개선, 남성·여성 모두를 대상으로 하는 심리상담 및 경력개발 코칭,

멘토링 지원이 제공되어야 한다. 현재의 여성 경제활동 촉진 정책에는 이러한 서비스나 제도를 주로 여성에 국한하여 추진하고 있는데, 이것은 여전히 여성에게만 전통적 성역할을 전제로 하는 것이다. 이것은 여성의 경력단절 감소에 전혀 도움이 되지 않는다.

2) 여성의 질 높은 일자리 환경 마련

앞서 언급한 바와 같이 여성의 일자리의 질은 점점 낮아지고 있다. 비정규직의 여성 비율이 증가하고 있으며, 여성의 실업률, 여성의 남성과의 임금격차 등이 증가하는 현실이다. 경력단절여성의 비율이나 재취업 대기 여성의 비율도 매우 높은 수준이다. 이러한 상황은 여성들이 속한 노동시장이 불안정하고 여전히 안정되거나 질 좋은 일자리가 아님을 반증해 준다. 경력단절여성들이 희망하는 고용형태나 근로유형은 정규직이나 전일제가 많지만, 실제로는 계약직 및 전일제 유형이 많은 것으로 나타났다는 연구가 있다. 이러한 결과는 경력단절여성의 재취업이 이루어진다 하더라도 그 고용의 질이 낮고 불안정성이 높음을 의미한다(류호상, 장인봉, 염영배, 2013: 73).

특히 유급휴가 정책이나 현금지원 정책과 같이 특정 계층에만 효과가 있는 정책은 다양화하여 집단별 맞춤형 정책으로 전환되어야 한다. 왜냐하면 유급휴가 정책과 현금지원 정책은 상층에게는 경제활동 참여에 긍정적이지만 중층과 하층에게는 경제활동 참여의 장애물이 되고 있다는 연구결과가 있기 때문이다(윤승희, 2018: 127). 영세한 사업장에서는 유급휴가나 현금지원에 대해 큰 부담을 느끼기 때문에 여성의 고용을 꺼리게 되는 부작용을 가져올 수 있기 때문이라는 것이다. 이러한 문제는 모든 여성이 처한 노동시장의 조건이나 환경이 결코 단일하지 않음을 의미하고 따라서 일·가정 양립을 위한 정책이 여성의 다양한 조건과 욕구를 더 세밀하게 반영한 정책으로 변화되어야 함을 의미한다. 특히 저학력 여성이나 직업기술이 부족한 저숙련의 여성들이 속한 노동시장의 불안정성을 개선하는 정책의 도입이 시급하다(윤승희, 2018: 127).

3) 차별적 제도와 규범에 대한 인식의 개선

여성들의 노동이 비정규직화되어 가는 현상은 결국 다양하고 복합적인 차별의 대상이 될 수 있음을 의미한다. 비정규직 여성들의 성별이나 고용형태, 지위, 연령 등의 요인이 서로 교차되면서 차별을 만들어 내고 유지시킨다는 기존 연구를 눈여겨볼 필요가 있다. 직무와 고용형태를 성별로 분리하고, 조직문화가 위계적이며, 노동조건 자체가 임의적이고 협상이나 공정한 절차가 부재한 근로 현장에서 여성이라는 이유로 성희롱을 포함한 다양한 차별에 취약한 비정규직 여성들의 노동조건은 결코 여성들의 경제활동 참여와 유지를 지속시키지 못할 것이다(신경아, 2017: 114). 신경아(2017)는 비정규직 여성들의 경우 직무와 고용형태가 성별에 따라 구분되는 문제는 여전하며, 노동조건의 협상도 제도화되지 못한 경우가 많으며, 조직 안에서 폭언과 성희롱에 더 쉽게 노출되지만 이것이 위법적 행위로 인식되지 않는 상황이 한국의 비정규직 여성노동자들이 직면하고 있는 상황임을 비판한다. 물론 이러한 문제의 일부는 비정규직 남성들도 겪고 있는 문제이다. 그러나 성별분리에 의한 차별이 관행화된 노동현장에서의 차별적 제도와 규범을 바로잡고, 이를 개선해 나아가는 인식의 전환이 매우 필요한 것은 분명한 사실이다.

토론하기 주제

1. 여성의 경제활동을 가로막는 사회적·문화적 관념과 제도에 대해 토론해 봅시다.
2. 여성의 비정규직화 현상, 여성의 경력단절 현상의 주요 원인에 대해 토론해 봅시다.

도움이 되는 자료

1. 한국여성노동자회(https://kwwnet.org)

한국여성노동자회는 1987년 설립된 단체로 여성을 포함한 모든 약자나 소수자의 노동이 평등하게 존중받는 세상을 꿈꾸며 설립된 단체이다. 여성노동자들을 위한 상담과 성평등한 노동 현장을 위한 현안에 대응하고 연대활동을 통해 여성노동자들의 권익을 도모하는 단체이다.

2. 영화 〈82년생 김지영〉(2019)

누군가의 딸이자 아내, 동료이자 엄마로 2019년을 살아가는 지영. 〈82년생 김지영〉은 동시대를 살아가는 여성이라면 경험하고 겪었을 만한 이야기를 통해 여성에 대한 차별적 제도와 인식에 대한 비판과 모순에 대해 도전하는 영화이다. 대물림된 뿌리 깊은 성 고정관념과 성별에 따른 차별을 82년생 김지영의 목소리를 통해 들려주고 깊은 공감을 이끌어 내는 영화이다.

참고문헌

고용노동부(2022). 고용형태별 근로실태조사(1인 이상 기준). e-나라지표.

김난주(2017). 세대별 성별 임금격차 현황과 시사점. 이화젠더법학, 9(2), 69-124.

김미경(2012). 여성노동시대: 일·가족양립을 위한 여성주의 사회복지. 나눔의 집.

김영화, 권신영, 유태한(2022). 현대사회와 여성복지. 양성원.

류호상, 장인봉, 염영배(2013). 경력단절여성의 경제활동참여 활성화를 위한 실태분석
    과 정책함의. 한국정책연구, 13(1), 51-75.

사명철(2015). 우리나라 노동시장 내 성별직종분리의 변화. 노동정책연구 15(4), 1-24.

신경아(2017). 비정규직 여성노동자의 교차적 차별 경험에 관한 연구. 한국여성학,
    33(4), 77-118.

여성가족부(2019). 2019년 경력단절여성 등의 경제활동 실태조사.

여성가족부(2020). 2019 통계로 보는 여성의 삶 보도자료.

여성가족부(2022). 2022 통계로 보는 남녀의 삶 보도자료.

윤승희(2018). 일-가족 양립정책이 여성의 경제활동과 근무 형태에 미치는 영향에 대
    한 연구. 한국영유아보육학, 110, 107-130.

윤자영(2018). 젠더 불평등과 불안정 노동. 월간복지동향, 233, 13-19.

이동주(2007). 한국의 성별 직종분리와 성별 임금격차에 관한 연구. 고려대학교 대학
    원 석사학위논문.

통계청(2019). 2019년 지역별 고용조사.

통계청(2023). 2023년 2월 고용동향. 경제활동인구조사.

Blackburn, R. M., & Jarman, J. (2006). Gendered Occupations: Exploring the
    Relationship between Gender segregation and Inequality. *International
    Sociology. 21*(2), 289-315.

Wood, J. (2005). *Gendered lives: Communication, gender, and culture.* 한희정 역
    (2006). 젠더에 갇힌 삶. 커뮤니케이션북스.

KBS 뉴스(2020. 7. 1.). '페미니즘의 극치?'…여성 임원 할당제 이유는?.

뉴스핌(2019. 10. 20.). 30~50클럽 15~64세 여성 연령대별 고용률 변화(2018).

동양일보(2020. 12. 1.). 직장인 절반이상 '회사 성평등 수준 낮다'.
여성가족부(2022. 9. 6.). 2022 통계로 보는 남녀의 삶 보도자료.
한겨레신문(2015. 11. 5.). 여성 경력단절, 출산보다 '직장환경' 탓.

KOSIS 국가통계포털. https://kosis.kr/index/index.do

여성과 폭력

 학습개요 ◦

현대사회는 여성을 향한 폭력이 난무한다. 성적·신체적·정서적·경제적 폭력 등 다양한 폭력을 통해 여성은 피해자와 생존자가 된다. 이 장에서는 여성에 대한 폭력을 이해하기 위한 이론과 실제 현황을 살펴보고 여성들이 폭력의 피해자가 되지 않기 위한 사회문화적 인식과 관념을 변화시켜야 할 필요성에 대해 고찰한다. 또한 여성들을 폭력으로부터 보호하기 위한 지원 제도와 서비스에 대해서도 학습한다.

학습목표 •

1. 여성과 가정폭력에 대해 살펴본다.
2. 여성과 성폭력에 대해 살펴본다.
3. 폭력피해 여성을 위한 관련 법과 서비스에 대해 살펴본다.

1. 여성에 대한 폭력의 개념과 유형

2021년 3월 9일 세계보건기구(WHO)가 발표한 '여성을 향한 폭력에 대한 통계조사'에 따르면, 여성 폭력 피해 비율이 지난 10년간 거의 동일하게 유지되고 있는 것으로 나타났다. 전 세계 여성 3명 가운데 1명은 평생에 걸쳐서 물리적·성적 폭력을 당하고 있다고 하는데, 특히 조사 대상 가운데 15세에서 24세의 젊은 여성 4명 중 1명이 20대 중반이 되기 전에 이미 가까운 파트너(배우자 또는 연인관계)로부터 폭력을 경험한 것으로 나타났다(여성신문, 2021. 3. 10.).

여성에 대한 폭력은 성차별적 사회구조에 의한 폭력으로 세계 여성 인구의 30%가 인생 전반에 걸쳐 다양한 유형의 폭력을 경험하고 있고, 우리나라 통계에도 여성 생애 폭력 피해 경험률이 약 34.9%에 달한다는 보고가 있다(여성가족부, 2021: 184). 이와 같은 실태는 여성에 대한 폭력이 결코 극소수가 경험하는 문제가 아님을 보여 준다.

UN은 여성에 대한 폭력을 "여성에게 신체적·성적·정신적 상처를 가져오는 폭력행동으로 여성에게 이러한 행동에 대한 위협을 주거나 자유를 구속함으로써 여성으로 하여금 고통을 당하게 하는 행위"(WHO, 2014)라고 규정하고 있다. 이와 같이 여성에 대한 폭력은 신체적·성적·정신적 위협이나 상처를 일으키는데, 여기에서는 크게 가정폭력과 성폭력으로 구분하여 살펴본다.

1) 가정폭력

가정폭력은 국가, 문화, 세대를 초월해서 발생한다. 사회경제적·교육적·종교적 배경과 상관없이 모두에게 발생할 수 있다. 남녀 간 쌍방의 폭력도 발생할 수 있지만 여성, 특히 자원이 없는 취약한 여성들이 희생자가 될 가능성이 높다. 빈곤여성이나 장애여성, 나이 어린 소녀들이 가정폭력의 희생자가 될 가능성이 더 높다. 아동 역시 가정폭력의 피해자가 될 수 있고, 직접적인 피해자가 아니어도 가정폭력을 목격하며 자랄 수 있다.

(1) 가정폭력의 개념

「가정폭력범죄의 처벌 등에 관한 특례법」(이하 「가정폭력특례법」)에서는 가정폭력에 대해 "가정구성원 사이의 신체적·정신적 또는 재산상 피해를 수반하는 행위"로 규정하고 있다. 가정폭력에 대한 기존 문헌들에서는 가정폭력과 부부폭력을 혼용하여 사용하거나 가정폭력의 개념 안에 부부폭력 및 아동학대를 포함하여 개념을 정의하기도 한다. 다소 혼재된 개념이 복합되어 사용되고 있지만, 법적인 개념 정의를 보았을 때 가정 내 구성원 사이에서 일어나는 폭력으로 개념화하는 것이 타당해 보인다. 해외에서는 가정폭력 중에서도 '부부폭력'의 개념을 '친밀한 관계 사이에서 일어나는 폭력(Intimate-Partner Violence: IPV)'으로 용어를 정의하여 사용하고 있다. 그런데 이 경우 주로 여성이 피해자가 되는 관점에서 정의를 내리고 있다. 예를 들면, 세계보건기구(WHO, 2012)에서는 IPV를 "여성에 대한 가장 일반적인 형태의 폭력으로서 친밀한 파트너로부터의 신체적·성적·정서적 폭력과 통제 행위를 포함한다."라고 정의하고 있다.

(2) 가정폭력의 유형[1]

가정폭력의 유형은 다양하게 나타나는데, 부부폭력, 자녀폭력, 노부모 폭력 등이 있다.

---

1) 가정폭력 유형의 정의는 여성가족부(2022b)의 '2022년 가정폭력 실태조사 연구' 내용을 인용하였다.

① 부부폭력

한국사회에서 가정폭력은 '부부간 폭력' 또는 '남편에 의한 아내폭력'의 의미로 통용되어 왔다. '부부폭력'은 결혼 경험이 있는(동거 포함) 남녀에게 발생한 정서적·신체적·경제적 폭력, 성학대, 방임 및 통제라고 정의할 수 있다(여성가족부, 2022b).[2] 한편 홍태경(2016: 279)은 "배우자 간에 발생하는 신체적, 정신적, 재산상 피해를 야기하는 유·무형의 폭력행위"로 정의하였다.

부부폭력은 다양한 유형으로 구분할 수 있는데, 이는 다음과 같다.

신체적 폭력은 폭력의 심각성에 따라 경한 폭력과 중한 폭력으로 구분되는데, 경한 폭력은 배우자에게 물건을 집어던지는 행위, 배우자의 어깨나 목을 꽉 움켜잡는 행위, 손바닥으로 뺨이나 신체를 때리는 행위를 의미한다. 중한 폭력은 배우자의 목을 조르는 행위, 칼이나 흉기 등으로 위협하거나 다치게 하는 행위, 혁대나 몽둥이로 때리는 행위, 사정없이 마구 때리는 행위이다.

정서적 폭력은 배우자에게 모욕적인 이야기를 해서 기분을 상하게 하는 행위, 때리려고 위협하는 행위, 배우자의 물건을 파손하는 행위이다.

경제적 폭력은 배우자에게 생활비를 주지 않는 행위, 배우자의 동의 없이 재산을 임의로 처분하는 행위, 수입과 지출을 독점하는 행위이다.

성학대는 배우자가 원치 않음에도 불구하고 성관계를 강요하는 행위, 배우자가 원치 않는 형태의 성관계를 강요하는 행위이다.

통제는 배우자가 친구들을 만나지 못하도록 하는 행위, 가족(친정식구/본가)과 접촉을 못하도록 하는 행위, 배우자가 어디에 있는지 항상 알려고 하는 행

---

2) 홍태경(2015: 150)에 따르면, 가정폭력과 관련된 용어의 사용은 연구자가 어떤 관점을 가지느냐에 따라 달라진다. 쿠르츠(Kurz, 1989)에 따르면, 연구자가 '가정폭력적 관점(family violence perspective)'을 가지느냐 혹은 '여권주의적 관점(feminist violence perspective)'을 가지느냐에 따라 사용하는 용어가 달라지는데, 친밀한 관계에서 폭력이 발생한다는 점에 초점을 맞추고 성 중립적인 시각으로 접근하는 경우 부부폭력, 배우자 학대, 파트너 학대와 같이 성이 전제되지 않은 개념을 사용하는 반면, 배우자 간 폭력이 가부장제 사회의 권력불평등에 기인하는 것이라고 보는 여권주의적 관점에서는 '아내구타' '매맞는 여성'과 같은 용어를 사용한다.

위, 배우자가 다른 이성과 이야기하면 화를 내는 행위, 배우자가 다른 이성을 만난다고 의심하는 행위이다.

② 자녀폭력

자녀폭력에는 정서적 폭력, 신체적 폭력, 방임이 있다. 정서적 폭력은 자녀를 때리겠다고 위협하는 행위, 자녀에게 욕설을 퍼붓거나 악담을 하는 행위이다. 신체적 폭력은 폭력의 심각성에 따라 경한 폭력과 중한 폭력으로 나뉘는데, 경한 폭력은 허리띠(벨트), 막대기 등으로 자녀의 엉덩이를 때리는 행위, 손바닥으로 자녀의 뺨이나 머리를 때리는 행위, 자녀를 잡고 던지거나 넘어뜨리는 행위가 있다. 중한 폭력은 주먹이나 발로 자녀를 세게 때리는 행위, 자녀를 사정없이 때리는 행위, 자녀의 목을 조르는 행위, 고의적으로 자녀에게 화상을 입히는 행위, 칼이나 가위 등으로 자녀를 위협하는 행위이다.

방임은 자녀의 식사를 제때에 잘 챙겨 주지 않는 행위, 치료가 필요할 때 자녀를 병원에 데리고 가지 않는 행위, 알코올이나 약물에 취해서 자녀를 돌보지 않는 행위, 성인과 함께 있어야 함에도 불구하고 혼자 있게 하는 행위이다.

③ 노부모 폭력

노부모 폭력에는 정서적 폭력, 신체적 폭력, 경제적 폭력, 방임이 있다.

정서적 폭력은 노부모에게 모욕적인 말을 하여 감정을 상하게 하거나 수치심을 느끼게 하는 행위, 집을 나가라는 폭언을 하는 행위, 가족으로부터 따돌리거나 가족모임 또는 의사결정 과정에서 자주 소외시키는 행위, 노부모를 기피하거나 의견을 무시하거나 또는 화내는 행위, 노부모의 신체적 기능의 저하로 인한 실수를 비난하거나 꾸짖는 행위, 부양부담으로 인한 스트레스를 노골적으로 표현하는 행위이다.

신체적 폭력은 화풀이 또는 의사표시를 거친 행동으로 하는 행위, 할퀴거나 꼬집거나 물어뜯는 행위, 머리채나 목 또는 몸을 강하게 잡거나 흔드는 행위,

밀치거나 넘어뜨리는 행위, 발로 차거나 주먹으로 때리는 행위, 도구나 흉기를 사용하여 위협하거나 상해 또는 화상을 입히는 행위, 노부모를 방이나 제한된 공간에 강제로 가두거나 묶어 두는 행위이다.

경제적 폭력은 노부모의 연금이나 임대료 등의 소득 또는 저축, 주식 등을 가로채거나 임의로 사용하는 행위, 노부모의 부동산에 대해 동의 없이 권리를 임의로 행사하거나 강제로 명의를 변경하는 행위, 노부모에게 빌린 돈을 갚지 않거나 물건을 돌려주지 않는 행위, 노부모의 유언장을 허위로 작성하거나 변조하여 재산을 착취하는 행위이다.

방임은 노부모를 길이나 낯선 장소에 버려 사고를 당할 수 있는 위험한 상황에 처하게 하는 행위, 스스로 식사하기 힘든 노부모를 방치하는 행위, 경제적능력이 있음에도 불구하고 고의로 노부모가 필요한 보장구를 제공하지 않는 행위, 노부모가 병원에서 치료받아야 할 상황인데도 병원에 모시지 않는 행위, 필요한 기본 생계비용을 제공하지 않거나 중단하는 행위, 노부모와 연락 또는 왕래하지 않고 방치하는 행위, 노부모의 동의 없이 시설에 입소시키거나 병원에 입원시키고 연락을 끊는 행위이다.

(3) 가정폭력의 원인

가정폭력, 특히 아내폭력의 원인은 무엇인가? 정신병리학적 시각에서 바라보는 원인과 사회학습 이론, 스트레스 이론, 성역할 이론, 여권주의적 시각에서 바라보는 원인을 분석해 보면 다음과 같다.

① 정신병리학적 관점

정신병리학적 접근에서는 가정폭력을 태생적인 신체적 · 정신적 결함 또는 후천적인 심신장애나 사고로 정신적 질환을 겪고 있는 사람들에 의해 행해지는 가학행위로 규정한다. 아내에 대한 가정폭력의 경우는 의처증을 정신병리학적 접근으로 설명할 수 있는 전형적 사례로 볼 수 있다. 그렇지만 심리상태가 정상적인 남성들도 가해행위를 반복적이고 습관적으로 하는 경우가 많아서 이 관점으로 가정폭력의 원인을 충분히 설명하기는 어렵다.

② 사회학습 이론

사회학습 이론에서는 폭력을 하나의 학습된 행동으로 간주한다. 가해자는 폭력적인 환경에서 성장하면서 폭력을 관찰하거나 경험하였기 때문에 폭력적인 행동을 지지하는 신념을 내면화하게 된다는 것이다. 가정에서 부모의 폭력행동을 관찰하거나 폭력적인 부모와 동일시하는 자녀는 정서적·행동적·사회적 문제를 가지기 쉽고, 자아개념이 부정적이며 폭력에 대한 왜곡된 인식을 갖기 쉽기 때문에 성인이 된 후에도 가정 내 폭력을 행사하기 쉬워진다(신은주, 2003). 반두라(Bandura, 1977)는 관찰학습과 모델링의 개념을 통하여 공격성이 직접적인 경험에 의해서만 획득되는 것이 아니라 관찰과 모델을 접하는 것을 통하여도 습득된다고 하였다. 다시 말하면, 아동이 공격적인 행동을 하는 아버지를 관찰·학습함으로써 공격적인 행동에 대해 무감각해지거나 강화효과를 일으켜 폭력행동이 촉진될 수 있다고 보는 것이다.

③ 스트레스 이론

다수의 연구를 통해 가정 내 폭력과 스트레스가 관련이 있다는 것이 밝혀졌다. 특히 경제적인 문제, 실직, 질투심, 음주, 심신, 자녀문제, 상대적인 사회적 지위 등과 같은 스트레스가 가정폭력과 연관이 된다는 것이다. 가정 내 폭력은 한 개인이 스트레스를 받고 있거나 인격이 부족한 경우 이러한 갈등을 완화시킬 만한 적절한 대응책을 찾지 못했을 때 발생하기 쉽다고 한다. 그러나 스트레스는 누구에게나 있으며, 남편이 스트레스가 쌓여 아내를 구타한다는 생각은 남성 중심적인 자기합리화의 이유밖에 되지 않는다. 구타를 당하면서도 가해 남편을 떠나지 못하는 여성들도 스트레스로 자기합리화를 하는 것에 불과하다 할 수 있을 것이다. 가족과 가족 내 개인이 스트레스를 받거나 좌절하는 상황에서 내재된 폭력 성향이 발휘되면서 폭력이 행사되고, 그 폭력에 대한 긍정적인 피드백이 발생하면 폭력행위가 강화되고 반복되는 수준으로 자리 잡게 된다는 설명이다.

④ 성역할 이론

성역할 이론에서는 고정된 성역할로 인해 가정폭력이 발생할 수 있다고 본다. 가부장제 사회에서는 남자아이는 공격적이며 폭력을 사용하고, 여자아이는 남자에게 복종적이고 희생할 것을 강요하는 성역할 학습이 가정 내에서 이루어지고 이와 같은 전통적 성역할 관념이나 태도로 인해 가정폭력이 발생되고 지속된다는 것이다. 가사나 육아를 여성의 전담역할로 규정짓는 가부장제 사회에서 여성은 경제적 독립을 이루기 어렵고 이러한 문제는 가정폭력의 지속을 강화한다. 이와 같이 성역할 이론에서는 가족 문제에 있어서는 남편의 의견을 따라야 하며, 또한 성적으로도 항상 남편의 요구를 받아들이는 것이 아내의 의무라고 믿는 등의 전통적 사고방식으로 인해 가정폭력이 발생·지속된다고 분석한다.

⑤ 여권주의적 관점

여권주의적 관점에서는 가정폭력, 아내폭력을 단순한 부부간의 갈등이나 문제에 있어 물리적 힘을 사용하는 것이 아니라 아내, 즉 여성을 통제하기 위한 수단으로 폭력을 사용하는 것으로 본다. 따라서 이러한 아내폭력은 근본적으로 남녀불평등에서 비롯된 것이고 가부장적 사회구조로 인해 아내폭력이 지속된다고 본다. 이러한 구조는 여성이 가정 내에서 종속당하는 남녀 권력관계를 유지시킨다고 여권주의자들은 분석한다. 따라서 남성의 개별적인 폭력행위에 초점을 두기보다 남성이 왜 여성에게 폭력을 사용하는지, 이를 둘러싼 사회적·문화적·정치적 원인은 무엇이고, 이러한 원인들은 폭력을 어떻게 강화하고 있는지 밝히고자 한다.

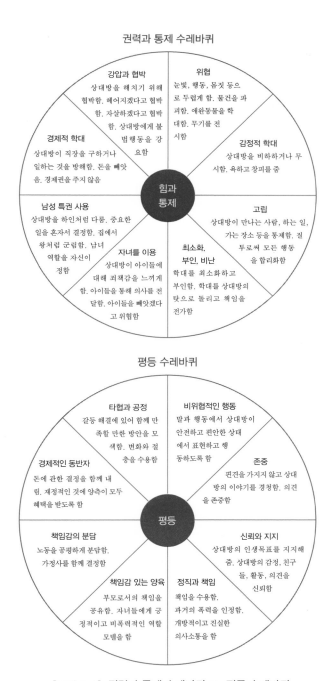

권력과 통제 수레바퀴

강압과 협박
상대방을 해치기 위해 협박함. 헤어지겠다고 협박함. 자살하겠다고 협박함. 상대방에게 불법행동을 강요함

위협
눈빛, 행동, 몸짓 등으로 두렵게 함. 물건을 파괴함. 애완동물을 학대함. 무기를 전시함

경제적 학대
상대방이 직장을 구하거나 일하는 것을 방해함. 돈을 빼앗음. 경제권을 주지 않음

감정적 학대
상대방을 비하하거나 무시함. 욕하고 창피를 줌

힘과 통제

남성 특권 사용
상대방을 하인처럼 다룸. 중요한 일을 혼자서 결정함. 집에서 왕처럼 군림함. 남녀 역할을 자신이 정함

고립
상대방이 만나는 사람, 하는 일, 가는 장소 등을 통제함. 질투로써 모든 행동을 합리화함

자녀를 이용
상대방이 아이들에 대해 죄책감을 느끼게 함. 아이들을 통해 의사를 전달함. 아이들을 빼앗겠다고 위협함

최소화, 부인, 비난
학대를 최소화하고 부인함. 학대를 상대방의 탓으로 돌리고 책임을 전가함

평등 수레바퀴

타협과 공정
갈등 해결에 있어 함께 만족할 만한 방안을 모색함. 변화와 절충을 수용함

비위협적인 행동
말과 행동에서 상대방이 안전하고 편안한 상태에서 표현하고 행동하도록 함

경제적인 동반자
돈에 관한 결정을 함께 내림. 재정적인 것에 양측이 모두 혜택을 받도록 함

존중
편견을 가지지 않고 상대방의 이야기를 경청함. 의견을 존중함

평등

책임감의 분담
노동을 공평하게 분담함. 가정사를 함께 결정함

신뢰와 지지
상대방의 인생목표를 지지해 줌. 상대방의 감정, 친구들, 활동, 의견을 신뢰함

책임감 있는 양육
부모로서의 책임을 공유함. 자녀들에게 긍정적이고 비폭력적인 역할모델을 함

정직과 책임
책임을 수용함. 과거의 폭력을 인정함. 개방적이고 진실한 의사소통을 함

[그림 5-1] 권력과 통제 수레바퀴 vs. 평등 수레바퀴

출처: Domestic Abuse Intervention Programs(www.theduluthmodel.org).

[그림 5-1]의 위는 '권력과 통제 수레바퀴'이고, 아래는 '평등 수레바퀴'이다.[3] 이 두 가지 그림은 가정 내에서의 권력과 통제를 잘 드러내 주고 있으며, 어떻게 하면 평등한 관계를 가질 수 있는지를 설명해 준다. 이 모델에서는 가정폭력이 일어나는 경우 가해자가 피해자에 대한 감정적 학대나 고립, 최소화, 부인, 비난, 자녀를 이용한 통제, 남성으로서의 특권 사용, 경제적 학대, 강압과 협박, 위협이라는 수단을 사용한다고 설명한다. 이러한 수레바퀴에서 벗어나서 평등한 남녀관계를 유지하기 위해서는 존중, 신뢰와 지지, 정직과 책임, 책임감 있는 양육, 책임감의 분담, 경제적인 동반자, 타협과 공정, 비위협적인 행동을 하게 될 때 가능해진다.

(4) 가정폭력의 영향 및 특성

그렇다면 가정폭력을 경험하는 피해 여성이나 자녀는 어떠한 영향을 받게 되는가?

① 신체적 영향

가정폭력의 희생자는 자살이나 살인과 같은 극한 위험에 노출된다. 또는 신체에 심한 상처나 부상을 당할 수 있고, 신체 기능의 손상 등 건강상에 치명적

---

3) 권력과 통제 수레바퀴는 가정폭력 분야에서 가해자가 피해자에 대해 힘과 통제를 갖기 위해 사용하는 기술들을 이해하기 위해 사용된 도구이다. 이 모형은 '둘루스모델(The Duluth Model)'의 일환인 가정폭력 가해자 개입(치료) 프로그램(Domestic Abuse Intervention Programs: DAIP)에 의해 개발되었는데, 둘루스모델은 의사소통을 훈련하고 가르쳐서 가해자와 피해자들을 돕기 위한 모델이다. 권력과 통제 수레바퀴에서 보여 주고 있는 여덟 가지 학대적 행동은 가정폭력 가해자가 피해자에게 가장 많이 사용하는 행위들을 모은 것이다. 1980년대에 만들어진 이 모델은 미국의 가정폭력 가해자 치료 프로그램에서 가장 많이 사용하고 있는 모델이지만 가해자가 아닌 여성에 초점을 맞추고 구타하는 일부 남성의 동기를 정확하게 표현하지 못한다는 한계가 있다는 비판도 받아 왔다. 그럼에도 불구하고 여전히 권력과 통제의 프레임워크를 이해하고 이를 변화시키는 데 활용될 수 있는 중요한 도구로 인정받고 있다(www.theduluthmodel.org).

인 영향을 입을 수 있다. 물건을 집어던지거나 손으로 신체에 충격을 가하는 폭력에서부터 칼이나 흉기, 몽둥이 등의 도구에 의해 폭력 피해를 입게 되는데, 이런 경우 신체적 부상의 정도는 매우 심각해진다. 두통이나 허리 및 복부 통증, 위장장애가 있고, 특히 임신 중인 여성이 폭력을 당할 때는 유산이나 조산, 저체중아 출산 위험이 증가한다. WHO(2014)에 따르면, 폭력을 당한 여성의 42%가 신체적 상처를 입었다는 통계 결과가 있다.

② 정신적 영향

WHO(2014)는 배우자 등 친밀한 관계에서의 폭력은 우울증이나 외상 후 스트레스장애, 불면증, 식이장애, 정서장애, 자살시도 등과 같은 정신적 문제를 야기하며, 배우자 폭력을 경험하지 않은 여성들보다 거의 2배 이상 우울이나 알코올중독 문제를 경험한다고 보고하였다. 배우자가 아닌 외부인에 의한 폭력을 경험한 여성들보다도 배우자에 의한 폭력을 경험한 여성들이 이러한 우울증이나 정신적 문제를 겪는 비율이 높은 것으로 나타나고 있다.

③ 사회경제적 영향

가정폭력 피해 여성은 사회적으로 고립되기 쉽다. 노동능력을 잃거나 실직하거나 정기적 사회 활동이 어려워지고, 자기 자신이나 자녀를 돌볼 수 있는 능력이 부족해질 수 있다.

④ 자녀에게 미치는 영향

가정폭력을 목격하며 자란 아이들은 행동이나 정서상에 다양한 문제를 경험할 소지가 높다. 부모의 폭력행동을 모방하거나 충동을 자제하는 능력이 부족해질 수 있고, 자해행동이나 위축행동, 비행행동, 문제해결 능력 부족, 잦은 결석, 두려움, 주의력 결핍 등의 문제를 겪을 수 있다. 또한 이들이 성인이 되었을 때 또 다시 가정폭력의 가해자나 피해자가 될 수도 있다.

(5) 가정폭력의 특성

가정폭력은 몇 가지 공통적인 특성을 가지고 있다. 한국형사정책연구원 (2003: 190-195)은 그 특징을 크게 세 가지로 설명하고 있다.

첫째, 폐쇄성이다. 일반적인 폭력행위는 피해자나 사법기관에 의해 적극적으로 처리되는 경향이 있으나, 가정폭력의 경우는 가해자나 피해자, 주위 사람, 형사 사법기관까지도 공식적으로 처리할 문제로 보기보다 덮어 둘수록 좋은 '가정 내 사적인 문제'로 인식하는 경향이 있다.

둘째, 중첩성이다. 가정에서 아내구타가 일어나는 경우에는 자녀에 대한 폭력과 학대도 동시에 일어나는 경우가 많다. 아내를 심하게 구타하면 아이들도 심하게 학대할 가능성이 높다는 연구도 있다(Bowker, 1988: 한국형사정책연구원, 2003에서 재인용). 우리나라의 경우에도 쉼터로 오는 가정폭력 피해 여성들 중 폭력을 행사한 배우자가 자녀에게도 심각한 폭력을 가한 경우가 65.9%에 이른다고 보고되었다(한국형사정책연구원, 2003).

셋째, 가정폭력의 세대전이성이다. 과거 원가족에서 가정폭력을 목격했거나 경험한 경우에는 성장 후 현재 가족에까지 그 영향이 미친다. 이러한 현상은 국내외 다양한 연구를 통해서도 드러난 바 있다. 외국의 경우, 어머니가 아버지로부터 폭력을 당하는 것을 성장기에 보고 자란 사람의 94%가 자기 배우자에게 폭력을 행사했던 것으로 나타났으며, 폭력적인 부모 밑에서 성장한 사람이 그렇지 않은 사람에 비해 3배 이상 높은 비율로 가정폭력을 행사한다는 조사 결과가 있다(Hotaling & Sugarman, 1986; Straus, 1980: 한국형사정책연구원, 2003에서 재인용). 국내 연구에서는 학대경험이 많을수록 심리적·신체적·성적 학대 경향이 강한 것으로 나타났고, 성장기에 가정폭력을 목격한 사람들이 가정폭력의 피해 또는 가해의 비율이 높다는 결과가 나타났다. 성장기에 가정폭력을 경험한 사람들이 본인 스스로 가해자가 되거나, 폭력에 대한 무기력을 학습하여 피해자가 되는 결과를 가져온다(김경신, 김정란, 2001).

2) 성폭력

(1) 성폭력의 개념

성폭력은 성을 매개로 해서 상대방의 의사에 반해 이루어지는 모든 가해행위로서 성희롱이나 성추행, 성폭행 등이 이에 포함된다. 상대방의 동의 없이 성적 행위를 하거나 성적 행위를 하도록 강요, 위압하는 행위 및 유인하는 신체적·언어적·정신적 폭력을 포함한다. 성폭력은 개인의 성적 자기결정권의 침해를 가져오는 강제적인 행위이다. 법적으로는 강간뿐만 아니라 원치 않는 신체적 접촉, 음란전화, 인터넷 등을 통해서 접하게 되는 불쾌한 언어와 추근거림, 음란한 눈빛으로 바라보는 것 등 상대의 의사에 반해 성적으로 가해지는 모든 신체적·언어적·정신적 폭력을 말한다.

여성가족부(2010)는 "성폭력이란 자발적 동의가 없는 상태에서 상대방에게 가해지는 성적 행위"로 정의한다. 성폭력은 성적 접촉의 형태 등 유형에 따라, 성적 행위의 강제성 여부에 따라, 혹은 그러한 성적 행위로 인해 어떤 피해를 입었는가에 따라 다양하게 정의될 수 있다.

한국성폭력상담소는 성폭력에 대해 여성주의적 관점으로 정의하는데, "개인의 신체적·정신적·성적·경제적 통합성(integrity)을 침해하는 젠더기반 폭력으로, 강간, 추행, 성적 괴롭힘, 비동의 촬영·유포 등 상대의 동의 없이 행하는 성적 행위"로 규정하고 있다(한국성폭력상담소, https://www.sisters.or.kr/consult/tab1).

「성폭력범죄의 처벌 등에 관한 특례법」 및 「형법」에서는 성폭력에 대해 강간, 강제추행, 유사강간, 준강간, 준강제추행, 강간미수, 특수강간, 친족관계에 의한 강간, 미성년자에 대한 강간 및 강제추행, 업무상 위력 등에 의한 추행, 공중 밀집 장소에서의 추행, 성적 목적을 위한 공공장소 침입행위, 통신매체를 이용한 음란행위, 카메라 등을 이용한 촬영 등 다양한 성적행동 등을 포함하고 있다. 이러한 성폭력 정의를 고려하여 성폭력으로 분류할 수 있는 유형에 대해 설명하면 다음과 같다.

(2) 성폭력의 유형[4)

① 성희롱

일반적으로 성희롱이란 상대방이 원하지 않는 성적(性的)인 말이나 행동을 해서 상대방에게 성적 굴욕감이나 수치심을 느끼게 하는 행위를 말한다. 특히 성희롱은 업무와 관련해 성적 언어나 행동 등으로 성적 굴욕감을 느끼게 하거나 성적 언동, 그 밖의 요구 등에 대한 불응을 이유로 고용에서 불이익을 주는 것까지 포함하는 것으로 근로관계를 전제로 하는 경우가 대부분이다(찾기 쉬운 생활법령 정보, https://easylaw.go.kr.). 직접적인 신체적 접촉뿐만 아니라 음란한 농담이나 음담패설, 성적 관계를 강요하거나 회유하는 행위, 외설적인 사진이나 그림, 낙서, 출판물 등을 직접 보여 주거나 통신 매체를 통해 보내는 행위 등도 포함된다.

② 성추행(강제추행)

성폭력의 정도가 성희롱을 넘어 범죄로 처벌되는 것으로는 폭행이나 협박을 수단으로 추행을 하는 것이다. 대법원은 "상대방의 의사에 반하여 물리력의 행사로 그 힘의 대소강약을 불문한다."고 밝히고, 판례에서 상대방을 알몸이 되게 하거나 가슴을 만지는 행위, 간음 이외의 비정상적인 성행위 강요 등을 의미한다. 이런 식으로 사람을 추행하여 개인의 성적 자기결정권의 자유를 침해하는 것은 징역에 처하거나 벌금을 물게 된다. 행위객체는 남녀노소, 혼인 여부를 묻지 않으며, 행위주체는 남녀 모두가 될 수 있다.

---

4) 성폭력 유형의 정의는 여성가족부(2022c)의 '2022년 성폭력 안전실태조사 연구' 내용을 인용하였다.

③ 성폭행

성폭행은 강간과 강간미수[5]를 말하는데, 폭행 또는 협박을 수단으로 하여 사람을 항거불능의 상태로 만든 뒤 간음을 함으로써 성립한다(「형법」 제297조). 다만 13세 미만의 사람에 대한 경우에는 폭력을 수단으로 하지 않았어도, 또 상대방의 동의가 있었다 하더라도 본 죄가 성립한다(「형법」 제305조). 본래 강간죄의 객체는 부녀(여자)였으나, 변화된 시대상황을 반영하여 개정(2012. 12. 18. 법률 제11574호)되어 범죄의 객체가 '부녀'에서 '사람'으로 확대되었다. 강간죄 등 성범죄에 관하여 고소가 있어야 공소를 제기할 수 있도록 한 규정도 삭제되었다.

이 외에도 성기노출, 인신매매, 강제매춘, 음란전화, 음란통신, 성적 가혹행위, 카메라 등을 이용한 촬영 등이 있다.

④ 유형별 성폭력

성폭력이 발생하는 장소나 관계에 따라 직장 내 성폭력, 데이트 성폭력, 친족 성폭력, 학내 성폭력 등으로 구분할 수 있다.

• **직장 내 성폭력**: 직장 내 고용관계에서 발생하는 강간, 강제추행, 추행, 성희롱 등의 개념을 포괄하여 정의가 가능하다. 일반 성폭력과 다르게 가해자들이 직장 내의 지위와 신뢰관계를 이용한다는 점, 피해자들에게 성폭력 피해뿐 아니라 고용상의 불이익이나 보복적 인사조치가 가해지는 점에서 특징을 가진다.
• **데이트 성폭력**: 일종의 아는 사람에 의한 성폭력으로 이성의 감정이 있거

---

5) ① 강간: 상대방이 나의 뜻을 무시하고 강제로 성관계(성기삽입)를 하거나 구강, 항문 등 신체 내부 (성기 제외)에 성기를 넣거나 성기, 항문에 손가락 등 신체 일부 혹은 도구를 넣는 행위, ② 강간미수: 상대방이 나의 뜻을 무시하고 강제로 성관계를 하려고 했으나 실패한 경우(여성가족부, 2021).

나 그 가능성을 인정하고 만나는 남녀 사이 동의 없이 가해지는 성관계라고 할 수 있다. 데이트강간이라고도 불리는 데이트 성폭력은 상대방의 '싫다'는 말을 수용하기를 거부하고 성적 응낙을 받기 위해 심리적인 압력이나 물리적인 힘 또는 약물 등의 매개가 사용되기도 한다. 가해자는 물론 피해자의 경우도 성관계와 성폭력을 경계 짓는 것에 혼란스러워하기도 한다.

- **친족 성폭력**: 가해자와 피해자가 친족 관계에 있는 경우로 성추행에서 강간까지 포함하는 성폭력을 의미한다. 최근 「성폭력범죄의 처벌 등에 관한 특례법」의 개정으로 친족의 범위는 '4촌 이내의 혈족, 4촌 이내의 인척'에서 '4촌 이내의 혈족 인척 외 동거하는 친족'으로 확장되었다. 친족 성폭력의 경우 어린 시절부터 시작되어 청소년기, 성인기까지 되어서도 지속되는데, 실제로 아동 성폭력의 상당수가 친족 성폭력인 점에서 주목할 만하다.
- **학내 성폭력**: 교육관련 기관이라는 공간에서 학생과 학생 간, 교육자와 학생 간에 발생하는 성폭력 유형이라고 할 수 있다. 여기서 교육관련 기관이라 함은 유치원, 학교, 대학 등의 공식적인 교육 기관은 물론 사설학원, 과외, 체육관 등의 비공식 기관도 포함된다.

(3) 성폭력의 폐해

① 신체적 영향

성폭력으로 인한 신체적 영향으로는 두통, 수면장애, 자해, 자살, 식이장애, 악몽, 성병 감염, 원치 않는 임신, 낙태 등이 있다.

② 정서적 영향

성폭력으로 인한 정서적 영향으로는 두려움, 치욕감, 당황스러움, 걱정, 공포, 혼란, 분노, 보복감, 증오, 우울, 무감각, 남성 불신, 배신감, 외상 후 스트레스장애가 있다.

③ 사회경제적 영향

성폭력으로 인한 사회경제적 영향으로는 성행위에 대한 회피, 남성에 대한 회피, 자살 행동, 약물중독, 여성의 활동 범위 축소, 남성 일반으로부터의 보호를 위해 개인 남성에게 더욱 의존하는 문제 등이 있을 수 있다.

2. 여성에 대한 폭력의 실태[6]와 개선방안

1) 가정폭력 실태

(1) 일반적 실태

2022년 가정폭력실태조사(여성가족부, 2022b)에 따르면, 만 19세 이상 유배우 응답자들의 경우 지난 1년간 배우자에 의해 신체적·성적 폭력을 당한 경우가 여성은 4.6%, 남성은 1.8%로 나타났다. 폭력 유형별로 살펴보면, 4개 유형 폭력(신체적·성적·경제적·정서적 폭력) 피해율은 여성 9.4%, 남성 5.8%였고, 5개 유형 폭력(신체적·성적·경제적·정서적 폭력 및 통제) 피해율은 여성 28.7%, 남성 26.3%로 나타났다. 정리하면, 여성 응답자의 4.6%, 남성 응답자의 1.8%가 지난 1년 동안 신체적 또는 성적 폭력행동 중 하나라도 경험한 적이 있으며, 여성의 28.7%, 남성의 26.3%가 지난 1년 동안 신체적·성적·경제적·정서적 폭력, 통제 피해 중 하나라도 경험한 적이 있음을 나타낸다.

......................•

6) 우리나라에서는 「가정폭력방지 및 피해자보호 등에 관한 법률」(이하 「가정폭력방지법」)에 근거하여 여성가족부장관이 3년 주기로 가정폭력실태조사를 실시하고 있다. 본문에 인용되는 조사 결과는 이 조사 결과에 근거하고 있다. 이 조사는 2004년부터 시작되어 2022년 현재 제7차 조사까지 이루어졌다.

이러한 폭력 피해가 일어난 시기를 알아본 결과, '결혼 전 교제기간'이 6.1%, '결혼 후 1년 미만'이 20.5%, '결혼 후 1년 이상 5년 미만'이 36.0%, '결혼 후 5년 이후'는 37.4%로 나타나, 절반 이상은 결혼 후 5년 미만에 발생한 것을 알 수 있다.

(2) 폭력 대응 경험

배우자로부터 신체적 · 성적 · 경제적 · 정서적 폭력을 경험했을 때 어떻게 대응하였는지에 대한 조사 결과는 다음과 같다. 여성의 경우는 '별다른 대응을 한 적이 한 번도 없다'가 55.4%로 남성(49.8%)보다 대응하지 않은 비율이 더 높았다. '배우자에게 맞대응했다'는 34.0%였고, '자리를 피하거나, 집밖으로 도망갔다' 12.1%, '주위에 도움을 요청했다' 0.5%로 나타났다. 남성의 경우 '배우자에게 맞대응했다'는 경우가 33.1%, '별다른 대응을 한 적이 한 번도 없다'가 49.8%였다.

(3) 도움 요청 경험

배우자로부터 신체적 · 성적 · 경제적 · 정서적 폭력을 경험한 응답자가 폭력행동 당시 누구에게 도움을 청하였는지를 조사한 결과, 여성은 가족이나 친척에게 도움을 청한 경우가 5.6%로 가장 많았고, '이웃이나 친구' 4.8%, '여성긴급전화 1366' 1.4%, '경찰' 0.9%, '가정폭력상담소 및 보호시설' 0.5% 순이었다. 남성도 가족이나 친척에게 도움을 청한 경험이 1.2%로 가장 많았지만 여성에 비해 현저히 적었고, 경찰에 도움을 청한 경우는 0.7%였다.

(4) 혼인상태별 폭력 피해 경험

혼인상태가 이혼이나 별거인 응답자의 배우자에 의한 폭력 피해 경험을 조사한 결과는 다음과 같다. 이혼, 별거 전에 배우자에 의한 폭력 피해 경험이 있는지에 대해서는 여성이 38.8%, 남성이 20.9%로 신체적 폭력이나 성적 폭력 중 하나라도 경험이 있는 것으로 나타났다. 이혼했거나 별거 중인 배우자에 의해 이혼, 별거 이후 폭력 피해를 경험했는가에 대해서는 신체적·성적 폭력 피해 경험률이 여성은 4.3%, 남성은 5.7%였으며, 정서적 폭력 피해 경험률이 여성은 9.9%, 남성은 9.4%로 가장 높게 나타났다.

2) 가정폭력 실태 개선방안

(1) 가정폭력에 대한 인식변화가 필요함

2022년 가정폭력실태조사 연구(여성가족부, 2022b)에 따르면, '가정폭력은 가정 안에서 해결해야 할 개인적인 문제다' 20.5%, '가정폭력은 피해자에게도 책임이 있다' 19.6%, '어릴 때 학대를 당한 사람이 가정폭력을 하는 경우는 용서할 수 있다' 13.7%, '화가 너무 나서 순간 통제력을 잃으면 가족에게 폭력을 행사할 수도 있다' 11.2%, '스트레스를 너무 많이 받으면 가족에게 폭력을 행사할 수도 있다' 8.9%, '술을 많이 마시면 가족에게 폭력을 행사할 수도 있다' 8.7%, '여성은 가정을 지키기 위해서 폭력적인 관계를 견뎌야 한다' 10.5%로 나타나 아직까지 우리 사회의 가정폭력에 대한 인식이 얼마나 왜곡되어 있는지를 알 수 있다. 즉, 가정폭력의 문제를 단순히 가족 내의 사적인 문제로 보거나, 피해자에게 일부 책임을 돌리는 태도, 가정폭력의 이유를 외부 요인으로 돌리고 폭력을 정당화하는 태도가 여전히 많음을 나타내는 결과이다.

이러한 인식의 배경에는 가부장적 배경이 큰 역할을 한다. 가부장적인 태도를 지닐수록 가정폭력 발생 시 신고의향이 낮게 나타난다는 결과가 있는데(이인선 외, 2017), 이것은 가부장인 남성(남편)이 여성(부인)을 통제하거나 신체적·정신적 폭력을 행사하는 것이 허용될 수 있다는 인식과 남편에게 순종해야 할 부인이 그렇게 행동하지 않음으로써 가정폭력을 유발했다는 인식이 자리 잡고 있기 때문이다.

(2) 초기대응 및 특례법 적용에서의 문제점

가정폭력 신고율이 매우 낮은 이유 중 하나는 경찰의 태도와 관련이 있다. 가정폭력 사건의 최일선에서 대응하는 경찰의 태도가 적극적이기보다는 가정 내의 사적인 일로 치부하고, '부부싸움은 칼로 물 베기'라는 식의 태도가 가정폭력 사건의 신고율을 낮춘다. 또한 우리나라의 가정폭력에 대한 대응과 인식은 여전히 가정을 '유지'하고 '보호'하는 데 일차적 목적을 두기 때문에 피해자에 대한 적극적인 보호와 가해자에 대한 처벌과 개입의 중요성을 약화시킨다는 문제를 안고 있다(송아영, 2017). 이러한 문제점을 인지한 정부에서는 경찰에 대한 가정폭력 교육 강화, 가정폭력 전담경찰관 배치, 「가정폭력범죄의 처벌 등에 관한 특례법」(이하 「가정폭력처벌법」) 적용으로 가정폭력 사건을 신중하게 다루려는 등의 노력을 해 왔다. 그럼에도 불구하고 가해자가 임시조치나 보호처분을 위반했을 때 현행범으로 체포할 수도 없고, 임의동행을 거부할 경우 강제성을 발휘할 수 없는 문제가 있다. 또한 가정폭력이 발생하여 현장에 경찰이 출동하여 응급조치를 취할 때 가정폭력범죄가 재발될 우려가 있다고 판단되어 가해자를 일시적으로 격리할 장소가 마땅히 없다는 문제점도 있다. 가해자가 긴급임시조치를 위반하더라도 형사처벌을 할 수 있는 규정이 없기 때문에 강제력을 행사하기 어려운 문제도 존재한다. 법이 있지만 이를 적용한 체계나 구체적인 방안이 마련되어 있지 않아 실효성이 떨어진다는 지적을 검토하여 이에 대한 대안을 마련해야 할 것이다(윤덕경 외, 2014).

(3) 피해자 보호시설 지원 강화

1997년 「가정폭력처벌법」과 「가정폭력방지법」이 제정된 이후 가정폭력에 대한 사법적 근거가 마련되고, 여성주의의 발전, 여성단체와 사회의 인식 개선 노력을 통해 가정폭력에 대한 사회적 대응에 많은 변화가 있어 왔다. 그럼에도 불구하고 여전히 가정폭력 피해 여성 지원기관의 수가 부족한 실태이다. 특히 상담소나 쉼터 등에서의 안전 확보 문제가 매우 중요하며, 인력 부족, 인력의 전문성 강화 노력 등이 요구된다. 또한 재정적인 어려움으로 상담소들의 폐업이 많아지고, 여성가족부 지원 대상이 되는 상담소의 개수가 크게 늘지 않고 있어 피해자 보호시설에 대한 지원이 시급한 실정이다.

3) 성폭력 실태

(1) 일반적 실태

대검찰청(2020)의 '2020 범죄분석'에 따르면, 2019년 성폭력범죄의 발생 건수는 32,029건으로 인구 10만 명당 61.8건의 범죄가 발생한 것으로 나타났다. 2010년부터 지난 10년간의 추이를 보면 성폭력범죄가 지속적으로 증가해 온 것을 알 수 있다. 2011년부터 2020년까지의 성폭력범죄 발생 건수 추이를 살펴보면, 2011년 22,168건에서 2020년 30,105건으로 약 35.8% 증가했다(〈표 5-1〉 참조). 같은 기간 공식적으로 집계된 전체 범죄의 인구 10만 명당 발생비가 2011년 3,750.4건에서 2020년 3,307.7건으로 약 11.8%p가 감소한 데 비해 각급 수사기관에 인지된 성폭력범죄의 발생률은 크게 증가한 것을 알 수 있다(한국형사법무정책연구원, 2022: 146). 이러한 통계는 실제로 신고처리가 되거나 검거가 진행된 사건만을 처리하고 있기 때문에 실제 성폭력 피해자는 훨씬 더 많을 것으로 예상된다.

성폭력범죄의 하위 유형을 살펴보면 강간은 대체로 감소하는 비율을 보이고 있으나 강제추행은 전체 성폭력범죄에서 가장 높은 비중을 차지하며 증가하는 추세에 있고, 특히 카메라 등을 이용한 촬영 범죄는 지난 10년간 급격한 증가를 보였다. 스마트폰 등 전자기기 사용의 보편화로 인한 카메라 등 이용촬영 범죄와 추행 범죄가 증가한 데에서 기인한 것으로 볼 수 있다(대검찰청, 2020).

'2021년 여성폭력 실태조사'(여성가족부, 2021)에 따르면, 지금까지 누군가에 의해 성적 폭력행위를 경험한 적이 있는지 조사한 결과, 제시된 아홉 가지 성적 폭력행위[7] 중 하나라도 피해 경험이 있다고 응답한 비율은 전체의 18.8%

표 5-1	전체 범죄, 성폭력범죄, 아동 대상 성폭력 발생 건수(2011~2020년)						(단위: 건)	
연도	전체 범죄		성폭력범죄		13세 미만 아동 대상 성폭력범죄		13~20세 아동 대상 성폭력범죄	
	발생 건수	발생비[1]	발생 건수	발생비[1]	발생 건수	발생비[2]	발생 건수	발생비[3]
2011	1,902,720	3,750.4	22,168	43.7	1,057	16.3	6,883	123.7
2012	1,934,410	3,796.8	23,365	45.9	1,127	17.7	7,834	143.0
2013	1,996,389	3,903.7	29,090	56.9	1,172	19.0	8,719	161.7
2014	1,933,835	3,767.6	29,863	58.2	1,208	20.0	8,322	158.8
2015	2,020,731	3,921.5	31,063	60.3	1,272	21.2	7,753	154.4
2016	2,008,290	3,884.8	29,357	56.8	1,231	20.8	7,342	152.8
2017	1,824,876	3,524.3	32,824	63.4	1,270	21.8	8,072	175.7
2018	1,738,190	3,353.9	32,104	62.0	1,278	22.4	7,273	167.0
2019	1,767,684	3,418.5	32,029	61.9	1,375	24.6	7,097	170.4
2020	1,714,579	3,307.7	30,105	58.1	1,155	21.5	6,305	156.1

주: 1) 발생비: 인구 10만 명당 발생 건수
　2) 발생비: 13세 미만 아동인구 10만 명당 발생 건수
　3) 발생비: 13~20세 아동인구 10만 명당 발생 건수
출처: 대검찰청(2020)을 재구성함.

였다. 연령대별 피해 경험률은 19~29세가 28.8%, 30~39세 27.0%, 40~49세 21.1%, 50~59세 14.8%, 60세 이상 10.3%로 연령대가 낮아질수록 높아지는 경향을 보였다. 저연령대에서 평생 성적 폭력 경험률이 높게 나타나는 것은 특정 연령대에 집중되는 여성폭력의 특성과 함께 연령에 따른 여성폭력 피해, 특

7) 아홉 가지 성적 폭력행위는 ① 외모에 대한 성적인 비유나 평가를 하는 행위, ② 가슴이나 엉덩이 등 특정 신체 부위를 자꾸 쳐다보는 행위, ③ 음란한 사진이나 그림 등을 게시하거나 보여 주는 행위, ④ 성과 관련된 자신의 특정 신체 부위를 고의로 노출하거나 만지는 행위, ⑤ 성적인 행위를 거부했을 때 부당한 대우를 하거나 불이익을 주는 행위, ⑥ 나의 신체를 강제로 만지는 행위, ⑦ 동의 없는 신체적 접촉행위, ⑧ 원하지 않는 성관계를 강요하는 행위, ⑨ 강압적인 성관계를 의미한다(여성가족부, 2021).

히 성적 폭력 피해에 대한 세대 간 인식의 차이가 존재하기 때문인 것으로 보인다. 혼인상태별로 살펴보면, 비혼·미혼이 32.9%로 가장 높았고, 다음으로 별거·이혼 27.1%, 배우자 있음(사실혼 포함) 16.3%, 사별 9.6% 순으로 나타났다. 교육수준별로는 대학 재학 이상(25.2%)이 고졸 이하(12.7%)보다 피해 경험률이 높았고, 가구 소득수준이 높을수록 피해 경험이 있다고 응답한 경우가 많았다. 그 외에도 가족 외 사람과 거주하거나 1인 가구인 경우, 그리고 취업상태이거나 장애가 있는 응답자의 평생 성적 피해 경험률이 상대적으로 높게 나타났다.

성적 폭력 유형별로 살펴보면, '가슴이나 엉덩이 등 특정 신체 부위를 자꾸 쳐다보는 행위'가 53.7%로 가장 높았다. 다음으로 '외모에 대한 성적인 비유나 평가를 하는 행위' 47.1%, '나의 신체를 강제로 만지는 행위' 30.9%, '동의 없는 신체적 접촉행위(키스, 포옹, 껴안기 등)' 27.4%, '성과 관련된 자신의 특정 신체 부위를 고의로 노출하거나 만지는 행위' 26.4%, '원하지 않는 성관계를 강요하는 행위' 14.0%, '음란한 사진이나 그림 등을 게시하거나 보여 주는 행위' 13.3%, '강압적인 성관계' 8.5%, '성적인 행위를 거부했을 때 부당한 대우를 하거나 불이익을 주는 행위' 5.6% 순이었다.

피해 당시의 대응으로는 '자리를 피하거나 도망갔다' 41.1%, '아무런 대응을 하지 못했다' 31.6%, '화제를 돌렸다' 8.9% 등 적극적인 대응을 하지 못한 비율이 81.6%나 되었다. 피해 당시 아무런 대응을 하지 못한 가장 큰 이유는 '어떻게 대응해야 할지 알지 못해서'가 31.8%로 가장 많았고, 다음으로 '대응해도 별다른 소용이 없을 것 같아서' 27.2%, '피해가 심각하지 않아서' 17.6%, '가해자의 보복, 협박이 두려워서' 9.1% 등의 순이었다. 가장 심각한 성적 폭력행위(2차 피해 포함)로 인한 영향을 복수 응답으로 조사한 결과, 피해자의 절반이 넘는 52.8%가 '타인에 대한 신뢰 감소'를 경험했다고 응답했고, 다음으로는 '또 다른 폭력의 대상이 될 것 같은 두려움 증가' 32.0%, '우울, 불안, 수면 장애, 음주나 흡연 의존 등의 정서적 영향' 29.5%, '다른 사람들과의 교류가 중단되거나 감소' 10.7%, '신체적인 후유증(상처, 통증 등)' 5.2% 등의 순으로 나타났다.

4) 성폭력 실태 개선방안

(1) 성폭력에 대한 인식과 통념의 차이 변화의 필요성

'2022년 성폭력 안전실태조사'(여성가족부, 2022c)의 결과에 따르면, 남녀 간 성폭력에 대한 인식의 차이가 많은 항목들이 [그림 5-2]와 같이 나타났다.

예를 들면, '성폭력은 노출이 심한 옷차림 때문에 일어난다'는 항목에 대해 남성은 52.1%가 그렇다고 응답했고, 여성은 39.7%로 나타났다. 또한 '피해자가 끝까지 저항하면 강제로 성관계(강간)하는 것은 불가능하다'는 항목에 대해서 남성은 26.6%가 그렇다고 응답했고 여성응답은 20.2%로 나타났다. '키스나 애무를 허용하는 것은 성관계까지 허용한다는 뜻이다'라는 항목에서 여성은 그렇다고 응답한 비율이 26.4%인 반면, 남성 응답자는 37.2%로 나타나 남

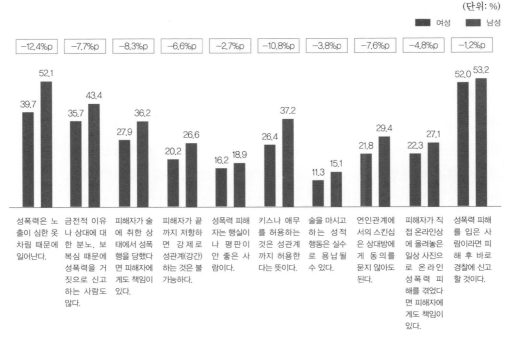

[그림 5-2] 성폭력 관련 인식(성별)

출처: 여성가족부(2022c).

녀 간 인식 차이가 큰 것으로 나타났다. 이와 같이 여성과 남성 간 성폭력 관련 인식에 큰 차이가 있을 뿐 아니라, 남성이 더 그런 비율이 높기는 하나 여성과 남성 모두에서 성폭력 발생에 있어 피해자에게 책임을 전가하는 인식을 보이고 있는 점에서 많은 인식개선이 필요함을 알 수 있다.

(2) 디지털성폭력 등 새로운 유형의 성폭력에 대한 대응력 강화

카메라 등 이용 촬영죄와 더불어 디지털성범죄의 대표격인 통신매체 이용 음란 역시 크게 늘어나는 추세이다. 2020년에는 통신매체 이용음란 발생 건수가 2,070건으로 2019년 대비 40.3%p나 증가한 것으로 나타났다.

이에 대한 대응을 위해 수사기관의 적극적 단속과 수사, 꾸준한 모니터링이 필요하며, 불법촬영 가해자에 대한 실질적인 처벌이 강화되어야 한다. 또한 2018년부터 시행된 불법촬영 영상물 삭제 지원 서비스는 다른 성폭력 관련 공공서비스에 비해 인지도가 낮은데, 이에 대한 적극적인 홍보를 통해 피해자들이 실질적인 도움을 받을 수 있도록 해야 한다. 또한 이러한 시스템이 잘 작동하게 하려면 관계부처 간에 지속적인 협력체계를 유지해야 할 것이다.

5) 성폭력 피해자 지원 서비스 홍보 및 지원 정책 강화

성폭력 관련 공공서비스 인지도는 전체적으로 상승하고 있지만 여전히 여성의 40% 이상이 '여성긴급전화 1366'과 '해바라기 센터'를 모른다고 응답했다. 또한 성폭력 피해를 입었음에도 피해 관련 기관에 도움을 요청하지 않은 이유에 대해 전체 응답자의 8.9%가 '지원 기관의 존재를 몰라서'라고 응답한 것으로 나타났다(여성가족부, 2022c).

이와 같이 성폭력 피해자를 위한 지원 시스템이 구축되어 있음에도 인지도가 낮은 것은 사회안전망이 제대로 작동하지 않고 있음을 의미하고, 피해자 보호가 원활하게 이루어지지 못하고 있음을 시사한다. 따라서 지원 서비스에 대

한 관련 기관에서 더욱 적극적인 홍보를 펼쳐야 할 필요성이 높은데, 예를 들면 TV 매체나 SNS 홍보, 관련 애플리케이션의 개발, 여러 플랫폼으로의 홍보 경로 다양화를 추진해야 할 것이다.

3. 폭력피해 여성을 위한 관련 법, 제도 및 사회복지서비스

매맞는 여성은 심리적으로나 육체적으로 절대로 때리는 남성의 상대가 될 수 없고 도망갈 기회에서도 남성과 다르다. 가출이 경제적으로 가능한 상황에서도 구타 남편이 자신을 추적해서 살해할 것이라고 생각해 집을 떠나지 못한다. 그런데 법은 이러한 매맞는 여성의 현실을 무시하고 여성이 '합리적 남자'처럼 매 맞는 순간에 자신을 방어하는 행동을 취할 것이라고 가정한다. 그러나 남편을 죽인 대부분의 매맞는 여성은 매맞는 순간에는 감히 그렇게 하지 못한다. 저항하다가 자신이 죽을 수도 있다고 생각하기 때문이다(Tavris, 1993).

홍태경(2015)은 부부폭력 피해 여성의 경우 폭력심각성이 높을수록 피해자가 적극적인 대응을 높인다고 하였다. 즉, 폭력이 심각할수록 피해자가 경찰에 신고하거나 상담소를 찾는 등 적극적으로 대응할 가능성이 높다는 것이다. 또한 사회문화적 요인 중 폭력수용도가 높을수록 피해자의 적극적인 대응을 방해한다고 했는데, 이는 한국사회가 폭력에 대해 매우 관대한 태도를 보이는 경우가 많아 이러한 사회 인식과 문화가 피해자가 외부의 도움을 요청하는 데 장애물로 작용할 수 있음을 의미하는 것이다.

1) 가정폭력

(1) 가정폭력 관련 법

① 가정폭력방지 및 피해자보호 등에 관한 법률(약칭: 가정폭력방지법)

이 법은 가정폭력을 예방하고 가정폭력의 피해자를 보호·지원함을 목적으로 한다.

최근의 법률 개정 내용을 보면, 2017년에는 가정폭력 피해자 관점에서 권리보장을 강화하는 기본이념 및 가정폭력 피해자의 자립·자활을 위한 지원서비스 제공 책무를 신설하였고, 외국인·장애인 등 대상별로 특화된 가정폭력상담소 운영 근거 및 가정폭력 피해자에게 보호시설 퇴소 시 자립지원금을 지급할 수 있는 근거를 마련하였다. 2018년에는 가정폭력상담소, 상담원 교육훈련시설의 신고 민원 처리기간을 10일 이내(변경신고의 경우 5일 이내)로 규정하였고, 가정폭력상담소, 보호시설, 상담원 교육훈련시설의 일시적인 중단·폐지 신고 내용이 적법하면 신고를 수리하도록 하고, 여성가족부장관과 시·도지사가 일반 국민을 대상으로 가정폭력 방지를 위한 교육을 실시할 수 있는 업무권한이 있음을 명시하였고, 단기보호시설 입소기간을 최대 1년까지로 연장하는 등 피해자 보호지원 확대를 위한 법률을 개정하였다(여성가족부, 2022a).

② 가정폭력범죄의 처벌 등에 관한 특례법(약칭: 가정폭력처벌법)

이 법은 가정폭력범죄의 형사처벌 절차에 관한 특례를 정하고 가정폭력범죄를 범한 사람에 대하여 환경의 조정과 성행(性行)의 교정을 위한 보호처분을 함으로써 가정폭력범죄로 파괴된 가정의 평화와 안정을 회복하고 건강한 가정을 가꾸며 피해자와 가족구성원의 인권을 보호함을 목적으로 한다.

③ 여성폭력방지기본법

「여성폭력방지기본법」(2018. 12. 24. 제정, 2019. 12. 25. 시행)은 여성에 대한 폭력 방지와 피해자 보호 지원에 관한 국가의 책임을 명백히 하고, 여성폭력방지정책의 종합적·체계적 추진을 규정, 여성폭력 피해자 지원정책의 실효성 제고를 위하여 제정되었다. 이 법에 따라 19개 부처 및 지방자치단체가 참여하여 최초의 중장기 법정 계획인 '제1차 여성폭력방지정책 기본계획'(2020~2024) 및 연도별 시행계획을 수립·추진하고, 연도별 시행계획에 대한 추진실적 분석을 통해 주요 과제 이행 사항을 점검하고 향후 시행계획 수립에 반영하는 등 환류체계를 구축하였다. 또한 이 법에 '2차 피해' 개념을 최초로 법제화하고 수사기관 대상 2차 피해 방지교육을 의무화하였으며, 국가와 지자체의 2차 피해 방지지침 제정 의무를 규정하는 등 여성폭력 2차 피해 방지를 위한 토대를 마련하였다. 한편, 여성폭력방지위원회 구성·운영을 통해 주요 정책과제 수립 및 이행 사항을 점검하는 등 여성폭력방지정책의 총괄·조정 역할이 강화되었다. 그리고 이 법에 따라 개별 법령에서 누락된 여성폭력에 대한 실태조사를 통해 '친밀한 관계에 의한 폭력' '교제(데이트)폭력' '온라인 그루밍' 등에 대한 실태를 파악하는 등 여성폭력방지정책의 기초자료로 활용하기 위한 기반을 마련하였다(여성가족부, 2022a).

(2) 가정폭력 피해자 지원기관

① 가정폭력상담소

가정폭력상담소는 가정폭력의 피해를 신고받거나 이에 관한 상담, 가정폭력으로 인하여 정상적인 가정생활 및 사회생활이 어렵거나 기타 긴급히 보호가 필요한 피해자에 대해 임시보호를 하거나 의료기관 또는 가정폭력 피해자 보호시설로 인도하는 역할을 하고 있다. 가정폭력상담소는 2022년 현재 전국에 211개 설치되어 있는데, 그 숫자가 크게 늘고 있지는 않다(2017년 208개). 가정폭력상담소의 상담 건수는 2022년 기준 21만 9천 건이며, 1366 전화상담에서의 가정폭력 상담 건수는 157,829건이다. 이 중 신체적 · 정서적 폭력이 112,912건으로 전체의 71.5%를 차지했으며, 다음으로는 정서적 폭력이 23,373건(14.8%)으로 나타났다. 가정폭력 가해자 현황을 살펴보면, 배우자가 114,418건(70.2%)으로 가장 많았으며, 다음으로는 부모가 27,086건(16.6%), 자녀 7,432건(4.6%) 순으로 나타났다(한국여성인권진흥원, 2023).

② 가정폭력 피해자 보호시설

가정폭력 피해자 보호시설은 가정폭력 피해자를 일시보호(숙식제공)하고 가정폭력 피해자의 신체적 · 정신적 안정 및 가정복귀 및 자활을 지원하기 위한 시설이다. 2022년 기준 전국에 65개소가 설치 · 운영되고 있으며, 일반시설 42개, 가족보호시설 23개가 있다(여성가족부 홈페이지, http://www.mogef.go.kr).

③ 여성폭력 피해자 주거지원시설

여성폭력 피해자 주거지원시설은 가정폭력 피해 여성들의 자립을 지원하고 사회적응 여건을 조성하기 위하여 피해 여성과 그 가족이 생활할 수 있는 주거공간을 제공하는 곳이다. 2023년 기준 전국에 350호의 임대주택이 여성폭력 피해자 주거지원시설로 공급되고 있다(〈표 5-2〉 참조).

표 5-2 지역별 주거지원시설 공급 현황(2021. 1. 기준)   (단위: 호)

구분	계	서울	부산	대구	인천	광주	대전	울산	경기	강원	충북	충남	전북	전남	경북	경남	제주
임대주택	350	30	32	30	18	20	20	28	24	17	11	19	10	20	20	42	9

출처: 여성가족부 홈페이지(http://www.mogef.go.kr).

④ 폭력피해 이주여성 보호 · 지원(보호시설)

가정폭력 · 성폭력 · 성매매 등 피해 이주여성 및 동반아동을 일시적으로 보호하고, 의료 · 법률 지원, 치료회복 프로그램, 주거 제공, 직업훈련 등을 통해

표 5-3	지역별 폭력피해 이주여성 보호시설(쉼터) 설치 현황(2020. 6. 30. 기준)															(단위: 개소)	
구분	합계	서울	부산	대구	인천	광주	대전	울산	경기	강원	충북	충남	전북	전남	경북	경남	제주
폭력피해 이주여성	28	4	1	2	1	1	1	1	4	1	1	1	2	3	3	1	1

출처: 여성가족부 홈페이지(http://www.mogef.go.kr).

인권을 보호하고 자립을 지원하는 곳이다. 2020년 기준 전국에 28개의 보호시설이 설치되어 있다.

2) 성폭력

(1) 성폭력 관련법

① 성폭력범죄의 처벌 등에 관한 특례법(약칭 성폭력처벌법)

이 법은 성폭력범죄의 처벌 및 그 절차에 관한 특례를 규정함으로써 성폭력범죄 피해자의 생명과 신체의 안전을 보장하고 건강한 사회질서의 확립에 이바지함을 목적으로 한다. 이 법은 기존 제도의 정비 및 법조문의 공백으로 인해 생기는 문제점을 해결하기 위한 방향으로 개정이 이루어졌다. 2017년 6월 21일 시행된 개정안을 통해 성범죄자 신상정보 등록대상자의 범위, 등록 기간, 등록 확인 주기 등이 정비되었다. 또한 2017년 12월 12일 시행된 개정안을 통해 성적 목적을 위한 침입 금지 대상 공공장소 개념의 범위를 확대 설정하여 입법적 공백을 방지하였다. 2018년 12월 18일 시행된 개정안을 통해 제14조 '카메라 등을 이용한 촬영'죄를 보완하였다. 촬영죄에 대한 형량을 상향 조정했으며, 자의로 촬영한 촬영물이라도 동의 없이 유포했을 경우 이를 처벌할 수 있도록 하였다. 또한 유포의 객체물에 복제물과 복제물의 복제물까지 포함했으며, 촬영 당시 동의한 영상물을 사후에 동의 없이 유포한 경우에도 촬영 당시 동의하지 않은 영상물의 유포와 동일한 기준으로 처벌할 수 있도록 하였다. 2019년 8월 20일 시행된 개정안을 통해 위계 또는 위력으로써 13세 미만의 사람을 간음하거나 추행한 사람에 대해서도 이 법에 따른 공소시효에 관한 특례 규정에 따라 공소시효를 적용하지 않도록 하였다.

② 성폭력 방지 및 피해자보호 등에 관한 법률(약칭 성폭력방지법)

이 법은 성폭력을 예방하고 성폭력 피해자를 보호·지원함으로써 인권증진에 이바지함을 목적으로 한다. 이 법은 상담소 및 피해자 지원 시설 등에서 피해자가 더 나은 지원을 받을 수 있도록 하며, 피해자와 직접 만나는 종사자의 자격 요건을 강화하는 방향으로 개정이 이루어졌다. 2017년 12월 12일 시행된 개정안으로 상담소 및 피해자 지원시설 등의 장뿐만 아니라 상담사 및 그 밖의 종사자의 경우에도 성범죄 전력이 있는 경우 종사를 할 수 없게 하였다. 2018년 9월 14일 시행된 개정안을 통해 「성폭력처벌법」 제14조에 따른 촬영물 유포로 인해 피해를 입은 디지털성폭력 피해자에게 국가에서 영상물 삭제 지원을 할 수 있도록 법적 근거를 마련하였다. 또한 이로 인해 비용이 발생할 경우 원칙상 성폭력 행위자에게 그 비용을 부담하게 하고, 국가가 이 비용을 지원하게 될 경우 성폭력 행위자에게 구상권을 청구할 수 있게 하였다.

③ 아동·청소년의 성보호에 관한 법률(약칭 청소년성보호법)

이 법은 아동·청소년 대상 성범죄의 처벌과 절차에 관한 특례를 규정하고 피해아동·청소년을 위한 구제 및 지원 절차를 마련하며 아동·청소년 대상 성범죄자를 체계적으로 관리함으로써 아동·청소년을 성범죄로부터 보호하고 아동·청소년이 건강한 사회구성원으로 성장할 수 있도록 함을 목적으로 한다. 이 법은 성범죄자의 취업제한 적용 범위를 정비하고, 그 대상 기관을 확대하는 방향으로 개정이 이루어졌으며, 아동·청소년을 대상으로 한 성범죄에 대한 공소시효를 적용하지 않는 등의 개정이 이루어졌다. 2018년 7월 17일

시행된 개정안으로 성범죄자 신상고지가 잘못되었을 경우 이를 정정할 수 있는 절차를 마련하였다. 또한 성폭력범죄자에게 아동·청소년 관련 기관 등에 취업 또는 사실상 노무를 제공하는 것이 직업 선택의 자유 침해 등을 이유로 헌법재판소에서 위헌 결정이 됨(2013헌마585등 2016. 3. 31. 결정)에 따라 성범죄자에 대한 취업제한 명령 시 그 기간을 죄의 경중에 따라 차등을 두게 하였다. 또한 취업제한 기관에「고등교육법」에 따른 학교 등을 포함하였다. 2019년 7월 18일 시행된 개정안에서는「성폭력처벌법」제7조 제5항에 따른 위계 또는 위력으로써 13세 미만의 아동·청소년을 간음하거나 추행한 자에 대해 공소시효를 적용하지 않도록 하여 국민 법 감정에 맞도록 하였다. 2020년 5월 27일 개정안에서는 아동·청소년을 성범죄로부터 보호하기 위한 사회적 안전망을 확보하기 위하여 아동·청소년 대상 성범죄 발생 사실의 신고의무 대상자를 체육단체의 장과 그 종사자로 확대하고, 성범죄자의 취업 제한 대상 시설 등에 아동·청소년과의 접촉이 많은 국제학교 등을 포함하였다.

이 외에도「예술인 복지법」의 개정으로 예술인은 존엄성 및 신체적·정신적 안전이 보장된 환경에서 예술 활동을 할 권리를 가진다는 권리보장을 명시하고, 국가와 지방자치단체가 예술인을 성희롱 및 성폭력으로부터 보호하기 위한 시책을 마련해야 함을 명시했다. 또한「정보통신망 이용촉진 및 정보보호 등에 관한 법률」개정으로 급증하고 있는 디지털성범죄에 신속하게 대응하기 위해 수사기관의 장이 방송통신심의위원회에 불법촬영물에 대해 심의 요청을 할 수 있도록 하였다.

(2) 성폭력 피해자 지원기관

① 성폭력상담소

국가 또는 지방자치단체는「성폭력방지법」제10조에 따라 성폭력 피해 상담소를 설치 및 운영할 수 있다. 성폭력상담소는 ① 성폭력 피해의 신고 접수와 이에 관한 상담, ② 성폭력 피해로 인하여 정상적인 가정생활 또는 사회생활이 곤란하거나 그 밖의 사정으로 긴급히 보호할 필요가 있는 사람과 제12조에 따른 성폭력 피해자 보호시설 등의 연계, ③ 피해자 등의 질병 치료와 건강관리를 위하여 의료기관에 인도하는 등 의료 지원, ④ 피해자에 대한 수사기관의 조사와 법원의 증인신문 등에의 동행, ⑤ 성폭력 행위자에 대한 고소와 피해배상청구 등 사법처리 절차에 관하여「법률구조법」제8조에 따른 대한법률구조공단 등 관계 기관에 필요한 협조 및 지원 요청, ⑥ 성폭력 예방을 위한 홍보 및 교육,

표 5-4 성폭력상담 건수 (단위: 건, %)

구분	2017	2018	2019	2020	2021
여성긴급전화 1366	21,470	27,683	20,771	19,795	19,691
	13.4	12.2	9.6	8.9	7.9
가정폭력상담소	26,112	41,885	44,471	47,893	51,173
	16.3	18.5	20.7	21.5	20.6
성폭력 피해 상담소	111,123	154,378	148,311	153,221	175,748
	69.4	68.3	68.9	68.8	70.6
폭력피해 이주여성 상담소	–	–	170	567	1,305
	–	–	0.1	0.3	0.5
다누리 콜센터	1,327	2,053	1,589	1,193	915
	0.8	0.9	0.7	0.5	0.4
합계	160,032	225,999	215,312	222,669	248,832
	100.0	100.0	100.0	100.0	100.0

출처: 여성가족부(2022d).

⑦ 그 밖에 성폭력 및 성폭력 피해에 관한 조사 · 연구의 업무를 한다. '2021년 여성가족부 여성폭력관련시설 운영실적'에 따르면, 2021년 기준 163개의 성폭력 피해 상담소가 운영 중에 있으며 28만 건 이상의 상담이 이루어진 것을 알 수 있다. 최근 몇 년간 상담소 개수는 줄고 있으나 상담 건수는 증가한 것을 알 수 있다.

〈표 5-4〉를 보면, 성폭력상담을 진행하는 기관별 상담 건수를 확인할 수 있다. 성폭력상담은 성폭력 피해 상담소에서 가장 많이 이루어졌고, 그다음으로 가정폭력상담소 및 여성긴급전화 1366을 통한 비중이 높았다.

② 성폭력 피해자 보호시설

성폭력 피해자 보호시설은 「성폭력방지법」 제12조에 따라 설치 및 운영할 수 있다. 성폭력 피해자 보호시설은 ① 피해자 등의 보호 및 숙식 제공, ② 피해자 등의 심리적 안정과 사회 적응을 위한 상담 및 치료, ③ 자립 · 자활 교육의 실시와 취업정보의 제공, ④ 피해자 등의 질병치료와 건강 관리를 위하여 의료기관에 인도하는 등의 의료지원, ⑤ 피해자에 대한 수사기관의 조사와 법원의 증인신문 등에의 동행, ⑥ 성폭력 행위자에 대한 고소와 피해배상청구 등 사법처리 절차에 관하여 「법률구조법」 제8조에 따른 대한법률구조공단 등 관계 기관에 필요한 협조 및 지원 요청, ⑦ 다른 법률에 따라 보호시설에 위탁된 업무, ⑧ 그 밖에 피해자 등을 보호하기 위하여 필요한 업무를 담당하고 있다.

성폭력 피해자 보호시설 현황을 살펴보면 2010년 19개소였던 보호시설은 2018년 31개, 2021년 현재는 34개로 소폭 증가하였다. 입소정원은 388명, 상근 종사자는 203명으로 나타났다(여성가족부, 2022a).

③ 해바라기 센터

해바라기 센터는 「성폭력방지법」 제18조에 근거한 성폭력 피해자 통합지원센터로, 성폭력 · 가정폭력 · 성매매 피해자 등에 대하여 365일 24시간 상담,

의료, 법률, 수시지원을 원스톱으로 제공함으로써 피해자가 폭력 피해로 인한 위기상황에 대처할 수 있도록 지원하고, 2차 피해를 방지하는 데 목적을 두고 있다. 이전에 여성·학교폭력 피해자 원스톱지원센터, 해바라기 아동센터, 해바라기 여성·아동센터로 이름이 각각 달랐던 것을 2014년에 '해바라기 센터'로 통합하였다. 여성가족부의 자료에 따르면, 2021년 해바라기 센터는 전국에 총 39개소가 운영되고 있으며, 이 중 위기지원형은 15개소, 아동·청소년형은 7개소, 통합형은 17개소가 운영되고 있다. 2021년 현재 해바라기 센터를 통해 지원된 서비스는 총 35만 282건으로, 기타를 제외하고는 상담지원, 의료지원, 수사법률지원 순으로 많았다(여성가족부, 2022a).

④ 여성긴급전화 1366

여성긴급전화 1366은 성폭력·가정폭력·성매매 피해 등으로 긴급한 구조·보호 또는 상담을 필요로 하는 여성들이 전화로 피해 상담을 받을 수 있도록 365일, 24시간 운영되고 있다. 전국적으로 통일된 특수전화번호 '1366'을 사용하면 지원받을 수 있으며, 여성폭력 피해자에 대하여 1차 긴급 상담, 서비스 연계(의료기관, 상담기관, 법률구조기관, 보호시설 등) 등 위기개입 서비스를 제공한다(여성가족부, 2022d).

2022년 기준으로 전국에 총 18개소가 운영되고 있으며, 각 시·도에 1개, 서울과 경기에 각각 1개씩 추가되어 설치·운영되고 있다. 이 중 대구와 광주의 센터는 직영으로 운영되고 있으며, 다른 16개소는 위탁으로 운영되고 있다. 2022년 여성긴급전화 1366 전국센터 상담 건수는 총 289,848건으로 전년 대비 7.7%p(24,020건) 감소하였다. 전체 상담 중 전화상담이 241,259건(83.2%), 내방상담 19,515건(6.7%), 방문상담이 7,194건(2.5%), 사이버상담 21,880건(7.5%)인 것으로 나타났다. 전국의 18개 센터에서 월평균 24,154건으로 일평균 794건의 상담을 진행하였다. 상담내용별 현황을 살펴보면, 폭력피해 상담 중에서는 가정폭력이 157,829건(54.5%)으로 가장 많았고, 성폭력 15,783건(5.4%), 교제폭력 10,142건(3.5%), 디지털성범죄 9,018건(3.1%), 스토킹 6,766건(2.3%), 성매매 2,363건(0.8%) 순으로 나타났다. 교제폭력·스토킹·디지털성범죄 상담은 꾸준히 증가하고 있는 것으로 나타났다. 전년 대비 교제폭력 상담은 3.2%p, 스토킹 상담은 149.7%p, 디지털성범죄 상담은 27.9%p 증가하였다(한국여성인권진흥원, 2023).

⑤ 디지털성범죄 피해자 지원센터

디지털성범죄 피해자 지원센터는 여성가족부 산하 한국여성인권진흥원에서 운영하는 지원기관으로 불법촬영 및 유포 등 디지털성폭력 피해를 입은 피해자들에게 필요한 서비스를 제공하기 위해 2018년 4월부터 운영되고 있다. 피해 상담 및 피해촬영물 무료 삭제지원, 피해자 지원기관 연계 등 디지털성범죄 피해자를 전문적으로 지원하는 일을 하고 있다. 디지털성폭력의 경우 기존의 성폭력과는 피해양상이 달라 기존의 지원센터에서 피해자 지원을 제공하기에 한계가 있어 별도의 지원기관을 두게 되었다.

여성가족부의 자료에 따르면, 2018년부터 2021년까지 상담 지원, 삭제 지원 건수가 급증하고 있음을 알 수 있다(〈표 5-5〉 참조).

표 5-5 디지털성범죄 피해자 지원센터 지원 건수   (단위: 건, %)

구분	2018	2019	2020	2021
상담 지원	4,787	5,735	11,452	17,456
	14.1	5.7	6.7	9.3
삭제 지원	28,879	95,083	158,760	169,820
	85.1	93.8	93.0	90.3
수사·법률 지원 연계	203	500	445	708
	0.6	0.5	0.3	0.4

의료 지원 연계	52	60	40	99
	0.2	0.1	0.0	0.1
합계	33,921	101,378	170,697	188,083
	100.0	100.0	100.0	100.0

자료: 한국여성인권진흥원, 「디지털성범죄 피해자 지원 보고서」 각 연도
주: 1) 2018년도 집계 건수는 2018. 4. 30.~2018. 12. 31.의 8개월 동안 집계된 건수임
　 2) 백분율은 소수점 두 번째 자리에서 반올림되었으므로 총계가 일치하지 않는 경우가 있음
출처: 여성가족부(2022d).

3) 여성 대상 폭력 문제 해결을 위한 대안

(1) 친밀한 관계에서 발생하는 (성)폭력에 대한 법률 마련과 사회인식 개선

한국에는 데이트(교제)폭력을 별도로 규제하는 법률이 아직 없는데, 정책 마련의 법적 근거가 부재하므로 해당 여성폭력범죄의 가해자 처벌과 피해자 지원, 예방을 위한 구체적인 정책 수립에 대한 체계적인 논의가 이루어지지 못하고 있는 상황이다. 친밀관계 폭력 및 데이트폭력의 개념을 정의하고 구체적인 정책 대응 방안을 마련하기 위한 법률적 기틀이 조속히 마련되어야 한다. 교제하였거나 교제 중인 사람에게 발생하는 폭력행위인 이른바 데이트폭력의 경우 그 피해가 심각함에도 불구하고, 응급조치나 긴급임시조치 등과 같은 피해자 보호규정이 없어 데이트폭력 피해자는 일반적인 형사절차가 개시되기 전까지 가해자의 폭력행위에 그대로 노출될 수밖에 없는 상황이다. 가정폭력의 정의에 교제 관계를 포함하여 교제폭력범죄에도 임시조치 등 피해자 보호제도를 적용하게 해야 할 것이다(한국형사법무정책연구원, 2022: 458).

(2) 성범죄자에 대한 처벌 강화

2022년 성폭력안전 실태조사(여성가족부, 2022c)에서는 성폭력 문제 해소를 위해 중요하다고 생각하는 정책이 무엇인지를 조사하였다. 남성과 여성 모두

'피해자의 2차 피해 방지를 위한 정책 마련'을 1순위로 응답하였고, '안전한 생활환경 조성'이 2순위, '가해자의 범죄행위에 대한 합당한 처벌'이 3순위로 나타났다(여성가족부, 2022c). 2020년 검찰이 처리한 성폭력범죄자는 31,010명으로 그중 48.6%에 해당하는 15,081명이 기소되었고, 42.5%인 13,169명은 불기소 처리되었다. 이와 같이 성폭력범죄 피의자 중 거의 절반 정도만이 검사에 의해 약식재판이나 정식재판이 청구되어 기소되었으며, 지난 10여 년간 기소율이 대략 40~50% 미만에 이르고 있다. 해마다 기소율은 약간의 증감을 반복하고는 있으나 여전히 기소율이 낮은 편임을 알 수 있다. 또한 2021년 신상정보 등록처분을 받은 성폭력범죄자 11,803명 중 '성범죄자알림e' 애플리케이션이나 우편고지를 통한 신상정보 공개 명령을 받은 범죄자는 492명으로 단 4.2%에 불과했다. 신상정보 공개 명령을 받은 성폭력범죄자 비율은 2014년 21.8%였으나, 이후 지속해서 비교적 큰 폭으로 하락해 2021년에는 4.2%로 최저치를 기록했는데, 이는 2014년 대비 1/5 수준으로 감소한 것이다. 특히 성폭력범죄 유형별에서는 강간 및 강제추행 범죄자 신상정보 공개 명령 비율이 2014년 26.5%에서 2021년 4.5%로 2014년 대비 약 1/6 수준으로 감소하였다(여성가족부, 2022a).

우리나라는 성범죄자에 대해 특히 솜방망이 처벌을 한다는 비판이 많이 제기되고 있다. 물론 정당한 법적 절차를 거쳐 처벌이 결정되어야 하겠지만, 성범죄자에 대해 지나치게 관대한 판결이 많다는 지적은 여전히 유효하다. 특히 집행유예율도 매우 높지만 실형을 선고받지 않은 사건이 70%가 넘는다는 통계는 이러한 솜방망이 처벌의 실태를 보여 준다(한국연예스포츠신문, 2021. 1. 1.).

(3) 가정폭력에 대한 사회인식 개선과 신고의 활성화

아직도 가정폭력을 '사적인' 영역의 '가정의 일'이라고 치부하는 사회인식이 개선되지 않는 한 가정폭력 피해자는 감소하지 않을 것이다. 특히 남성 중심의 가부장제도하의 전통적 성역할 관념이 변화하는 사회에 부응하지 못하고 여전히 여성에게 억압적으로 작동하고 있는 것은 안타까운 일이다. 다행히도 최근의 실태조사(여성가족부, 2022b)에 따르면, 응답자의 79.5%는 '가정폭력은 가정 안에서 해결해야 할 개인적 문제가 아니다'라고 답했고, '이웃이 부부간 폭력을 목격하면 신고하는 게 마땅하다'고 답한 사람도 87.9%로 나타났기 때문에 인식 개선이 많이 이루어졌다. 그러나 문제는 이러한 인식 개선에도 불구하고 막상 실제 상황이 발생했을 때 신고로까지 이어지지 않고 있다는 점이다(경향신문, 2020. 3. 26.). 더불어 가정폭력 피해 당사자 여성도 남편의 보복 폭력이나 자녀에게 피해가 갈 것을 걱정하고, 신고해도 경찰이 도와줄 수 없을 것이라는 인식이 있어 신고를 꺼리는 경우가 많다(여성가족부, 2022b). 결국 피해자가 신고하면 구체적이고 실제적인 도움을 받을 수 있고 안전보장에 대한 믿음이 있어야 신고가 가능하고 향후 재발을 예방할 수 있을 것이다. 이를 위해 경찰에서 표면적 의사나 상황에만 치중한 사건처리 방식에서 피해자 중심의 사건 조사와 지원체계 연결에 더욱 노력을 기울여야 할 것이다.

(4) 여성폭력 피해자 지원 통합체계 구축

여성폭력 피해자를 지원하기 위한 유관기관 간 협력체계가 유기적으로 이루어지지 않고 있는 문제가 크다. 여성폭력 피해자는 다중의 폭력 피해를 입었을 가능성이 있고, 폭력 피해의 심각성이 클 수 있다. 따라서 이들 각 피해자의 피해유형이나 욕구에 따른 개별적 지원이 필요하되, 통합적 체계를 통한 지원이 효과적인데, 현재는 이러한 통합지원이 잘 이루어지지 않고 있는 실정이다. 특히 여성폭력 피해 지원체계는 대부분 민간위탁 운영방식으로 이루어져 있고, 안정적인 인력 수급과 전문성 확보를 위한 물적·인적 자원이 부족한 상황이다(한국여성인권진흥원, 2023). 특히 성폭력 피해는 그 사안의 시급성과 2차 및 3차 피해의 가능성, 향후 회복기간의 장기화 등의 문제로 인해 많은 자원과 다층적 지원이 제공되어야 할 필요성이 매우 높은 사안이다.

(5) 현행법의 개정

2021년에 제안된 「성폭력처벌법」 일부 개정 법률안은 총 23건이며, 현재 모두 계류 중이다. 현행법에서는 성폭력범죄의 피해자가 13세 미만의 아동이거나 신체적인 또는 정신적인 장애로 의사소통이나 의사표현에 어려움이 있는 경우에만 진술조력인이 수사과정 및 재판과정에 참여할 수 있도록 규정하고 있으나, 연령 및 장애 여부와 상관없이 대부분의 성폭력범죄의 피해자는 수사과정 및 재판과정에서 피해 상황에 대한 진술에 어려움을 겪고 있고, 피해자가 입는 불이익이나 심리적인 고통 등 2차 피해도 상당한 것이 현실이다. 따라서 연령 등의 제한 없이 모든 성폭력범죄의 피해자에 대한 조력을 위하여 진술조력인을 양성하고, 진술조력인이 수사과정 및 재판과정에 참여할 수 있도록 해야 한다(한국형사법무정책연구원, 2022: 467).

가정폭력의 경우에도 현행법에는 가정폭력범죄가 재발할 우려가 있고 긴급을 요하는 경우 사법경찰관이 직권 또는 피해자나 그 법정대리인의 신청에 의하여 가정폭력 행위자에게 퇴거 등 격리나 접근 금지 등의 긴급임시조치를 하도록 하고, 가정폭력 행위자가 이를 이행하지 아니할 경우 과태료를 부과하고 있다. 그런데 과태료 부과는 피해자의 보호에 한계가 있어 긴급임시조치의 제재수단으로서의 실효성을 강화하기 위하여 위반자에 대한 처벌을 강화하여야 한다는 의견이 있다(한국형사법무정책연구원, 2022: 459).

토론하기 주제

1. 여성에 대한 폭력에 대해 사회가 가지는 잘못된 통념에 대해 토론해 봅시다.

2. 디지털성범죄나 데이트폭력이 증가하는 이유와 해결방안에 대해 토론해 봅시다.

도움이 되는 자료

1. Why domestic violence victims don't leave(유튜브, www.youtube.com)

레슬리 모건 스타이너(Leslie Morgan Steiner)는 자신을 일상적으로 학대하고 생명을 위협하는 한 남자와 미친 듯이 사랑에 빠졌다. 스타이너는 가정 폭력의 피해자에 대해 많은 사람이 가지고 있는 오해를 바로잡고 우리 모두가 침묵을 깨는 데 어떻게 도움을 줄 수 있는지 설명하면서 자신의 관계에 대한 어두운 이야기를 들려준다. 여성에 대한 폭력에 대해 가지는 사회의 일반적 편견과 고정관념을 깨고, 폭력의 고리를 끊을 수 있는 스타이너의 이야기는 많은 공감을 일으켰다.

2. 여성폭력 줌인(stop.or.kr)

이 사이트는 한국여성인권진흥원에서 운영하는 것으로 여성폭력에 대해 바로 알게 하기 위한 통계와 지원기관에 대해 소개한다.

참고문헌

김경신, 김정란(2001). 기혼남성의 성장기 가정폭력 노출경험과 부부기능 및 갈등해결 방식과의 관계. 한국가정과학회지, 4(2), 15-28.

김승권, 조애저(1998). 한국 가정폭력의 개념정립과 실태에 관한 연구. 한국보건사회 연구원.

대검찰청(2020). 2020 범죄분석. 대검찰청.

박성은(2021). 성인 성폭력 경험자의 식이장애 연구: 경험자의 아동기역경경험, 해리, 식이장애의 관계 분석. 성균관대학교 대학원 석사학위논문.

송아영(2017). 가정폭력 현황과 정책과제. 보건복지포럼, 247호, 50-59.

신은주(2003). 아내구타 가정의 아동의 적응을 위한 탐색적 연구. 청소년보호지도연구, 3, 145-164.

여성가족부(2010). 2010년 전국 가정폭력 실태조사.

여성가족부(2021). 2021년 여성폭력 실태조사.

여성가족부(2022a). 2021년도 성폭력 피해 상담소 · 보호시설 등 지원실적 보고.

여성가족부(2022b). 2022년 가정폭력 실태조사 연구.

여성가족부(2022c). 2022년 성폭력 안전실태조사 연구.

여성가족부(2022d). 여성폭력통계.

윤덕경, 이미정, 이인선, 김상운(2014). 가정폭력사건에 대한 경찰 초기대응 강화방안. 한국 여성정책연구원.

이인선, 황정임, 최지현, 조윤주(2017). 가정폭력 실태와 과제: 부부폭력과 아동학대를 중심으로. 한국여성정책연구원.

정춘숙(2013). 2013! 가정폭력의 현황과 과제. 정춘숙 월간 복지동향, 제175호, 2013. 5., 19-27.

최인섭, 이순래, 노성호, 조은경, 박정선, 박순진, 박철현(2003). 한국사회의 폭력. 한국 형사정책연구원.

한국여성인권진흥원(2023). 2022년 여성폭력 초기지원 현황보고서.

한국형사법무정책연구원(2022). 한국의 범죄현상과 형사정책(2021).

한국형사정책연구원(2003). 한국사회의 폭력.

홍태경(2015). 부부폭력 피해여성의 적극적 대응에 영향을 미치는 요인 검증: 생태학적 이론을 중심으로. 경찰학연구, 15(3), 147-174.

홍태경(2016). 부부폭력 피해자들의 경찰신고에 영향을 미치는 요인에 관한 연구. 한국치안행정논집, 13(1), 277-300.

Bandura, A. (1977). *Social learning theory* (2nd ed.). Prentice-Hall.

Kurz, D. (1989). Social science perspectives on wife abuse: Current debates and future directions. *Gender & Society, 3*(4), 489-505.

Tavris, C. (1993). *The mismeasure of women.* 히스테리아 역(1999). 여성과 남성이 다르지도 똑같지도 않은 이유. 또 하나의 문화.

WHO (2014). *Violence against Women: fact sheet.* Department of Reproductive Health and Research, Geneva.

경향신문(2020. 3. 26.). "가정폭력, 가정서 해결할 문제 아냐" 인식 변해도 10명 중 9명 혼자 '끙끙'.

여성신문(2021. 3. 10.). WHO 여성 3명 중 1명은 물리적 · 성적 폭력 경험.

한국연예스포츠신문(2021. 1. 1.). 성범죄 솜방망이처벌 ③, 예방시스템뿐만 아니라 강력한 처벌이 꼭 필요.

여성가족부 홈페이지. http://www.mogef.go.kr

찾기 쉬운 생활법령 정보. https://easylaw.go.kr

한국성폭력상담소. https://www.sisters.or.kr/consult/tab1

domestic abuse intervention programs. www.theduluthmodel.org

e-나라지표. 2021년 여성가족부 성폭력관련시설 운영실적. https://www.index.go.kr/unity/potal/main/EachDtlPageDetail.do;jsessionid=bw47r6X8wn51WQJ1erZ4XKoxK6R0YI-DDtwtoh_x.node11?idx_cd=1591

WHO(2012). WHO_RHR_12.36. https://apps.who.int/iris/handle/10665/77432

성매매와 여성

 학습개요

여성의 성을 상품화시킨 성매매의 역사는 인류의 역사만큼이나 오래전부터 시작되었다. 가부장적 성문화와 자본주의가 결합한 고도의 산업주의적 향락산업의 번창은 여성과 청소년들을 불법 경제와 합법 경제를 연결시키는 맥락 안에 위치시키고 있다. 성매매는 불법이지만 성산업은 대형화되고 번성하는 추세이다. 이 장에서는 현대 산업사회에서의 성매매의 개념을 살펴보고, 점점 다양화되고 산업화되어 가는 성매매의 유형과 그 실태를 알아본다. 여성주의적 관점에서 성매매를 어떻게 해석하는지를 탐색해 보고, 탈성매매 여성들을 위한 지원 제도와 법 제도에 대해 살펴본다.

학습목표

1. 성매매의 개념과 실태에 대해 학습한다.
2. 성매매와 관련된 이론에 대해 학습한다.
3. 탈성매매 여성을 위한 사회복지제도와 서비스에 대해 학습한다.

1. 성매매의 개념과 실태

1) 성매매의 개념과 역사

성매매[1]는 '윤락행위' '매춘' '매매춘' 등으로 불려 왔다. 과거에는 성을 파는 여성의 문제를 부각하였기 때문에 '매춘'으로 불렸고, 법적 용어로 '윤락행위'라고 부르기도 했다. 그러나 매춘이나 윤락행위 모두 여성을 성상품 또는 성도구화하는 의미로 쓰였기 때문에 더 이상 사용하지 않는다. 최근에는 성을 구매하는 남성을 포함하는 의미로 '매매춘' 또는 '성매매'로 지칭하고 있다.[2]

여성주의적 관점에서 볼 때 우리 사회의 성에 대한 관념과 문화는 매우 이분화되어 있다고 할 수 있다. 또한 가부장적 자본주의의 산물이자 폐해라고도 비판받고 있다. 여성과 남성에게 부과되는 성규범은 이중적이고 이분법적인데, 남성에게는 성적 주도권과 적극성을 부여하지만 여성에게는 성적 수동성과

---

1) 「성매매알선 등 행위의 처벌에 관한 법률」 제2조 제1항에 나타난 성매매의 정의는 "성매매란 불특정인을 상대로 금품이나 그 밖의 재산상의 이익을 수수하거나 수수하기로 약속하고 다음 각 목의 어느 하나에 해당하는 행위를 하거나 그 상대방이 되는 것을 말한다. 가. 성교행위, 나. 구강, 항문 등 신체의 일부 또는 도구를 이용한 유사 성교행위"이다.

2) 1961년에 제정된 「윤락방지법」에서의 윤락(淪落) 개념은 성매매를 개인의 도덕적 문제로 보는 관점으로 '여성이 타락하여 몸을 판다는 것'을 의미했다. 동시에 성 구매 남성에 대해서는 법적·사회적 책임을 매우 관대하게 보았다. 매춘(賣春)도 성매매 여성의 몸을 봄(春)으로 보고 여성의 몸을 성적 대상으로 파는 행위를 강조하는 개념으로 사용되었다. 매춘을 대체하는 개념으로 국내의 여성운동 진영에서 1980년대 후반부터 성 판매자와 구매자 쌍방의 거래를 의미하는 매매춘(賣買春)이라는 용어를 사용하였다. 그러나 매매춘 또한 여성의 성을 봄(春)에 비유한다는 점, 성매매를 범죄가 아닌 사인 간의 매매문제로 축소한다는 문제점을 가지고 있었고, 성매매의 거래적 측면을 강조함으로써, 성매매 여성을 통해 이익을 착취하는 업주를 처벌할 수 없다는 한계점이 드러났다. 성매매를 노동으로 보자는 주장에 대해서는 성매매를 인간의 존엄성과 성적 자기결정권에 대한 침해로 보기 때문에 이를 과연 노동으로 간주할 수 있는지, 이것은 여성에 대한 폭력을 정당화하는 것이 아닌지에 대한 비판이 있다.

순종을 요구하기 때문이다. 이러한 남성 중심의 가부장적 성문화가 극대화된 자본주의와 결합하여 여성의 성을 상품화하였으며 그 대표적인 예가 바로 성매매 산업이다.

　시장경제의 원리에 따라 이윤 추구를 목적으로 성이 상업문화에 이용되면서 성의 상품화는 이제 전 세계적으로 만연한 현상이 되었다. 가부장제 사회에서는 여성이 성적 대상으로 규정되기 때문에 여성의 성적 매력은 상업성을 넘어 여성이 일하는 일터인 노동시장에서도 여성노동자로서 갖춰야 할 조건처럼 인식되는 경우가 많다. 자본가들은 여성을 성상품화함으로써 음란 외설물과 향락산업으로 이익을 극대화하고, 각종 소비상품에 성적 매력을 강조함으로써 여성의 몸은 인격체가 아닌 사물화되고 도구화되어 왔다. 성매매 산업도 가부장적 자본주의가 결탁한 결과물의 한 예이다.

2) 성매매의 유형

　성매매 집결지는 전업형 성매매 집결지를 일컫는 말로 통용되어 왔다. 기존의 연구는 성매매 유형을 특정 지역의 형성 여부에 따라 전통형과 산업형으로, 혹은 성매매 제공이 주목적인지에 따라서는 전업형과 겸업형으로 구분해 왔다. 2002년 성매매에 대한 대규모 실태조사를 처음 실시한 한국형사정책연구원에서는 전업형과 산업형이 혼합된 지역을 포괄하여 전업형 성매매업소 집결지로 규정하였다. 그러나 2010년, 2013년, 2016년 실태조사에서는 모두 전업형 성매매 집결지를 "등록 여부와 종류에 관계없이 실제 업태를 기준으로 성매매가 영업의 1차적이고 주된 목적인 업소가 10개 이상 밀집지역(일련의 연속적 구역 및 지역)"으로 정의하였다.

(1) 전통형(전업형) 성매매
1960~1970년대에 가장 성행했던 성매매 산업의 형태로 소위 홍등가·사창

가・윤락가・집창촌・포주집・기지촌, 집결지 등으로 불려 왔다. 현재도 특정 지역에 집촌화되어 '윤락가'로 불리며 각 도시의 일정 지역에 분포되어 있다. 성매매 집결지 유형은 유리방, 맥양집/방석집, 여관/여인숙, 기지촌, 쪽방/판잣집, 기타(휘파리 등)로 세분화할 수 있다. 이들 전통형 집결지의 특징은, 첫째, 성매매가 일차적인 업종이다. 주류판매를 할 수 있지만, 성매매를 위한 수단일 뿐이다. 둘째, 종사여성은 성매매를 통해서만 생계를 유지한다. 셋째, 근로계약의 성립이 불가능하다. 현재 전통형 성매매에 대한 경찰단속은 거의 이루어지지 않고 있는 실정이다(여성가족부, 2019).

(2) 산업형(겸업형) 성매매

산업형은 산업화 이후 유흥・접객 서비스업의 증가와 맞물려 형성된 각종 성매매 업태들을 포괄적으로 지칭하는 말이다. 성매매의 직간접적 목적에 따라 '전업형'과 '겸업형'으로 구분하며, '전업형'이 성매매가 영업의 1차적이고 주된 목적이며 핵심적 수익 기반이라면, '겸업형'은 본래의 목적 외에 간접적이고 2차적인 형태로 성매매알선 및 영업이 이루어지는 형태이다. 이 형태는 1970년대 말부터 나타나기 시작하여 1980년대 말, 1990년대 초를 정점으로 성행했던 성매매 산업의 형태이다. 전통형 성매매 산업과는 달리 주업이 있는 업소에서 음성적으로 이루어지는 것으로 주로 3차 서비스 산업을 중심으로 이루어진다. 산업형 매매춘은 두 가지로 나누어지는데, 하나는 단란주점, 유흥주점 등 식품접객업소, 호텔, 여관 등의 숙박업소, 사우나, 이발소 등의 위생접객업소 또는 안마시술소 등에서 서비스를 매개로 영업소 내에서 혹은 밖으로 나가 성매매를 하는 경우와 연결(알선)을 통해서 성매매를 주선하는 것으로 주로 직업상담소, 결혼상담소, 이벤트사 등을 통해 이루어진다. 이 형태의 특징은, 첫째, 근로내용이 형식적으로는 합법적이기 때문에 근로계약의 성립이 가능하다. 둘째, 업소에서 여성을 직접 고용하기도 하지만, 인력공급업체로부터 공급받는 형식도 취한다. 셋째, 이들 업종은 여성들을 고용해서 그들의 여성다움을 하나의 서비스로 하여 최종 소비자들에게 소비된다.

(3) 청소년 성매매(원조교제)

일본에서 시작되어 유래된 것으로 1990년 중반 이후 우리나라에 소개되었다. 10대 여학생들이 성인 남성을 대상으로 성관계를 가진 후 용돈이나 선물 등의 명목으로 대가를 받는 행위이다. 최근 원조교제의 심각성은 여학생들의 나이가 점점 어려진다는 것인데, 초등학생까지 원조교제의 피해를 입고 있다.

최근에는 가출이나 학교중단 위기청소년들의 조건만남이 증가하면서 이전의 원조교제라는 용어 대신 조건만남으로 대체되었다. 아동기에 받은 학대나 이른 시기의 성 경험, 가출, 학교 폭력이나 왕따 경험 등이 청소년 성매매 유입에 영향을 미치는 요인으로 파악되고 있다. 최근 청소년 성매매가 급증하고 있는 것은 청소년들이 자유로운 모바일 기기 활용과 관련이 있다.

(4) 모바일 웹사이트 및 애플리케이션 성매매

「성매매알선 등 행위의 처벌에 관한 법률」(이하 「성매매처벌법」)이 제정된 이래로 성매매의 주요한 활동무대가 온라인으로 이동하게 되었다. 최근에는 랜덤채팅 앱, 성구매 후기 웹사이트, 유튜브를 비롯한 동영상 공유 플랫폼, 각종 SNS 등 성매매 정보의 유통과 교환에 사용되는 수단이 다양화되고 있다. 랜덤채팅 앱을 비롯한 온라인정보 유통수단에 대한 특별한 규제정책은 마련되지 못하고 있는 실정이다(여성가족부, 2019).

3) 성매매 실태[3]

앞서 언급한 바와 같이, 최근 성매매 유형이 변화하고 있다. 장소적으로 고

---

3) 자료는 '여성가족부(2019). 2019 성매매 실태조사 및 대응방안 연구.'에서 인용됨.

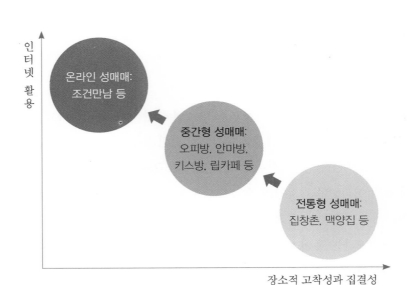

[그림 6-1] 성매매 유형의 변화추이

출처: 여성가족부(2019).

착되거나 집결되었던 전통형 성매매에서 중간형 성매매인 오피방, 안마방, 키스방으로 이동했다가 최근에는 온라인 성매매가 급증하고 있는 것이다. [그림 6-1]과 같이 인터넷 활용이 성매매 유형의 변화에 큰 영향을 미치고 있다.

　「성매매방지 및 피해자보호 등에 관한 법률」(이하「성매매피해자보호법」) 제4조에서는 여성가족부가 3년마다 성매매 실태조사를 실시하여 성매매 실태에 대한 종합 보고서를 발간하고, 이를 성매매 예방을 위한 정책 수립의 기초자료로 활용할 것을 명시하고 있다. 이에 근거하여 2007년 첫 조사가 실시된 이후 2016년까지 총 네 차례의 조사가 실시되었고, 가장 최근에는 다섯 번째 조사인 2019년 조사가 실시되었다. 2019년 성매매 실태조사 주요 결과는 다음과 같다.

(1) 일반인 성매매 경험 및 인식

① 성매매 경험

일반 남성의 평생 성구매 경험에 대해 살펴본 결과, 남성 응답자들의 42.1%가 평생 동안 한 번 이상 성구매를 한 경험이 있었다. 성구매 남성들은 평균 24.5세에 최초 성구매를 경험하며, 최초 성구매 동기는 호기심(28.6%), 군입대 등 특별한 일을 앞두고(20.4%), 술자리 후(18.9%) 순으로 나타났다. 일행 중 누군가가 성매매를 가자고 제의했을 때 이를 제지하거나 거부하는 사람이 없이 함께 행동한 경험이 공통적으로 나타났다.

일반 남성의 최근 1년간 성구매 경험에 대해서는 남성응답자 중에서 14.0%(210명)가 최근 1년간 성구매 경험, 전체 성구매 경험횟수는 1,060건으로 성구매 행위 경험자 1인당 5.05건 성구매를 한 것으로 조사되었다.

최근 1년간 성구매 경험의 인구사회학적 요인을 살펴보면 경영/관리직(21.0%), 생산/기능직(16.7%), 자영업(16.7%)에 종사하는 소득수준이 3천만 원 이상인 30~40대 기혼남성일 때 성구매 경험비율이 높아지고 있으며, 양성평등의식이 낮고, 성불평등 및 가정폭력의 환경일 때, 폭력 및 성폭력·성희롱의 가해경험이 있는 경우 성구매 경험이 많은 것으로 나타났다.

직종이 프리랜서/전문직, 자영업의 경우 겸업형, 경영관리직, 사무/기술직, 판매/서비스직이면서 성불평등 성장환경 및 가정폭력을 용인하는 환경일 때 다양한 형태의 업종에서 성구매가 이루어지는 것으로 분석되었다. 읍·면 지역에서는 일회적 성구매 비율이, 중소도시와 대도시는 반복적 성구매 비율이 높았고, 폭력가해 경험이 있을 때 반복적 성구매 비율이 더 높은 것으로 분석되었다.

일반 남성들의 성구매 경험은 2016년에 비하여 감소한 것으로 나타났는데, 이는 성매매업소의 양적 감소와 성매매 이용자 처벌 및 단속의 강화로 인한 감소로 추측할 수 있다. 또한 주된 성구매 계층으로 조사된 30대 남성들의 소비

수준이 눈에 띄게 감소하였다는 점으로 볼 때, 성구매와 같이 불필요한 소비를 지양하는 소비형태의 변화도 성구매 감소의 원인이 되는 것으로 보인다.

② 성매매 인식

일반인의 성매매 인식에 있어 '성매매가 필요하다'는 인식에 남성은 5점 만점에 2.73점, 여성은 2.08점으로 나타나 매우 높은 점수는 아니지만 여전히 성매매의 필요성에 대해 대체로 긍정하는 결과가 나타났다. 연령이 높을수록 성매매 필요성에 동의하는 정도가 높아졌고, 기혼일 때도 성매매 필요성에 동의하는 정도가 높아지는 것으로 분석되었다. 또한 남성은 직급이 높을수록 '성매매의 필요성'에 동의하는 수준이 더 높은 것으로 나타났다. 응답자들은 대체로 성매매 여성들이 성매매 과정에서 피해를 겪고 있다는 것에 동의(3.17점)하고 있었고, 성매매에 대한 부정적인 인식이 3.52점으로 높게 나타났다. 또한 성매매를 통하여 발생할 수 있는 위험성에 대해 남성 응답자들은 '성병 감염 위험' '경찰에 적발되어 처벌받을 위험' '외도로 인한 이혼 위험' 등과 같이 성매매를 통하여 2차적으로 발생될 위험과 다른 사람들에게 알려질 시 발생할 수 있는 위험성에 대하여 크게 우려하고 있는 것으로 나타났다. 향후 성구매 의사와 관련하여 남성 응답자 6.3%만 향후 성구매 의향이 있다고 응답하여, 2016년도 10.5%에 비해 4.2%p 감소한 것으로 나타났다. 또한 연령이 낮을수록, 기혼일수록 향후 성구매 의사가 낮은 것으로 분석되었다.

「성매매처벌법」과 관련하여 일반 국민의 대부분이 인지(88.5%)하고 있었고, 「성매매처벌법」 인지는 여성(84.6%)에 비하여 남성(90.5%)이 더욱 높은 비율로 인지하고 있는 것으로 나타났다. 여성은 '성매매처벌법이 성매매를 방지하는 데 효과적'이라는 데 동의하는 비율이 남성에 비해서 높지만, 처벌의 확실성에 관해서는 남성보다 낮게 평가하고 있는 것으로 분석되었다. 「성매매처벌법」 시행으로 인한 '긍정적 변화'에 대한 남녀 응답자의 인식을 보면, '집결지 감소' (64.6%), '성매매의 불법 인식 확산'(64.0%)과 같이 절반 이상이 긍정적인 변화로 동의한 반면에 '유흥업소를 통한 성매매 감소'(33.6%), '과거에 비해 성매매 감소'(30.9%)에 대해서는 비교적 낮게 동의하고 있어서 「성매매처벌법」 시행 이후에도 성매매의 양적 변화는 거의 변동이 없다고 인식하는 것으로 해석된다. 한편 「성매매처벌법」 시행 이후 긍정적인 변화보다는 새로운 변종 성매매 업소(60.3%) 및 인터넷을 통한 성매매(75.6%) 그리고 해외 성매매(60.7%)와 같은 단속과 처벌을 회피하는 새로운 유형의 성매매가 증가하고 있다는 것에 동의하는 비율도 높게 나타났다.

(2) 일반 청소년 대상 성매매 실태조사 주요 결과

① 인터넷에서 원치 않는 성적 유인 및 성매수 경험

인터넷에서 원치 않는 성적 유인을 ① 원치 않음에도 불구하고 누군가로부터 성에 관해 이야기하자는 유인, ② 원치 않음에도 불구하고 누군가로부터 성적인 정보(나체 상태의 몸이나 성경험 등)에 대해 이야기해 달라는 유인, ③ 원치 않음에도 불구하고 누군가로부터 나체나 신체의 은밀한 부분이 찍힌 사진/동영상을 보내 달라는 유인, ④ 원치 않음에도 불구하고 누군가로부터 화상채팅 등을 하면서 야한 자세를 취하거나 자위행위를 해 달라는 유인 등 네 가지의 원치 않는 성적 유인 피해경험을 조사하였다. 그 결과, 지난 1년 동안 8.4%, 지난 3년 동안 11.1%의 청소년이 인터넷 사용 중에 원치 않은 성적 유인 피해를 경험하였고, 전체 청소년의 2.7%, 원치 않은 성적 유인을 경험한 청소년의 24.2%가 그 유인자가 오프라인에서 만나자고 유인했거나 실제 만남이 이루어진 경우 공격적인 성적 유인 피해를 입은 것으로 나타났다. 그리고 원치 않는 성적 유인 피해경험이 있는 청소년의 경우 과반수가 2회 이상의 반복피해를 경험하고 있고, 약 30% 정도가 중복피해를 경험하고 있는 것으로 나타났다. 인터넷에서 원치 않는 성적 유인이 성매수(성매수 유인 포함)로 이어진 사건을 경험한 청소년은 전체의 0.9%, 인터넷에서 원치 않는 성적 유인을 당한 청소년의 8.1%인 것으로 나타났다. 인터넷에서 원치 않는 성적 유인을 통한 성매수는 주로 '인스턴트 메시지'(31.9%)를 통해 이루어지고, 그다음은 'SNS' (25.2%), '랜덤채팅'(23.6%) 등의 순으로 나타나 가출청소년을 포함한 위기청소년이 성매수로 유인되는 플랫폼이 주로 '랜덤채팅'인 것과는 차이를 보였다. 성매수자와 청소년의 관계는 인터넷에서 처음 만난 사람이 76.9%로 가장 높았고, 성매수자가 인터넷에서 처음 만난 사람인 경우 중 15.4%가 예전부터 인터넷에서 알고 지냈던 사람이고, 과반수가 성적 사진이나 동영상을 받은 경험이 있는 등 온라인 그루밍이 성매수로 발전했을 가능성이 있는 것으로 나타났다. 인터넷에서 원치 않는 성적 유인을 통한 성매수 경험이 있는 청소년 10명 중 6명은 이 사실을 아무에게도 알리지 않았고, 알리지 않은 이유로 가장 많이 언급된 것은 '누군가가 알게 되는 것이 싫어서'였으며, 누군가에게 알린 청소년 10명 중 7명 이상은 이를 친구나 선후배에게 알린 것으로 나타났다.

② 인터넷에서 원치 않은 오프라인 성적 만남 유인과 성매수

지난 1년 동안 1.4%, 지난 3년 동안 1.7%의 청소년이 인터넷에서 원치 않음에도 불구하고 누군가로부터 오프라인에서 만나 성관계를 갖자는 유인을 당한 적이 있으며, 지난 1년 동안 0.9%, 지난 3년 동안 1.2%의 청소년이 인터넷에서 원치 않음에도 불구하고 누군가로부터 조건만남(성매매)을 하자는 유인을 당한 적이 있는 것으로 나타났다. 인터넷에서 원치 않는 오프라인 성적 만남 유인이 실제 만남으로 이어진 경우는 전체 청소년의 0.2%, 성관계 유인 경험자의 11.6%이고, 조건만남 유인이 실제 만남으로 이어진 경우는 전체 청소년의 0.1%, 조건만남 유인 경험자의 9.0%인 것으로 나타났다. 원치 않는 오프라인 성관계 유인이나 조건만남 유인의 경우 2회 이상의 반복피해 경험자가 피해자의 70~80%를 상회해 한 번 피해를 당한 청소년이 여러 번에 걸쳐 반복적으로 피해를 당하는 것으로 나타났다. 인터넷에서 원치 않는 오프라인 성관계 유인이 성매수 피해로 이어진 경우는 전체 청소년의 0.01%였고, 원치 않

는 오프라인 성관계 유인을 받은 청소년의 2.8%였다. 그리고 전체 청소년의 1.2%, 원치 않는 조건만남 유인을 받은 청소년의 9.0%가 원치 않는 조건만남 유인이 성매수 피해로 이어진 것으로 나타났다. 인터넷에서 조건만남 유인 경험을 2012년 여성가족부의 '청소년 유해환경접촉 종합실태조사'의 결과와 비교해 보면, 2012년에 조건만남 유인 경험률은 2.1%이고, 조건만남 제안이 성매수로 이어진 경우는 24.7%인 반면에, 이 조사에서는 조건만남 유인 경험률은 1/3 수준인 0.6%였고, 조건만남이 제안이 성매수로 이어진 경우는 9.3%로 훨씬 낮았다. 원치 않는 오프라인 성적 만남 유인을 통한 성매수 피해를 당했을 때 청소년이 이용 중이던 플랫폼은 '인스턴트 메시지'가 26.8%로 가장 높았고, 그다음이 '랜덤채팅'(25.0%), '미디어 공유 플랫폼'(15.4%) 등의 순이었다. 유인자는 인터넷에서 처음 만난 사람이지만 친구의 친구 혹은 지인인 사람이거나 애인(혹은 헤어진 애인)인 사람이 대부분이었고, 유인자가 인터넷에서 처음 만난 사람인 경우 2명 중 1명이 유인자와 인터넷에서 예전부터 알고 지냈고, 예전에도 성적 사진이나 동영상을 보낸 적이 있어 청소년 간의 섹스팅 혹은 온라인 그루밍이 성매수로 이어질 수 있음을 알 수 있다. 인터넷에서 원치 않는 오프라인 성적 만남 유인에 대해 22.6%는 사이트나 앱의 신고하기 기능을 이용하거나 21.3%는 '그만두라고 말하거나 경고'하는 등 비교적 적극적인 방식으로 대처하였다. 한편, 원치 않는 오프라인 성적 만남을 통해 성매수를 경험한 청소년은 거의 대다수가 이를 아무에게도 알리지 않는 것으로 나타났다.

③ 인터넷에서의 위험한 성적 행동과 성매수

지난 1년 동안과 지난 3년 동안 각 0.8%의 청소년이 '인터넷에서 사이버머니를 받기 위해서 누군가와 성적인 대화를 나눈 경험'이 있고, 지난 1년 동안 0.1%, 지난 3년 동안 0.2%의 청소년이 '인터넷에서 자신의 성적 사진이나 동영상을 판매한 경험'이 있는 것으로 나타났다. 그리고 지난 1년 동안 0.1%, 지난 3년 동안 0.3%의 청소년이 '자신의 스타킹이나 속옷을 판매한 적'이 있으며, 지난 1년 동안 0.5%, 지난 3년 동안 0.6%의 청소년이 '인터넷에서 누군가에게 조건만남을 제안한 적'이 있는 것으로 나타났다. 자신의 성적 사진이나 동영상을 판매하거나 조건만남을 제안하는 행동은 2회 이상 반복적으로 하는 청소년이 각각 67.3%와 51.3%로 과반수를 차지하였다. 인터넷에서 청소년의 위험한 성적 행동이 성매수로 이어진 경우는 전체 청소년의 0.1%, 성적 위험 행동을 한 경험이 있는 청소년의 7.7%로 청소년의 위험한 성적 행위의 비율도 낮고, 이것이 성매수 피해로 이어지는 경우도 흔하지 않은 것으로 나타났다. 인터넷에서 청소년이 조건만남을 제안한 경험을 2012년 여성가족부의 '청소년 유해환경접촉 종합실태조사'의 결과와 비교해 보면, 2012년에 조건만남을 제안한 경험이 있는 비율은 전체 청소년의 0.9%였고, 조건만남 제안이 성매수로 이어진 경우가 58.3%였다. 그러나 이 조사에서는 조건만남 제안을 한 경험이 있는 청소년은 전체의 0.6%로 더 낮았고, 조건만남 제안이 성매수로 이어진 경우도 9.3%로 2012년 조사 결과와 큰 차이를 보였다. 인터넷에서 청소년의 위험한 성적 행동이 성매수로 이어진 사건에 이용된 플랫폼은 '인스턴트 메시지'가 31.9%로 가장 높았고, 그다음은 'SNS'(25.2%), '랜덤채팅'(23.6%)의 순이었다. 성매수자 중 약 50%는 이전부터 오프라인에서 알고 지내던 지인이나 친구였고, 나머지 50%는 인터넷에서 처음 만난 사람인 것으로 나타났다. 성매수 피해경험 청소년의 25.6%는 이 사건을 아무에게도 알리지 않았고, 알린 경우에는 부모가 54.0%로 가장 높았고, 그다음은 교사(36.1%)의 순이었다.

4) 성매매 유형별 실태[4]

(1) 성매매업소 집결지 실태

성매매업소 집결지는 '성매매특별법' 시행 이후 폐쇄가 지속적으로 논의되

---

4) 자료는 '여성가족부(2019). 2019 성매매 실태조사 및 대응방안 연구.'에서 인용됨.

어 왔으며, 최근 재개발과 대체업소가 성장하면서 과거와 비교하면 축소되는 추세를 보이고 있다. 그럼에도 불구하고 건물개조 등을 통해 영업을 지속하고 있으며, 실질적인 단속과 행정처분이 미미하여 우리 사회 내 여전히 존재하는 성매매산업의 유형이다.

2019년 성매매 실태조사는 총 34개의 집결지에 대해 조사했는데, 유리방, 맥양집/방석집, 여관/여인숙, 기지촌, 쪽방/판잣집 그리고 기타로 구분하여 조사하였다. 가장 지배적인 업소 양태는 유리방이었다. 2019년 조사 결과, 영업 중인 업소와 휴·폐업한 것으로 추정되는 업소를 모두 포함하면 1,852개이며, 조사 시점 영업 중인 업소는 1,570개(84.8%), 휴·폐업 업소 수는 282개(15.2%)이며 집결지당 평균 영업 중인 업소 수는 46.2개로 나타났다. 평균적으로 12시간가량 영업하는 것으로 나타났으며, 집결지에 종사하는 성매매 여성은 총 3,592명으로 추정되며, 그중 1,778명(49.5%)이 유리방에 있는 것으로 파악되었다.

집결지당 평균 여성 수는 105.6명이며 업소당 고용된 평균 여성 수는 2.3명이다. 2016년 실태조사와 비교하면, 성매매 집결지 영업 현황이 전반적으로 감소하는 추세가 두드러진 것으로 나타났다. 또한 2016년 대비 성매매 종사 여성 연령대도 변화가 있었는데, 2016년 유리방 종사 여성의 경우 20대와 30대가 많았던 반면 2019년에는 30~40대로 높아졌고, 맥양집/방석집 역시도 20~50대에서 30~60대로 높아졌다. 2016년 조사에서는 경찰단속의 경우 경찰의 단속이 없다는 응답이 상당하였으나 2019년에는 그 응답이 감소하였고, 2016년에 조사되지 않았지만 2019년에 행정기관 단속실태를 점검해 본 결과 행정기관 단속이 없다고 보고된 경우가 44.1%로 조사되었다.

(2) 산업형 성매매(성매매알선 가능업소) 실태

'성매매특별법' 시행 이후 전업형 성매매 집결지는 지속적으로 폐쇄가 논의되고 있지만, 유흥주점, 노래연습장, 마사지업 등의 겸업형 성매매알선 가능업소는 영업이 지속되고 있으며, 신·변종 업소들도 나타나고 있는 것으로 조사되었다. 2019년 성매매 실태조사에서는 유흥주점, 노래연습장, 마사지 등 성매매알선 가능업소가 밀집해 있는 6개 지역을 선정하여 현장조사를 실시하고 관련 행정자료 등을 분석하였는데, 단란주점, 이용업, 신·변종 업종인 키스방, 립카페, 대딸방, 귀청소방 등이 감소하였으나 마사지방은 증가 추세에 있는 것으로 파악되었으며, 오피스텔에서의 성매매가 성행하고 있으나 엄격한 고객관리와 이동성·은밀성 등으로 인해 실태파악에 어려움이 있는 것으로 나타났다. 성매매알선 가능업소는 지역 특성에 따라 다른 양상을 보이며, 도심 상권이 발달한 지역은 고급형, 고가형, 산업형 성매매알선 가능업소가 많았고, 중소도시의 경우는 지역 특성에 맞게 관공서를 중심으로 상권이 형성되어 있었으며 중소형 다방이나 노래방 형태의 산업형 알선 가능업소들이 모텔 등 숙박업소와 연결되어 있는 것으로 판단하고 있다.

(3) 모바일 웹사이트 및 애플리케이션을 통한 성매매 실태

최근의 성매매 산업에서 급증하고 있는 형태는 모바일 웹사이트 및 애플리케이션을 통한 성매매이다. 랜덤채팅 앱, 성구매 후기 웹사이트, 유튜브, 각종 SNS 및 메신저 등 새로운 온라인 도구들의 등장으로 사이버공간에서 성매매 알선의 규모와 비중은 급격하게 증가하여 사이버공간이 성매매의 중심 공간으로 변화하고 있다고 해도 과언이 아니다.

먼저, 랜덤채팅 앱에 대한 조사 결과는 다음과 같다. 첫째, 랜덤채팅 앱은 성매매를 조장한다. 둘째, 구글은 랜덤채팅 앱이 성매매로 연결된다는 것을 인지하고 있다. 셋째, 랜덤채팅 앱의 긍정적 기능은 찾아보기 힘들며, 부정적 기능으로 다양한 문제를 야기한다. 넷째, 랜덤채팅에서 성적 학대, 성매매, 성착취, 그루밍 등 다양한 성범죄가 발생하고 있다. 다섯째, 랜덤채팅 앱에서 연령에 상관없이 성범죄의 대상이 되는데, 특히 아동·청소년에게 심각하다. 여섯째, 랜덤채팅 앱에서 사용자 유형에 상관없이 성범죄의 대상이 된다. 단지 설정에 따라 성범죄의 유도 시간과 방식이 다를 뿐이다. 일곱째, 랜덤채팅 앱에

서 발생하는 문제는 채팅 기능이 제공되는 모든 플랫폼에서 발생 가능하다. 여덟째, 랜덤채팅 문제는 일부가 아닌 랜덤채팅 전체 앱에서 발생할 뿐 아니라 더 심각한 범죄와 문제들도 랜덤채팅 앱과 관련될 수 있다.

　성구매 후기 웹사이트에 대한 조사 결과는 다음과 같다. 첫째, 웹사이트 인포머(Website Informer)를 통해 확인한 웹사이트들의 일일 방문자 수와 페이지 뷰를 살펴보면, 일일 방문자 수 최대 10만 명 이상, 일일 페이지 뷰 최대 16만 이상으로 나타났다. 웹사이트 주소가 차단과 우회로 지속적으로 변경되고 있으므로 이 수치가 최대라고 할 수 없지만, 조사한 웹사이트의 인터넷 주소로 확인한 결과, 일일 방문자와 페이지 뷰가 높다고 볼 수 있다. 웹사이트는 성매매알선업자, 성구매자와 대상자 등 성매매 관련 모든 사람에게 필요한 모든 정보를 제공해 줄 수 있기 때문이다. 둘째, 웹사이트는 표면적으로 회원가입과 로그인이라는 절차를 거치기는 하지만, 본인인증 없이도 가입이 가능하다. 미성년자들도 쉽게 접근이 가능한 회원가입 구조로 되어 있는 것이다. 하지만 지역 전용 웹사이트와 키스방 전용 웹사이트는 정확한 본인인증을 요구하고 있다. 지역 특성상 웹사이트에 등록된 업소와 후기글 등을 분석하면 실제 업소가 특정 가능하고, 키스방 전용 웹사이트의 경우는 제공되는 통계표 등을 고려하면, 업소 회원들 중심으로 운영되어 회원 관리를 철저히 하고 있는 것으로 판단된다. 셋째, 회원 등급은 군대 계급명이나 직장 내 직급을 사용하여 남성성을 자극하고 익명성을 보장하면서 보다 높은 단계로 승급할 수 있도록 활동을 자극·유도하고 있다. 넷째, 웹사이트에서 정보 공개의 범위와 혜택이 회원 등급에 따라서 달라지므로 많은 활동을 하는 사람에게 많은 혜택을 주는 방식으로 운영하여, 회원들의 활동을 장려하고 있다. 웹사이트에서 많은 활동으로 회원 등급이 높아지면, 웹사이트 운영자는 회원을 인증하게 되고, 또 다른 불법 행위에 가담하는 기회를 제공한다. 예를 들면, 국내 성매매, 해외 원정 성매매, 도박, 마약 등에 대해서 등급이 높은 회원들이 관련되어 있다. 다섯째, 성구매 후기 웹사이트는 성매매와 관련된 모든 정보를 제공하고 있어 '성매매포털사이트' '성매매사이트'로 불린다. 2019년 조사에서 분석한 15개 웹사이트는 성매매업소, 후기글, 성매매업소 정보, 해외 성매매, VIP나 특별 이벤트 성매매, 성매매업소 창업과 제휴 컨설팅, 구인과 구직, 선불폰과 다른 명의 통장, 업소 비품, 성매매 단속 대비 법률과 판례 등을 제공한다. 웹사이트는 '사이버 집결지'로 볼 수 있으며, 집결지와 관련된 모든 서비스와 물품, 인력 등을 제공하고 있었다. 또한 성매매 현장이나 대기 상태 등 단속이 되었다 하더라도 증거가 없으면 현행범으로 연행하기 어렵고, 처벌도 어렵다는 것을 적극적으로 안내함으로써 웹사이트 이용을 안심시키고, 성구매 활동이 문제가 없다는 것으로 인식시키고 있다. 특히 웹사이트에서 제휴된 업소에서 단속이 되더라도 웹사이트에서 제공하는 법률컨설팅을 이용하면 쉽게 해결된다는 것도 인식시키고 있다. 여섯째, 웹사이트는 성매매알선업자에게 차별화된 서비스를 제공하고 있으며, 성매매알선업자에게 웹사이트는 성매매알선을 위해 반드시 필요하다. 15개 웹사이트는 일반 회원과 업소 회원을 구분하여, 업소 회원은 회원가입부터 철저한 인증을 통해 차별화된 서비스를 진행하고 있다. 업소 회원은 성매매알선을 위해 반드시 업소 광고뿐만 아니라 업소를 이용할 구매자들의 정보, 주변 경쟁 업소들의 현황, 알선방식의 변화 등 성매매알선업소를 운영하기 위한 중요한 자료를 제공받을 수 있다. 일곱째, 성매매를 알선하고 있는 사이버 성매매 집결지인 웹사이트는 지속적으로 변화하고 기술적으로 발전하고 있다. 조사 과정에서 폐쇄된 웹사이트가 조사 완료 후 새로운 명칭으로 다시 운영되거나, 차단과 우회를 반복하면서 인터넷 주소가 여러 번 변경된 웹사이트도 존재한다. 즉, 웹사이트 차단을 새로운 기술로 우회하고 있고, 서버는 국제공조가 되지 않는 외국에 서버를 구축하고 있다. 서버를 폐쇄하더라도 웹사이트 정보는 클라우드를 통해 언제, 어디서든 쉽게 내려받으면 된다. 따라서 한 번 구축된 웹사이트는 명칭과 도메인 주소만 변경될 뿐 사라지지 않는다.

2. 성매매 관련 각국 실태와 관련 이론

1) 성매매에 대한 각국의 입장

성매매를 허용하는 국가에서 성매매는 '당사자 간의 합의된 거래'이므로 이러한 개인의 자유의사에 이루어진 행위를 가급적 국가가 형벌로 규제할 수 없다고 주장한다. 그러나 과연 인간의 성이 매매의 대상이 될 수 있는 것인가? 인간의 존엄성과 직결된 신체를 매매하는 행위가 개인 자유 영역이라는 이유로 방치할 수 있는 문제인지, 개인윤리의 차원으로만 해석할 수 있는 것인지에 대한 논란은 끊임없이 지속되고 있다. 특히 현대사회에서는 고도화된 자본주의와 신자유주의적 세계화 속에서 빈곤한 여성에 대한 성착취나 성매매 진입은 더욱 심화되고 있고, 국제적 성매매도 증가하고 있는 실정이다(김학태, 2008). 세계 각국은 성매매에 어떤 입장을 취하고 있는지 살펴보면 다음과 같다.

(1) 금지주의

성매매를 범죄로 간주하여 금지하며, 포주 등 성매매 행위를 조장·착취하는 자는 물론이고 성매매 행위자들도 처벌하는 금지주의는 모든 종류의 성매매 행위를 법적으로 금지하여 성매매 행위자들을 처벌하는 형태이다. 중국, 일본, 대만, 스웨덴, 미국(네바다주 제외), 한국이 여기에 속한다.

(2) 비범죄주의

비범죄주의는 성매매 행위 자체를 처벌하는 규정이 존재하지 않지만, 그렇다고 성매매를 합법적으로 인정하지도 않는 형태이다. 비범죄주의를 채택하고 있는 국가에서는 성매매에 대한 특별한 법규정을 가지고 있지만, 국가마다 성매매 행위 자체를 자유로운 거래로 용인하거나 성매매를 합법적으로 인정하는 문제에 있어서는 차이가 있다. 프랑스, 덴마크, 스위스, 노르웨이, 스페인, 폴란드, 핀란드, 영국, 아일랜드, 이탈리아 등이 여기에 속한다.

(3) 합법적 규제주의

합법적 규제주의는 일정한 형태의 성매매를 법적으로 인정하고, 특정 지역에서만 성매매를 허용하기 위해 특정 구역을 제한하는 형태이다. 성매매 여성은 등록되거나 의료감시체계 등을 이용하며, 세금을 내기도 한다. 네덜란드, 헝가리, 독일, 오스트리아, 캐나다, 터키, 미국 네바다주 등이 여기에 속한다. 예를 들면, 스위스에서는 성매매를 도시 중심부나 거주 지역이 아닌 특정 지역에서만 허용하고, 독일은 성매매를 위해 거주하도록 허가된 공창이 존재한다. 다만 합법적 규제주의의 나라에서도 미성년자 성매매, 성매매알선과 착취, 인신매매 등에 의한 강제 행위는 금지하고 있다.

이러한 세 가지 형태에 맞게 각국에서는 여러 가지 정책을 펼쳐 왔으나 성매매의 양성화로 인한 혜택이나 효과도 미미하고, 또 규제를 하는 국가들은 성매매가 음성화되거나 변종 형태를 띄는 등 많은 문제점을 안고 있다. 성매매를 도덕적이거나 법적인 판단이 요구되는 개별 행위자들의 행위로 다루기보다 사회구조적인 지배와 착취, 폭력의 문제로 다루어야 한다는 주장을 각국에서는 주의 깊게 살펴보아야 할 것이다(김학태, 2008).

2) 여성주의 시각에서 본 성매매

성매매에 대한 이론적 관점은 젠더와 관련한 여성주의적 관점, 청소년의 일탈과 관련한 행위로 성매매를 간주하는 비행적 관점, 성을 포함한 인간 매매의 피해와 관련한 피해자적 관점, 다양한 사회현상은 일방의 피해가 아니라 주체와 구조의 양방향적인 상호작용의 과정이며 결과라고 보는 구조-행위자

(structure-agency) 관점으로 나눌 수 있다. 여기에서는 여성주의적 관점에서 성매매를 바라보는 시각을 짧게 고찰하고자 한다.

　여성주의에서 보는 성매매 여성은 가부장적 사회에서 남성의 탐욕을 만족시키기 위한 사회적 억압의 희생자로 인식하며, 성매매 역시 남성에 대한 여성의 종속으로 보고 있다. 자유주의 여성론은 성매매를 또 하나의 직업으로 간주한다. 따라서 성매매를 규제하는 정책을 씀으로써 범죄화되는 것을 막아야 한다고 보았는데, 그 규제는 남성과 매매춘 여성을 구별하지 않는 언어로 쓰여야 하며, 다양한 형태의 성적 서비스를 포괄해야 한다고 주장한다. 급진주의 여성론에서는 이러한 자유주의적 관점에 문제를 제기하며 현 사회가 남성과 여성의 성별 권력 관계가 존재하는 상황에서 자신이 순수한 의지대로 성적 거래를 하는 것은 가능하지 않다고 보며, 사회의 가부장제적인 요소가 사라져야만 진정한 선택이 가능하다고 주장한다(정혜원, 2016). 마르크스주의 역시 성매매를 임금노동에 비유하지만, 자본주의 속성에 따른 '임금 노예'의 비열하고 강제적인 속성을 강조함으로써 정당하지 않음을 주장한다. 그러므로 자본주의 생산양식이 해체되고 사유재산제가 폐지되면 성매매 역시 필연적으로 사라질 것으로 보았다.

　따라서 여성주의적 관점에서의 성매매에 대한 보편적인 이론은 성매매 문제의 근본 원인이 여성의 경제적·사회적 열등성과 가부장적 사회의 성별 노동분업제도, 가부장적 결혼 관행, 여성의 상대적 저임금, 온전히 평가되지 못하는 임금노동과 남성에 대한 경제적 의존이라는 분석이다. 현대사회에서 성매매는 본질적으로 성별화되어 있다는 것이다.

3. 성매매 근절과 탈성매매 여성을 위한 제도 및 개선방안

1) 성매매특별법

2004년 '성매매특별법'의 제정은 한국의 여성사에서 매춘여성의 인권 문제를 공론화한 기념비적인 사건으로 인식되고 있다. '성매매특별법'은 「성매매 알선 등 행위의 처벌에 관한 법률」과 「성매매방지 및 피해자보호 등에 관한 법률」을 총칭한 것이다. 이 특별법은 2000년 9월 군산시 대명동의 한 성매매업소에서 화재가 발생해서 다섯 명의 성매매 여성이 사망하는 사고가 발생하고, 이어 유사한 화재 사망사건이 2001년 부산과 2002년 군산에서 연이어 발생한 것을 계기로 제정되었다.

'성매매특별법'의 시행 결과, 상당수의 성매매 집결지가 폐쇄되었고, 성매매가 범죄라는 인식이 국민 사이에서 형성되었으며, 성구매자가 처벌받을 수 있다는 경각심도 생기게 되었다. 또한 탈성매매 여성들을 위한 의료적 · 법률적 · 경제적 지원 정책이 마련될 수 있는 법적 근거를 마련하게 되었다. 성매매 피해 여성들의 인권보호를 위한 상담소 및 지원기관이 설치 · 운영되기 시작했고, 성매매 업주나 알선업자들에 대한 처벌이 가능해졌다. 그러나 우리 사회에서는 여전히 '겸업형 성매매' 또는 '신 · 변종 성매매' 등으로 변형된 성매매가 성행되고 있으며, '성매매특별법' 제정 당시에만 집중단속이 된 이후 현재에는 단속이 거의 이루어지지 못하고 있는 실정이다. 관련 기관 간의 협력체계가 미흡하고 지자체의 집결지 단속의 소극성 역시 문제점으로 지적되고 있다(이범석, 2017).

2) 성매매 사범 단속 및 적발 강화

성매매 사범에 대한 단속 및 적발 실적은 〈표 6-1〉과 [그림 6-2]와 같다. 성매매 단속의 수가 매년 줄고 있으며, 성매매 사범의 적발건수도 최근 3년간 계속 줄고 있다.

2021년 기준 단속을 통해 적발된 성매매 사범은 총 7,147명이다. 2019년 13,321명, 2020년 9,019명으로 꾸준히 감소세를 보이고 있다. 이와 같은 변화는 코로나19 여파로 유흥업소 영업이 제한된 것과 관련이 있는 것으로 보고 있

표 6-1　풍속업소 단속현황　　　　　　　　　　　　　　　　　　　　　(단위: 건)

구분	위반유형별							
	계	성매매	음란행위	사행행위 (불법게임장)	변태영업 (접대부 고용)	무허가 영업	청소년 상대 영업	기타
2015년	43,262	8,665	197	7,839	2,497	4,309	6,886	12,869
2016년	42,769	10,320	173	8,482	2,157	3,470	6,799	11,368
2017년	38,413	8,311	57	7,392	1,463	2,416	6,504	12,270
2018년	32,111	6,891	98	5,108	2,145	811	6,938	10,120
2019년	20,356	5,225	36	4,533	1,052	778	3,013	5,719
2020년	15,235	3,402	21	4,014	638	755	2,223	4,182

출처: 경찰청 정보공개(2021. 9. 30.).

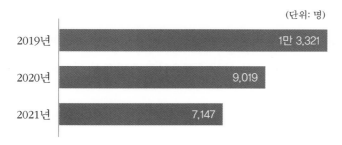

(단위: 명)

- 2019년: 1만 3,321
- 2020년: 9,019
- 2021년: 7,147

[그림 6-2] 3년간 적발된 성매매 사범

출처: 파이낸셜뉴스(2022. 2. 13.).

다. 그러나 성매매의 절대적 수치가 줄었다기보다 보이는 않는 음성적 방식이나 도구를 통해 드러나지 않은 곳에서 성매매가 늘어난다고 보는 견해가 많다. 온라인이나 채팅 앱을 통해 조직적으로 이뤄지는 성매매알선의 추세가 증가하고 있다. 전문가들은 단순한 처벌도 중요하지만 성매매 관계자들이 추구하는 금전적 이익을 박탈하는 방법에 대해 논의가 필요하고 성매매 생태계를 파괴하는 효과적인 방법을 찾아야 한다고 강조하고 있다(파이낸셜뉴스, 2022. 2. 13.). 이와 같이 점점 고도화되고 온라인화되는 성매매알선을 좀 더 근본적으로 뿌리 뽑는 강력한 대책이 필요한 시점이다.

3) 성매매 신·변종 업소 규제를 위한 근거규정 마련

「성매매방지법」 이후 단속과 처벌을 피하기 위해 영업 형태와 외관을 바꾸고 업소들이 3개월 혹은 6개월 단위로 장소를 옮기는 등 대응방식도 바뀌고 있다. 더불어 업종을 등록하지 않고 영업하는 자유업종이 변종 형태로 영업하고 있는 실정이다. 식품접객업, 공중위생업 등으로 등록되어 있는 성산업의 업소들이 '불법'과 '탈법'의 경계를 넘나들면서 지역사회에 뿌리를 내리고 있다는 것이다. 제한된 행정력과 일시적 단속만으로는 규제와 처벌의 효과가 미미하다. 특히 신·변종 업소들의 변태적인 행위로 인해 청소년들마저 위험에 처해있다. 현재 단속의 사각지대에 놓여 있는 이들 업소에 대해 영업정지나 허가취소 등을 할 수 있는 법적인 근거가 필요하다. 현재 자유업종은 일부 여성이 성산업으로 진입하는 첫 번째 관문 역할을 하고 있다는 점에 비추어 볼 때 신·변종 업소에 대한 규제조항 신설이 필요하므로 반드시 제정되어야 한다.

4) 성매매알선 처벌 강화

성구매 후기 웹사이트의 경우 현행법상으로도 그 처벌 및 규제의 가능성은 충분하다고 한다. 그러나 구체적인 사례에서 웹사이트를 운영하는 등의 행위에 관여한 자들을 실제로 특정하거나 특정한 성매매 행위를 알선 또는 방조했다고 볼 수 있는지의 여부를 판가름하는 것이 쉽지 않다는 것이 현실이다. 특히 성구매 후기 웹사이트를 직접 운영하는 것이 아니라 회원으로 가입하여 후기 등을 작성하는 행위의 경우에는 그 가벌성을 인정하기가 어렵다. 따라서 사이버공간의 특성을 고려한 지속적 감시활동과 증거의 수집이 필요한데, 유도수사나 함정수사가 대안이 될 수 있다. 사이버공간의 성매매알선은 성적 학대, 성범죄, 음란물, 마약, 도박, 불법 직업알선, 인신매매 등 다른 범죄와 연계되고 있기 때문에 성매매 근절을 위해서는 랜덤채팅 앱에서 아동 성적 학대와 성범죄, 성구매 후기 웹사이트의 불법 직업알선, 유튜브에서 저작권 침해 등과 연계한 대책을 강구해야 한다.

최근 산업형 성매매업소에서 성매매 행위가 적발된 경우에도 업주에 대한 형사처벌이나 업소에 대한 행정처분 등 규제가 미약한 실정이다. 성매매의 특성상 증거포착이 어렵다는 한계가 있고, 성매매단속이나 수사의 어려움이 있다. 성매매 업주의 처벌과 업소에 대한 행정처분이 유기적으로 이루어지지 않음으로써 업주는 처벌되어도 업소는 계속적으로 영업을 하게 되는 경우도 많다. 이러한 문제점을 해결하기 위해서는 성매매영업소 폐쇄조치, 알선업소의 건물주에 대한 처벌 및 범죄수익에 대한 몰수, 추징 등 성매매방지 개선대책으로 내세운 정책들이 실질적으로 수행되어야 한다. 또한 사업자등록만으로 영업이 가능한 자유업 형태의 변종 성매매업소에 대한 행정처분 근거를 마련함으로써 단속망을 피해 가는 다양한 성매매 경로를 차단해야 할 것이다. 현재의 성매매알선업자에 대한 처벌이 성구매자에 비해서는 높지만 여전히 낮은 수준의 벌금 몇백만 원 정도로 그치는 경우가 많아 좀 더 강력한 실형이나 벌금 선고가 필요한 실정이다.

5) 탈성매매 여성을 위한 법적·사회복지적 서비스 강화

2022년 기준 전국에 성매매피해상담소가 31개소가 설치·운영 중에 있다. 성매매피해자 지원시설은 일반 및 청소년 대상이 39개소, 자활지원센터 13개소가 운영되고 있으며, 이 외에도 자립지원 공동생활시설 13개소, 대안교육 위탁기관 2개소, 외국인 여성 지원시설 1개소가 있다.

탈성매매하는 여성들은 수사를 받는 과정에서 2차 피해를 받는 경우가 많다. 성매매여성을 처음부터 범죄자로 대하거나 어느 지역의 경찰이냐에 따라 성매매피해자에 대한 처리결과가 달라지기도 한다. 이러한 문제를 예방하기 위해서는 수사기관 담당자를 대상으로 성매매피해를 인식할 수 있는 교육과 홍보가 절대적으로 필요하다. '성매매특별법'에서는 강요나 성매매 목적의 인신매매를 당한 경우 등에 대해 성매매피해자로 인정하여 처벌하지 않고 있다. 성을 파는 행위를 한 경우 처벌되는 경우와 처벌되지 않는 경우에 대해 법 집행업무를 담당하는 수사기관과 성매매여성을 지원하는 NGO 기관들이 피해자 개념해석과 관련해 통일되지 못한 해석을 함으로써 문제가 발생하기도 한다. 수사기관은 법 집행기관이므로 법 해석을 보다 엄격히 해야 하고, NGO는 성매매여성 지원을 담당하기 때문에 가능하면 성매매피해자 개념을 넓게 해석하려는 경향이 있기 때문이다. 따라서 이러한 부분에 있어 통일된 해석기준이 필요하다.

6) 성구매 행위에 대한 범죄인식 강화

실제 성구매자로서 수사를 받을 때 성구매자들은 억울하다는 반응을 많이 보인다. 또한 경찰이나 검찰 역시 성구매자에 대해 관대하게 처분하거나 편의를 봐주는 식의 처분이 이루어지기도 한다. 이것은 성구매 행위가 처벌되어야 하는 행위인가에 대한 확신이 없는 이유도 작용하고 주로 수사관들이 남성인

데 남성들이 성구매에 대한 관용적인 태도를 취하는 경향이 있고, 이러한 경향
과 인식이 그대로 적용되는 데서 오기도 하는 문제이다. 따라서 성구매 행위를
하면 확실히 처벌된다는 인식을 심어 줄 필요가 있다.

토론하기 주제

1. '성매매특별법'의 주요 내용에 대해 살펴봅시다.
2. 증가하는 모바일 웹사이트 및 애플리케이션을 통한 성매매의 심각성에 대해 토론해
   봅시다.

도움이 되는 자료

1. [시사인싸] 탈성매매까지 20년, 어느 여성의 고백(유튜브, www.youtube.com)

이 영상은 성매매에 진입했던 여성이 탈성매매를 하기까지 걸린 20년의 시간을 되
짚어 가며 성매매 산업의 실태와 성매매 여성들에게 가해지는 폭력과 탈취, 인권유
린의 상황을 개인의 경험을 통해 소개하고 있다.

2. 『우리에겐 비빌 언덕이 필요해』(최정은, 2023)

피복지의 프레임을 벗어던진 '독특한' 복지단체로, 상처받고 소
외된 여성들의 '든든한' 친구로, 탈성매매 여성들의 보금자리,
교육의 장, 자립의 든든한 후원자로 역할을 했던 사회복지법인
윙(Wing)의 이야기이다.

참고문헌

김학태(2008). EU에서의 성매매와 한국의 성매매 규제에 관한 연구. EU연구, 23, 89-115.

여성가족부(2019). 2019 성매매 실태조사 및 대응방안 연구.

이범석(2017). 성매매특별법의 성과와 성매매방지 및 지원에 관한 연구. 교정복지연구,
    50, 171-197.

정혜원(2016). 성매매의 특성과 과제: 성매매의 오해와 위험성을 넘어서. 경기도여성가
    족재단 이슈분석, 제36호.

한국청소년정책연구원(2012). 2012년 청소년 유해환경 접촉 종합실태조사.

경찰청 정보공개(2021. 9. 30.). 풍속업소 단속현황.

파이낸셜뉴스(2022. 2. 13.). 코로나로 성매매 줄었지만 더 숨어들었다.

제**7**장

여성의 결혼과 가족

 학습개요

현대사회에서 결혼은 더 이상 필수 조건이 아니다. 여성들은 이전의 가부장적 결혼제도의 문제와 억압적 요소를 인식하고 더 이상 의무적으로 결혼제도에 진입하려고 하지 않는다. 결혼은 개인의 자율적 결정이자 선택이어야 하지만 결혼을 둘러싼 사회적·문화적 규범은 여전히 강력하게 작용하기 때문에 여성들은 결혼과 관련한 억압을 경험한다. 결혼 이후에도 요구되는 전통적 성역할은 오늘날에도 유효하다. 급속도로 변화하는 현대사회의 비혼, 비혈연 간 동거가족이나 공동체 가족의 증가는 오늘날 우리 사회의 결혼제도와 가족에 대한 인식의 변화를 요구하고 있다.

학습목표

1. 여성에게 결혼의 의미는 무엇이고 결혼에 대한 인식의 틀은 무엇인지 살펴본다.

2. 현대사회의 변화하는 결혼에 대한 인식과 실태에 대해 살펴본다.

3. 현대사회의 다양한 가족형태로의 변화와 이에 대한 여성주의적 관점을 살펴본다.

1. 여성에게 결혼의 의미와 현실

1) 뒤웅박 팔자

'여자 팔자는 뒤웅박 팔자'라는 한국 속담을 들어본 적이 있는가? 여자 팔자는 남편에 달려 있다는 뜻이다. 뒤웅박이란 박을 쪼개지 않은 채로 꼭지 근처에 구멍만 뚫거나 꼭지 부분을 베어 내고 속을 파낸 바가지를 말한다. 이 뒤웅박에 부잣집에서는 쌀을 담고 가난한 집에서는 여물을 담기 때문에, 여자가 부잣집으로 시집을 가느냐, 아니면 가난한 집에 시집을 가느냐에 따라 그 여자의 팔자가 결정된다는 뜻으로 쓰였다. 『민중엣센스국어사전』(민중서림 편집부, 2015)에서도 뒤웅박 팔자를 "입구가 좁은 뒤웅박 속에 갇힌 팔자라는 뜻으로, 일단 신세를 망치면 거기서 헤어 나오기가 어려움을 비유적으로 이르는 말"로 해석한다. 이 속담은 여자의 인생이 남자에게 달려 있다는 전형적인 가부장적 신념을 담고 있는 말이다.

그런데 이런 속담이나 인식이 과거에만 존재하는 것은 아니다. 현대사회에도 흔히 쓰는 '취집'이라는 말이 있다. 이는 '여성들이 취직 대신에 시집가는 것을 통해 경제적 안정을 꾀하는 일'이라는 뜻으로 쓰인다. 그런데 이 말은 두 가지 의미가 내포되어 있다. 여성이 경제적으로 남편 또는 시가의 경제력에 의존하며 사는 것과, 여성이 아무리 공부를 많이 하고 자기계발을 해서 성취를 높여도 결국 시집가서 아내로서, 엄마로서 역할하며 사는 것이 가장 여자다운 삶이라는 가부장적 관념이 담겨 있는 것이다.

2) 평등한 결혼이란

결혼의 의미는 무엇인가? 시집가고 장가드는 일, 즉 부부관계를 맺는 일을 말한다. 법적으로는 혼인(婚姻)이라는 용어를 사용한다. 혼인은 남자와 여자가 부부가 되는 일로서 가족을 만드는 하나의 방법이다. 대부분의 사회에서 나타나는 가족을 구성하는 개인 간의 관계를 의미한다. 혼인은 법률적·사회적·종교적 요소를 포함하고 있다.

결혼제도는 역사를 거쳐 다양한 형태로 변형되어 왔으며, 여성에게 억압적이고 문제가 있다는 의식은 19세기 이후 페미니즘의 등장 이후 본격적으로 시작되었다. 19세기 이후 결혼은 반드시 해야 하는 통과의례였고 이혼은 금기시되었는데 이러한 상황 속에서 결혼제도가 배우자 선택에 자율권이 없던 여성으로부터 성적 자기결정권을 박탈한다는 것이, 여성 해방론에 입각한 결혼 비판이었다. 남성 중심사회에서 남성은 배우자 선택에 자율권이 없더라도 성매매가 용인되고 성매도자가 대개 여성인 상황 속에서 성매수라는 나름대로의 '성적 자기결정권 침해를 보완하는 장치'를 누렸기 때문에 여성들이 남성들에 비해 결혼 제도에 대한 부정적 평가가 더 많았다. 정조의 의무 위반 행위와 관련하여 여성은 남성보다 더 가혹한 대가를 치러야 했다. 이러한 메커니즘에 따라 여성주의자들을 비롯한 일각에서는 결혼이 여성의 인격권, 성적 자기결정권을 침해한다는 주장이 꾸준히 제기되었다.

가부장적 결혼제도에서의 문제는 성별분업 그 자체라기보다 가족과 사회에 지배적인 남성 중심의 위계질서로 인해 결혼관계 안에서도 여성이 억압되고 자율권을 갖지 못하는 불평등한 구조라는 점이 가장 큰 문제이다. 결혼생활에서는 남편이 아내를 지배하고 아내는 복종해야만 하는 엄격한 억압적 구조를 가졌던 것이다. 결국 성평등한 결혼은 남성과 여성을 지배와 피지배의 관계로 위치시키는 억압적 관계를 해체하고 재생산과 경제 및 정서 공동체로서의 동반자와 파트너로서 인정하는 인식과 태도변화가 전제되어야 가능해질 것이다.

2. 낭만적 사랑과 현실적 결혼

낭만적 사랑은 근대적인 개념이다. 중세를 거쳐 17세기까지 결혼과 사랑은 별개였다. 교회에 의해 약정된 결혼은 이성 간의 사랑, 즉 연애와는 다른 사랑의 의미였다. 남녀 분별이 엄격했던 기득권 사회에서의 결혼은 국내외를 막론하고 남녀의 애정에 따른 결정이 아니라 가문이나 가족의 정략적 결정과 선택에 의해 이루어져 왔다. 부부니까 사랑하며 살게 되는 것이지 사랑이 먼저 생겨서 결혼을 하는 낭만적 사랑의 도식에 의한 것이 아니었다는 뜻이다(최진석, 2021: 377). 18세기 이후 서구 사회에서 생겨난 특수한 감수성을 가리키는 이 낭만적 사랑이라는 개념은 역사상 특정 시대와 특정한 사회적 구조 속에서 만들어진 관념이고 그것이 사회적 행위양식으로서 수용되었다. 이 낭만적 사랑의 결과물인 결혼이 성립되었을 때 시민사회를 재생산하는 기초 단위인 가족이 형성되고 이렇게 형성된 가족은 어머니의 모성애와 희생이라는 개념과 합해져 결혼과 출산, 모성애를 통한 화목한 가족의 이미지가 만들어졌다는 것이다(최진석, 2021: 384).

결국 낭만적 사랑은 "어떤 사회적 소통과 행위의 양식이고 규범화된 문법과 문화적 관행을 통해 실천되는 것"(최진석, 2021: 384)이라는 비판은 눈여겨볼 만하다. 인간의 사랑과 연애의 감정을 단순히 사회적·문화적으로 학습되거나 이상화된 개념으로만 치부할 수는 없지만 근대 이후의 사회를 형성하는 시민사회의 기초단위가 가족이고, 이 가족은 주로 낭만적 사랑에 의해 이루어지는 것을 이상적으로 여기는 관습에 영향을 받아 형성되기 때문이다. 가족은 시민사회를 구성하고 뒷받침하는 매우 견고한 기반이기 때문에 이 낭만적 사랑은 근현대의 자본주의 사회에서 지속되어야 하는 사회의 필수재가 된다.

여성들은 남성들보다 특히 더 이 낭만적 사랑에 영향을 받아 왔고, 현재도 크게 다르지 않다고 할 수 있다. 사랑을 전제로 한 남녀의 관계, 그 결실인 결혼의 성립은 사회적·문화적으로 옳음을 증명하는 것이기 때문이다. 그러나 과연 이 낭만적 사랑은 여성을 더 자유롭게, 자기답게 만드는 요소일까, 아니면 억압과 차별적 요소가 더 많은 개념일까 생각해 볼 필요가 있다. 여성들이 낭만적 사랑이라는 이상을 추상적으로 그리는 동안 현실의 조건의 더 큰 간격을 만들어 내고 있지 않은지 살펴봐야 하는 것이다.

> "낭만적 사랑은 남녀의 현실적이고 일정한 조건 위에서만 싹틀 수 있는 환상이다. 낭만적 사랑은 '결혼'이라는 이상을 완성하는 요소로 인식되지만 결혼 시장에서 결혼은 냉정하리만치 현실적인 물적 자본에 의해 소비된다."(여성을 위한 모임, 2014: 100)

> "커플매니저는 예전과 달리 남녀 모두 '경제력'이 최우선이라고 했다. 취업이 늦어지면서 부모의 경제력에 의존하는 현상이 심해진 것이 이유였다. 단, 남녀의 사정이 조금 달랐다. 남성의 경제력은 남성 자신의 직업과 연동됐고 그 직업은 학벌과 가정환경과 자연히 비례했다. 그러나 여성은 자신의 직업과 연봉이 중요하지 않았다. …… 남성이 여성에게 요구하는 것은 집안의 경제력, 나이, 외모, 학벌이었다. 대신 요즘 남성들은 예전 남성들처럼 여성의 성형을 민감하게 받아들이지도 않는다고 커플매니저는 전했다."(한겨레신문, 2013. 1. 4.: 여성을 위한 모임, 2014: 98에서 재인용)

이 두 가지 진술을 보면, 낭만적 사랑은 물질적 자본이 뒷받침될 때 결혼으로 완성되는 것이라 쉽게 예상해 볼 수 있다. 비혼이 많아지고, 결혼해도 아이를 낳지 않는 현대 한국사회의 변화는 결혼 자체가 경제력이 있어야 성립되는 제도로 인식되기 때문이다.

낭만적 사랑은 문법이고 코드이며 사랑이 아무리 강력한 감정을 분출시키는 기제라고 해도 본질적으로 교육과 훈련을 통해 습득하는 행위의 유형이자 패턴이라고 비판적 관점을 제시하는 한 사회학자의 말은 우리가 당연시해 왔던 결혼의 선 조건, '낭만적 사랑'이 실체 없는 학습되고 교육된, 그리고 무비판적으로 수용된 관념이자 기제가 아닐지 다시 고찰해 볼 필요가 있을 것이다(최진석, 2021: 385).

3. 결혼에 대한 인식과 실태

결혼제도 및 혼인관계에 대한 인식이 크게 변화하면서 결혼을 꼭 해야 하는 것인지, 결혼이 꼭 필요한지에 대한 인식이 약화되고 있다. 현대사회 여성들뿐 아니라 남성들에게도 결혼은 더 이상 인생의 당연한 과업이나 필수조건으로 간주되지 않는 것이다. 이러한 경향은 초혼연령의 증가, 결혼비율의 감소, 1인 가구의 증가, 다양한 동거 형태의 출현 등의 사회현상으로 나타나고 있다. 이 절에서는 현대 한국사회의 결혼에 대한 변화하는 인식과 실태를 살펴보고자 한다.[1]

1) 혼인 실태

2022년 기준 혼인 건수는 19만 1천 7백 건으로 전년 대비 0.4%p 감소하였다. 조(粗)혼인율(인구 1천 명당 혼인 건수)은 3.7건으로 전년 대비 0.1건 감소하였다. 10년 전인 2012년의 33만 건에 비하면 42%p 감소한 수치이고, 가장 혼인 건수가 많았던 1996년의 43만 건에 비하면 절반도 되지 않는 수치이다. 그만큼 우리 사회의 혼인 건수, 결혼하는 커플이 급감했다는 의미이다. 지난 5년 수치만 보더라도 매년 혼인 건수가 줄고 있음을 알 수 있다([그림 7-1] 참조).

---

[1] 혼인 및 이혼 실태는 통계청(2023)의 '2022년 혼인 · 이혼 통계'를 참조하였다.

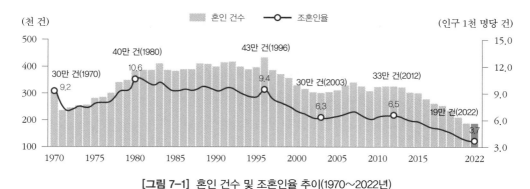

[그림 7-1] 혼인 건수 및 조혼인율 추이(1970~2022년)

출처: 통계청(2023: 4).

　연령별 혼인 건수는 남녀 모두 20대 후반에서 전년 대비 가장 많이 감소했고, 연령별 혼인율(해당 연령 인구 1천 명당 혼인 건수)은 남녀 모두 30대 초반에서 40.3건(남자), 41.3건(여자)으로 가장 높게 나타났다. 평균 초혼연령은 지속적으로 상승하는 추세로, 남자는 33.7세, 여자는 31.3세이다. 10년 전 초혼연령과 비교하면 남자는 1.6세, 여자는 1.9세 각각 상승하였다.

　초혼과 재혼의 비율을 살펴보면 남자는 전체 혼인 중 초혼이 83.5%, 재혼이 16.3%이고, 여자는 초혼이 81.4%, 재혼이 18.3%로 여자의 초혼 비율은 남자보다 약간 낮고, 재혼 비율은 약간 높음을 알 수 있다. 전년 대비 혼인 건수는 34세 이하에서는 감소했지만 35세 이상에서는 증가했고, 20대 후반(-8.4%p)에서 가장 많이 감소하고 40대 초반(10.0%p)에서 가장 많이 증가한 것으로 나타났다. 이 결과로 볼 때 우리 사회의 초혼연령이 지속적으로 상승하고 있음을 확인할 수 있다.

2) 이혼 실태

　2022년 기준 이혼은 9만 3천 건으로 전년 대비 8.3%p(8천 건) 감소했다. 2022년 조이혼율(인구 1천 명당 이혼 건수)은 1.8건으로 전년보다 0.2건 감소했다. 유배우 인구 1천 명당 이혼 건수는 3.7건으로 이 역시 전년보다 0.3건 감소했다. 〈표 7-1〉에서 확인되는 바와 같이, 지난 10여 년간 이혼율이 지속적으로 감소하고 있는데, 혼인율 자체의 감소와 관련이 있음을 알 수 있다.

남자의 평균 이혼연령은 49.9세로 전년에 비해 0.2세 감소하였는데, 이는 10년 전에 비하면 4.0세 상승한 수치이다. 여자의 평균 이혼연령은 46.6세로 전년에 비해 0.1세 감소하였는데 이 역시 10년 전에 비해서는 4.6세 상승한 수치이다.

남자의 연령별 이혼 건수는 60세 이상(1만 9천 건, 20.8%)이 가장 많고, 다음으로는 50대 초반(1만 5천 건, 15.9%), 40대 후반(1만 4천 건, 15.1%) 순으로 많게 나타났다. 전년 대비 20대 후반을 제외한 모든 연령대의 이혼은 감소한 것으로 나타났다. 남자의 일반이혼율(15세 이상 남자인구 1천 명당 이혼 건수)은 4.2건으로 전년 대비 0.4건 감소했다. 남자의 연령별 이혼율(해당 연령 남자인구 1천 명당 이혼 건수)은 40대 초반이 6.9건으로 가장 많고, 40대 후반(6.8건)과 50대 초반(6.5건) 순이다([그림 7-2] 참조).

표 7-1 ｜ 이혼 건수, 조이혼율 및 유배우 이혼율(2012~2022년)

구분	2012	2013	2014	2015	2016	2017	2018	2019	2020	2021	2022
건수(천 건)	114.3	115.3	115.5	109.2	107.3	106.0	108.7	110.8	106.5	101.7	93.2
증감(천 건)	0.0	1.0	0.2	−6.4	−1.8	−1.3	2.7	2.1	−4.3	−4.8	−8.4
증감률(%)	0.0	0.9	0.2	−5.5	−1.7	−1.2	2.5	2.0	−3.9	−4.5	−8.3
조이혼율[1]	2.3	2.3	2.3	2.1	2.1	2.1	2.1	2.2	2.1	2.0	1.8
유배우 이혼율[2]	4.7	4.8	4.8	4.5	4.4	4.4	4.5	4.5	4.2	4.0	3.7

주: 1) 인구 1천 명당 건
   2) 15세 이상 유배우 인구 1천 명당 건
출처: 통계청(2023: 19).

여자의 연령별 이혼 건수는 40대 초반(1만 5천 건, 15.9%)이 가장 많고, 40대 후반(1만 4천 건, 15.4%), 60세 이상(1만 3천 건, 14.4%) 순으로 많게 나타났다. 여성의 경우 전년 대비 모든 연령대에서 이혼이 감소했다. 여자의 일반이혼율(15세 이상 여자인구 1천 명당 이혼 건수)은 4.1건으로 전년 대비 0.4건 감소했다. 여자의 연령별 이혼율(해당 연령 여자인구 1천 명당 이혼 건수)은 40대 초반이 7.6건

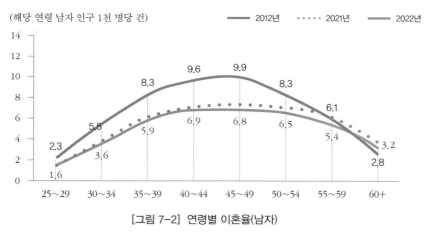

[그림 7-2] 연령별 이혼율(남자)

출처: 통계청(2023: 22).

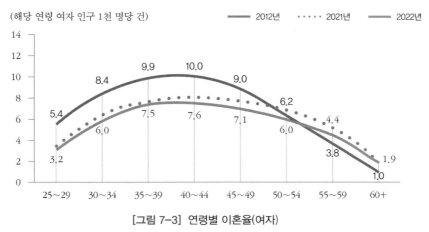

[그림 7-3] 연령별 이혼율(여자)

출처: 통계청(2023: 24).

으로 가장 많고, 30대 후반(7.5건), 40대 후반(7.1건) 순이다([그림 7-3] 참조).

[그림 7-2]와 [그림 7-3]을 보면, 남자의 경우 2012년에 비해 2021년의 이혼율이 확연히 낮아졌고, 2022년은 거의 전 연령대에서 2021년보다 조금 낮아진 것을 알 수 있다. 여자의 경우에도 2012년에 비하면 2021년의 이혼율이 많이 낮아졌고 2022년이 2021년보다 전 연령대에서 낮아진 것으로 나타났다. 2022년의 경우 여자와 남자 모두 40~44세 연령대의 이혼율이 가장 높은 반면 가장 낮은 연령대는 남자는 25~29세, 여자는 60세 이상인 것으로 나타났다.

이혼 부부의 평균 혼인지속 기간은 17.0년으로 전년 대비 0.3년 감소하였으나, 10년 전에 비하면 3.3년 증가한 수치이다. 혼인지속 기간별로 이혼율이 가장 높은 년수는 0~4년(18.6%), 5~9년(18.0%), 30년 이상(16.8%) 순으로 높게 나타났다.

4. 한국사회 가족구조의 변화와 실태

한국사회에서 가족구조는 급격히 변화하고 있다. 1인 가구는 2010년 23.9%에서 2019년 30.2%로 증가하였고, 부부와 미혼자녀 가구는 2010년 37.0%에서 2019년 29.8%로 감소하였다(통계청, 2022). 가족 규모도 축소되어 가구원 수가 2인 이하인 가구는 2019년 58.0%이며, 만혼이 보편화되어 평균 초혼 연령은 남성과 여성 모두 30세를 넘어섰다(여성가족부, 2021). 저출산·고령화 현상이 지속되는 가운데 이와 같은 가족 구조와 형태의 급격한 변화는 우리 사회의 다양한 영역에서의 변화를 의미하고 그러한 변화가 현재도 진행 중이다. '2020년 가족실태조사'(여성가족부, 2021)의 주요 내용을 살펴봄으로써 가족 구조의 변화와 실태를 파악하고자 한다.

1) 세대 및 가족 변화와 가족에 대한 인식 실태

2020년 가족실태조사의 설문 참여자들이 생각하는 '우리 가족'의 범위는 (복수응답) 남성의 경우 부모(88.8%), 자녀(83.8%), 배우자(83.1%), 형제자매(77.7%), 배우자의 부모(56.7%)의 순으로 응답한 반면, 여성은 자녀(86.9%)라고 응답한 비율이 가장 높고, 부모(86.0%), 배우자(84.0%), 형제자매(74.5%), 배우자의 부모(55.0%)의 순으로 응답하여 차이를 보였다. 30세 미만의 경우 부모(20세 미만 96.9%, 20~30세 미만 97.6%), 형제자매(20세 미만 86.0%, 20~30세 미만 88.8%)로 응답한 비율이 뚜렷하게 높은 반면, 30~40세 미만에서는 부모(89.7%), 배우자(87.6%), 자녀(85.2%), 형제자매(79.0%)의 순, 40세 이상 50세 미만에서는 자녀(91.0%), 배우자(90.1%), 부모(85.3%), 형제자매(74.3%)의 순으로 응답했다. 이는 연령이 어릴수록 부모, 형제자매를 중심으로, 연령이 많을수록 자녀, 배우자를 중심으로 '가족'을 인식하는 것으로 나타난다. 한편, 30세 미만에서는 함께 살고 있는 비혈연자를 가족으로 생각한다는 응답(20세 미만 4.7%, 20~30세 미만 4.8%, 전체 3.5%)이 전체에 비해 높아 가족에 대한 인식이 젊은 층 중심으로 변화되고 있음을 발견할 수 있다.

한편 삶의 방식과 가족 가치관에 대한 인식조사 결과는 다음과 같다. 조사 항목은 ① 결혼하지 않고 독신으로 사는 것에 동의한다, ② 결혼하지 않고 남녀가 함께 사는 것에 동의한다, ③ 이혼이나 재혼하는 것에 동의한다, ④ 결혼하고 아이를 낳지 않는 것에 동의한다, ⑤ 결혼하지 않고 아이를 낳는 것에 동의한다, ⑥ 부부가 따로 떨어져 사는 것(직장 등으로 주말부부가 된 경우 제외)에 동의한다, ⑦ 결혼생활에 대한 계약서를 쓰는 것이 필요하다, ⑧ 자녀의 성을 부부가 합의하여 어머니 성으로 결정하는 것에 동의한다의 8개 문항에 대한 동의 정도(1: 전혀 그렇지 않다~5: 매우 그렇다)로 측정하였다. 그 결과, 동의 수준(대체로 그렇다+매우 그렇다)은 '이혼이나 재혼하는 것'이 36.0%로 가장 높고, '결혼하지 않고 독신으로 사는 것'(34.0%), '결혼하고 아이를 낳지 않는 것'(28.3%), '결혼하지 않고 남녀가 함께 사는 것'(25.9%), '자녀의 성을 부부가 합의하여 어머니 성으로 결정하는 것'(24.1%), '부부가 따로 떨어져 사는 것'(23.6%), '결혼생활에 대한 계약서를 쓰는 것'(16.3%)의 순이며, '결혼하지 않고 아이를 낳는 것'에 대한 동의 정도가 15.4%로 가장 낮다. 이 같은 결과는 이혼이나 재혼, 독신, 무자녀, 비혼동거 등 가족의 형태적 다양성에 대해서는 상대적으로 수용성이 높게 나타나나, 자녀의 성을 어머니의 성으로 결정하거나 부부가 떨어져 사는 것, 결혼생활에 계약서를 작성하는 것, 결혼하지 않고 아이를 낳는 것 등에 대해서는 상대적으로 수용도가 낮은 것을 알 수 있다. 이러한 인식의 변화를 2015년과 2020년 결과를 비교해 보면 [그림 7-4]와 같다.

인식의 큰 변화가 있었던 항목은 '부부가 따로 떨어져 사는 것'(+9.3%p), '결혼하고 아이를 낳지 않는 것'(+7.0%p), '결혼하지 않고 아이를 낳는 것'(+5.9%p), '결혼하지 않고 남녀가 함께 사는 것'(+4.8%p)의 순이며, '결혼하지 않고 독신으로 사는 것'에 대한 동의 수준은 이미 다른 항목에 비해 높은 동의 수준을 보였기 때문에 1.6%p 증가한 것으로 나타나 다른 항목에 비해서는 변화율이 높지 않았다.

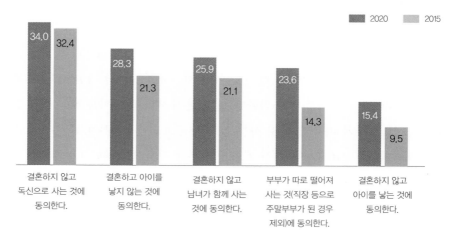

[그림 7-4] 삶의 방식과 가족가치관에 대한 생각

출처: 여성가족부(2021).

　연령별로는 대체로 나이가 어릴수록 앞의 질문들에 대한 동의 수준이 높고, 나이에 따른 응답 격차도 큰 편이다. '결혼하고 아이를 낳지 않는 것'에 대해 20~30세 미만은 52.4%가 동의했지만 70세 이상은 7.5%만이 동의하는 것으로 나타났다. '자녀의 성을 부부가 합의하여 어머니 성으로 결정하는 것'에 대해서도 20세 미만과 20~30세 미만은 각각 49.6%, 42.0%가 동의한 데 비해 70세 이상의 동의 비율은 7.5%에 불과하다. 세대 간 의식의 차이가 큰 것을 볼 수 있다. 또한 '결혼하지 않고 독신으로 사는 것'(40.8%p), '이혼이나 재혼하는 것'(37.0%p), '결혼하지 않고 남녀가 함께 사는 것'(36.5%p)에 대한 20~30세 미만과 70세 이상 응답 격차도 적게는 36.5%에서 40.8%까지에 이르고 있다.

2) 성역할 태도 및 가족 관계

　가족실태조사에서 중요하게 눈여겨보아야 할 것 중 하나가 성역할 태도에 관한 것이다. 2020년 가족실태조사(여성가족부, 2021)에서는 다음의 4개 문항으로 성역할 태도에 대해 조사하였다. 즉, ① 가족의 경제적 부양은 주로 남성이 해야 한다, ② 가족의 의사결정은 주로 남성이 해야 한다, ③ 가사는 주로 여성이 해야 한다, ④ 가족돌봄(자녀, 부모 등)은 주로 여성이 해야 한다이다. 조사 결과, 4개 문항 모두에 대해 전반적으로 낮은 동의 수준(대체로 그렇다+매우 그렇다)이 확인되어 전형적인 성역할 태도에 대한 동의 수준이 낮은 것으로 나타났다. 이러한 결과는 가족 내 남녀의 동등한 역할에 동의하는 수준이 높았던 2015년 결과와도 일치한다. '가족의 경제적 부양은 주로 남성'(22.4%)에 대한 동의가 가장 많고, '가사는 주로 여성'(12.7%), '가족돌봄은 주로 여성'(12.3%), '가족의 의사결정은 주로 남성'(9.8%)의 순이다.

　〈표 7-2〉를 보면, 남성과 여성의 인식 차이를 볼 수 있다. 네 가지 항목 모두 전통적 성역할 문항인데, 모든 문항에 남성보다는 여성이 동의하지 않는 비율이 높았고, 특히 동의 비율의 차이가 더 높은 것은 '가족의 의사결정은 주로 남

| 표 7-2 | 성역할 태도(성별) | (단위: %, 점) |

구분		전혀 그렇지 않다+별로 그렇지 않다	보통이다	대체로 그렇다+매우 그렇다	계	평균[1]
가족의 경제적 부양은 주로 남성이 해야 한다.	남성	45.8	28.7	25.5	100.0	2.70
	여성	56.2	24.4	19.4	100.0	2.47
가족의 의사결정은 주로 남성이 해야 한다.	남성	56.4	31.2	12.3	100.0	2.39
	여성	72.5	20.3	7.2	100.0	2.02
가사는 주로 여성이 해야 한다.	남성	55.0	29.6	15.4	100.0	2.43
	여성	69.6	20.3	10.1	100.0	2.07
가족돌봄(자녀, 부모 등)은 주로 여성이 해야 한다.	남성	54.9	30.2	14.9	100.0	2.42
	여성	70.3	19.9	9.8	100.0	2.05

주: 1) 5점 척도(1점: 전혀 그렇지 않다, 5점: 매우 그렇다)의 평균 점수임
출처: 여성가족부(2021).

성이 해야 한다' '가족돌봄(자녀, 부모 등)은 주로 여성이 해야 한다'로 나타나 여성보다 남성이 전통적 성역할에 더 동의하는 것을 알 수 있다.

　또한 연령이 많을수록 4개 문항에 대한 동의 수준이 높고, 연령별 응답 격차가 큰 것으로 나타났는데, 예를 들면 '가족의 경제적 부양은 주로 남성이 해야 한다'는 문항에 대해 20세 미만은 7.2%만 동의했지만 70세 이상은 41.4%가 동의해 그 응답 차이가 34.2%나 되었다.

　전반적으로 성역할 태도에 있어 기존의 남녀역할이 구분된 전통적 성역할에 동의하는 비율은 낮아졌지만, 실제 생활에서는 인식과 큰 차이가 있음이 나타난다. 〈표 7-3〉을 보면, 기혼 남성, 여성들의 경우 맞벌이와 비맞벌이의 가사노동 참여 여부를 확인할 수 있다. 맞벌이, 비맞벌이 통틀어 여성들은 가사노동 다섯 가지 항목 중 적게는 75.4%에서 많게는 97.3%로 거의 대부분의 가사노동에 참여하는데, 남성들은 청소 및 정리를 제외하고는 대부분의 가사노

표 7-3 　기혼 유배우자의 가사노동 참여 여부(맞벌이 여부, 성별)　　(단위: %)

구분	전체		맞벌이		비맞벌이	
	남성	여성	남성	여성	남성	여성
음식 준비	42.1	97.3	47.7	96.3	96.3	98.6
의류 손질 및 세탁	38.6	96.5	44.3	95.5	95.5	97.7
청소 및 정리	60.9	96.6	65.7	95.8	95.8	97.6
상품 및 서비스 구입	48.0	89.9	51.5	89.0	89.0	91.2
주거 및 기타 가정관리(가계부 정리, 금융기관 및 관공서 이용 등)	38.6	75.4	42.4	42.4	74.7	76.3

출처: 여성가족부(2021).

동에서 30~40%대의 참여율만 나타나고 있다. 맞벌이의 경우가 비맞벌이 경우보다 남성의 가사노동 참여율이 다소 높지만 여성의 맞벌이의 경우도 여성의 가사노동 참여율이 거의 남성의 2배 수준에 이르고 있다. 남성들은 가사는 주로 여성이 해야 한다는 생각에의 동의율이 15.4%밖에 되지 않지만 실제로는 80% 이상이 참여하는 것이 아니라 그 절반에도 못 미치는 30~40%만의 참여율을 보여 주고 있다는 점을 확인할 수 있다.

　여성을 중심으로 배우자와의 관계 만족이나 갈등에 대해 살펴보면 다음과 같다. 우선 배우자와의 갈등 및 의견 충돌 경험은 남녀 통틀어 '있다' 47.8%, '없다' 52.2%였지만 남성 45.4%, 여성 50.3%로 여성이 조금 높았다. 주로 배우자의 성격이나 사고방식·가치관, 경제적 문제, 배우자의 생활습관 등이 갈등의 이유가 되는 것으로 나타났다. 배우자와의 이혼이나 헤어짐을 고민해 본 적이 있느냐는 질문에는 '있다'가 10.3%, '없다'가 89.7%였다. 이 결과는 2015년 조사 결과인 18.7%가 부부갈등으로 이혼을 심각하게 고려한 경험이 있다고 한 것에 비해 8.4%p가 감소한 수치이다. 배우자와의 전반적 관계에 대해서는 '만족'(매우 만족+대체로 만족) 57.0%, '보통' 32.5%, '불만족'(매우 불만족+약간 불만족) 10.6%로 나타났지만 만족하는 비율이 남성 63.2%, 여성이 50.6%로 여성의 배우자 만족도가 남성보다 많이 낮은 것으로 나타났다.

부모돌봄에 있어 여성은 내 부모, 즉 친정부모는 여성이, 배우자 부모, 즉 시부모는 부부가 함께 돌봄 관련 결정을 하는데, 남성은 내 부모는 부부가 함께하고 배우자 부모, 즉 아내의 부모는 아내의 결정에 맡기는 경향이 나타났다. 또한 12세 미만 자녀돌봄에 대해서는 2015년 조사에서는 숙제나 공부 돌봐주기를 '아내가'(대체로 아내가+주로 아내가) 담당한다고 응답한 비율은 73.1%이었는데 2020년에는 79.0%로 더 높게 나타났고, 2015년에 함께 놀아주기를 '아내가'(대체로 아내가+주로 아내가) 담당한다고 응답한 비율은 46.0%였는데 2020년에는 훨씬 높은 비율인 59.3%로 나타났다. 가사뿐 아니라 자녀 및 부모 돌봄에 있어서도 가정 내 여성(아내)의 역할부담이 큰 것으로 나타났다.

3) 가족정책에 대한 인식

우리나라의 여성 및 가족정책은 이전의 성평등 정책에서 양성평등정책으로 방향이 바뀌어 왔다. 양성평등한 정책 실현을 위해 가족정책의 다양화와 질 높은 서비스 지원이 필요한데, 2020년 가족실태조사(여성가족부, 2021)에서는 지역사회에서 가장 필요로 하는 지원 서비스는 1순위는 노인돌봄지원(23.3%)으로 나타났고, 이어 가족 여가·문화프로그램 지원(14.3%), 임신·출산 및 자녀양육방법 교육·상담지원(9.9%) 순으로 나타났다. 50대 이상은 노인돌봄지원에, 20대와 30대는 임신·출산 및 자녀 양육지원에, 40대는 가족 여가·문화프로그램 지원 수요가 높은 것으로 조사되었다. 노인돌봄의 주 돌봄자가 여성이고, 여성의 경제활동 참여가 증가하는 현실에서 노인돌봄의 문제는 여성뿐 아니라 가족 전체의 현실적 문제이자 가장 부담이 큰 문제가 되었다. 또한 정부지원이 가장 필요한 가족형태로는 노인 1인 가구(40.7%), 부부와 자녀로 구성된 가족(13.8%), 한부모가족(11.0%) 의 순으로 나타났는데, 노인을 비롯한 1인 가구의 돌봄이나 빈곤 문제, 한부모가족에 대한 다양한 지원의 필요성이 높게 나타남을 알 수 있다. 더불어 다양한 가족형태의 출현으로 인해 한부모가족에 대한 지원(70.7%), 미혼부/모 가족에 대한 지원(61.3%), 1인 가구에 대한 지원 (49.1%), 법률혼 이외의 혼인에 대한 차별 폐지(36.6%) 동의 수준이 높아지고 있음을 알 수 있다.

5. 여성의 결혼과 가족을 둘러싼 이슈와 사회복지적 개선방안

1) 다양한 가족형태에 대한 인식의 확산

'제4차 건강가정기본계획'(2021~2025)에서 정부는 혼인 · 혈연 · 입양만을 가족 형태로 인정하던 현행 법률의 개정을 추진하기로 했다. 동거 커플을 포함해 아동학대 등으로 인해 꾸려진 위탁가족, 생계를 같이 하는 노년 동거 부부 등과 같은 다양한 가족관계를 포용하는 한편, 현행 「민법」상 '가족'의 정의를 삭제하는 방안도 검토 중이다. '비혼 단독 출산'에 관해서는 대국민 설문조사를 통해 다양한 의견을 수렴한 후 이를 토대로 윤리적 쟁점 연구가 필요한지 등을 검토할 예정이라고 밝혔다.

이와 같이 가족의 형태가 다양해지고, 이전의 법률적 개념의 가족 정의는 대폭적인 변화와 수정을 요구받고 있다. 그동안 '정상 가족'이라는 전제하에 '다양한 가족'에 대한 관심과 지원이 매우 부수적이고 주변적이었던 정책 기조에서 이제 꾸준한 1인 가구의 증가와 결혼제도 밖에서 가족을 꾸리고 삶을 살아가는 사람들의 증가 추세에 맞추어 '가족 다양성 포용'을 최우선 과제로 삼았다. 제4차 건강가정기본계획은 '세상 모든 가족을 포용하는 사회기반 구축'을 첫 번째 과제로 설정했으며, 이에 따른 소과제로 '가족 다양성을 수용하는 법 · 제도 마련' '가족 다양성 인식과 평등한 가족문화 확산'으로 정하는 등 현행법의 근본적 한계를 인정하고 적극적인 입법에 나서겠다는 계획을 밝혔다.

정부의 기본계획이 가족구조와 형태의 변화를 인식하게 된 것은 매우 긍정적인 일이다. 그러나 정부의 계획이 국민의 인식 개선과 삶의 다양한 체계로의 적용이 이루어지기까지는 많은 노력과 시간이 소요될 것이다. 이제 전통적 개념의 가족의 범위나 정의를 넘어서는 다양한 가족형태를 법률과 정책 안으로 포용하고 포함하는 것이 건강가족정책과 양성평등정책의 핵심 내용이 될 것이다.

2) 전통적 성역할 인식과 생활로 인한 문제의 개선

2020년 가족실태조사(여성가족부, 2021)의 결과를 보면, 가족과 성역할에 관해 많은 부분 인식이 변화가 일어나고 있음을 확인할 수 있지만 여전히 전통적 성역할 인식이 우세한 내용이 많고, 특히 세대 간 인식차이가 매우 크다는 것을 알 수 있다. 또한 인식으로는 양성평등인식이 많이 확산되고 있지만 실제 삶이나 생활에 있어서는 여전히 남자 역할, 여자 역할에 대한 고정관념과 규범이 존재하고, 이로 인해 여성들이 상대적으로 차별이나 억압을 받는 부분이 많이 남아 있음을 확인할 수 있다. 양성평등인식이 향상되고 통계적으로는 여성 차별이나 억압이 많이 감소되었다고 발표되고 있으나 실제 생활과 문화에서는 여전히 전통적 성역할 인식으로 인해 성차별적 문제가 만연하다.

3) 전통적 가족 개념과 문화, 의례에의 변화와 개선

가족의 형태가 매우 다양화되고 법적 정의도 변화하려는 현 상황이지만 실제 삶에서의 전통적 성역할 인식과 그에 따른 생활에서의 변화는 매우 느리게 나타나고 있다. 특히 젊은 세대와 노인 세대의 인식의 격차가 매우 커서 결혼식, 장례식 등을 가족 중심으로 치르는 것 등 가족 의례에 대해 연령이 어릴수록 동의 정도가 높고, 제사를 지내지 않는 것, 가부장적 가족호칭 개선은 여성과 연령이 어린 집단의 동의 정도가 높아 가족의례에 대한 성별, 연령별 인식

격차가 뚜렷함을 알 수 있다. 이러한 전통적 가족 의례나 문화에 있어 변화가 필요하지만 단시간에 변화하기는 어려울 것이다. 세대 간의 인식 차이가 크기 때문에 합의나 동의를 이뤄 내기가 쉽지 않기 때문이다. 그러나 이제 1인 가구의 증가나 다양한 형태의 가족의 탄생으로 인해 기존의 전통적 가족에서 지켜 왔던 의례나 문화는 축소되거나 변형 또는 소멸될 가능성이 높다. 정부의 양성평등정책이나 건강가정기본계획에서도 이러한 변화 추세를 포함한 더 유연하고 현실반영적인 정책의 수립과 실천이 필요한 시점이다.

4) 1인 가구에 대한 사회적 인프라의 확대와 서비스 지원

1인 가구의 증가가 매우 가파르다. 2021년 기준 1인 가구는 전체 가구의 33.4%인 716만 6천 가구로 집계되고 있다(통계청, 2022). 1인 가구로 생활하는 주된 이유는 '학업이나 직장(취업)'(24.4%), '배우자의 사망'(23.4%), '혼자 살고 싶어서'(16.2%) 순으로 나타났다. 성별로 보면, 남성은 '학업이나 직장(취업)'(33.7%), '본인의 이혼'(20.0%) 순, 여성은 '배우자의 사망'(36.8%), '학업이나 직장(취업)'(16.1%) 순이다. 연령별로는 40대 이하는 '학업이나 직장(취업)'이, 50~60대는 '본인의 이혼'이, 70대 이상은 '배우자의 사망'이 가장 뚜렷하게 높았다. 1인 가구는 생활상 어려움 가운데 균형 잡힌 식사, 아프거나 위급할 때 대처 등에 어려움을 가장 많이 느끼는 것으로 나타났는데, 남성은 균형 잡힌 식사나 가사 등에 어려움을 느끼고 있으며 여성은 남성과 비교하여 위급할 때 혼자서 대처, 범죄로부터의 안전 등에 상대적으로 어려움을 느끼고 있었다. 1인 가구의 사적 지지망은 전체의 15.2%가 없다고 응답하였으며 남성은 20.4%, 여성은 10.6%로 남성이 여성보다 상대적으로 사적인 지지망이 미흡한 것으로 나타났다.

이와 같이 1인 가구는 경제, 주거, 식사, 건강, 안전, 사회적 지지 등에 있어 일반 가구보다 취약하다. 2021년 국민기초생활보장 수급을 받는 1인 가구는 약 116만 1천 가구로, 국민기초생활보장 수급 대상 가구의 70.9%를 차지하고 있다. 즉, 1인 가구의 빈곤율이 매우 높음을 알 수 있는데, 1인 가구 수의 급증과 함께 요구되는 사회적 복지 인프라의 확대와 관련 지원법의 제정이 필요하다. 현재는 일부 광역자치단체에서 1인 가구 조례를 제정하여 건강, 안전, 고립, 주거 분야 지원정책을 시행하고 있는 실정이다.

토론하기 주제

1. 결혼과 가족에 대한 최근의 인식이나 경향의 변화에 대해 사례를 들어 이야기해 봅시다.
2. 결혼과 가족생활에 있어 여성이 경험하는 문제나 어려움에 대해 이야기하고 해결 방안에 대해 토론해 봅시다.

도움이 되는 자료

1. 현 대한민국을 이끌어 갈 2030 세대가 '비혼, 비출산을 외치는 이유'(유튜브, www.youtube.com)

이 영상은 대한민국 2030 세대가 비혼과 비출산을 외치는 이유에 대해 들여다보는 영상으로 관련 통계와 사례가 풍부하게 담겨 있다.

2. 10명 중 5명이 1인 가구인 나라가 있다! 우리나라에서 늘어나는 1인 가구, 어떻게 해야할까?!(유튜브, www.youtube.com)

참고문헌

민중서림 편집부(2015). 민중엣센스국어사전. 민중서림.

여성가족부(2021). 2020년 가족실태조사 분석 연구.

여성을 위한 모임(2014). 내 안의 여성 콤플렉스 7. 후마니타스.

최진석(2021). 낭만적 사랑의 신화와 역사: 사회적 감정의 근대성과 그 비판적 계보학. 비교문화연구, 62, 365-392.

통계청(2022). 통계로 보는 1인가구.

통계청(2023). 2022년 혼인·이혼 통계.

Bland, L. (1984). Purity, motherhood, pleasure or threat? Definitions of female sexuality 1900-1970s. In S. Cartledge & J. Ryan (Eds.), *Sex & Love: New thoughts on old contradictions*. Salem House(Harpaer Coliins).

Federici, S. (2012). *Revolution at point zero: housework, reproduction, and feminist struggle*. 황성원 역(2013). 혁명의 영점. 갈무리.

제**8**장

여성과 건강

 학습개요

건강한 삶은 인간의 삶의 핵심 요소이다. 남녀노소 모두 건강의 중요성은 동일하지만, 특히 여성에게 건강한 삶은 다른 집단과 차별성을 가진다. 여성은 생애 주기에 걸쳐 임신과 출산의 부담을 가지고 있고, 사회화된 성역할 부담은 여성 건강에도 많은 영향을 미치기 때문이다. 이 장에서는 여성의 건강을 살펴보되 신체와 정신건강 관련 여성의 삶을 조명하고, 여러 가지 통계와 수치를 통해 여성의 건강에 영향을 미치는 요소들을 살펴보며, 문화와 관습, 사회화된 성역할이 여성의 건강에 미치는 영향에 대해 학습한다.

학습목표

1. 여성의 몸과 신체건강에 대해 살펴본다.
2. 여성과 정신건강에 대해 살펴본다.
3. 여성과 관련된 주요 정신건강의 문제들에 대해 살펴본다.
4. 여성의 건강증진을 위한 과제를 탐색해 본다.

1. 여성의 몸과 건강

남녀노소를 불문하고 건강은 모든 사람의 삶에 가장 큰 영향을 미치는 요소
이다. 건강의 중요성과 영향력은 동일하지만 건강에 영향을 주는 요인은 남녀
성별에 따라 다를 수 있다. 생물학적 차이에서 오는 특성도 그렇지만 생애주기
를 거쳐 작용하는 사회적 요인의 영향으로 인한 건강의 차이가 발생한다. 특히
여성에게 요구되는 임신과 출산, 육아의 부담과 가사노동, 돌봄노동에의 요구
는 여성의 건강에 큰 영향을 미치기 때문에 많은 관심이 필요하다.

국립보건연구원(2000)의 연구에서는 여성의 건강을 결정하는 요인들로 정
치경제와 노동시장 조건, 사회보장 제도, 사회적 규범과 문화가 가족, 일터, 학
교와 지역사회의 특성 그리고 이들과 개인이 상호작용하는 방식을 꼽고 있다.
한국보건사회연구원(2019)의 연구에서도 여성의 건강을 결정하는 사회적 요
인으로 ① 가족과 인구구조, ② 교육, ③ 경제활동과 노동시장 조건, ④ 사회적
보호, ⑤ 사회적 규범과 문화, ⑥ 권력자원으로 보고 있다.

1) 여성 건강의 사회적 결정요인

가족은 사회 구성의 최소 단위이자 개인들에게 경제적·정서적 자원과 지
지를 제공하는 존재이다. 동시에 가족이라는 사적 공간에서는 불평등한 권력
관계를 통한 억압과 통제가 발생하기도 하고, 지배적 규범과 문화가 습득되
고 재생산되기도 한다. 특히 여성에게 있어 가족은 임신, 출산, 육아의 의무와
함께 가사노동과 돌봄 부담이 편중되는 체계이기도 하다(한국보건사회연구원,
2019). 이와 같이 여성에게 주어지는 여러 의무와 환경은 여성의 건강을 위협
하는 위험요인으로 작용해 왔다. 더불어 여성이 경제활동을 하는 노동환경이
나 사회정책도 여성의 건강에 부정적으로 작용하는 요인이 많다. 예를 들면,

임신, 출산, 육아가 경력단절의 주요한 사유가 되는데, 출산전후 휴가, 육아휴직제도, 직장어린이집 등의 제도가 여성들이 종사하는 직종이나 지위, 직장 유형에 따라 불평들을 유발하고 있기 때문이다. 첫째, 자녀 임신 당시 출산전후 휴가 사용 경험 비율은 사무직이 61.1%인 데 비해 서비스직은 26.0%, 판매직은 19.5%에 불과했다. 상용근로자는 58.2%, 임시일용근로자는 6.6%만이 출산전후 휴가를 사용했고, 정부기관 및 공공기관 종사자의 경우 78.7%, 민간 대기업 72.8%, 민간 중소기업 41.0%, 개인사업체 13.2% 순으로 출산휴가 사용 경험이 있는 것으로 나타나 여성들 간의 많은 차이가 있음을 알 수 있다. 이러한 차이는 여성 건강에의 차이를 만들어 낸다. 여성의 비정규직, 임시근로자 비율이 높은 상황을 감안할 때 여성들의 건강을 보호할 수 있는 여러 가지 제도의 혜택을 받지 못하는 여성근로자가 많음을 알 수 있다.

우리 사회는 전통적으로 가사노동이나 돌봄노동을 여성의 역할로 간주해 왔다. 여전히 이러한 인식이 지배적이며, 실제로도 맞벌이 가구의 가사노동 시간이나 돌봄노동도 여성이 월등히 많이 수행한다. 2004년부터 2019년까지의 통계청 생활시간조사에 따르면, 2004년 맞벌이 아내 대 남편의 가사노동 시간이

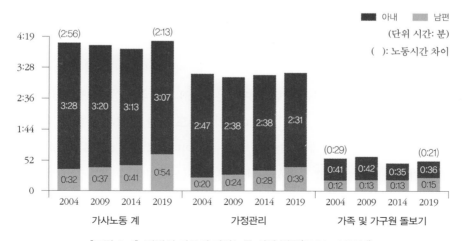

[그림 8-1] 맞벌이 가구의 가사노동 시간 변동(2004~2019년)

출처: 국립보건연구원(2020).

3.28시간 대 0.32시간으로 2.56시간의 노동시간 차이가 있었는데, 15년이 지난 2019년 통계에서도 여성 3.07시간 대 남성 0.54시간으로 여성과 남성의 가사노동 시간 차이가 2.13시간으로 나타나 크게 바뀐 점이 없었다([그림 8-1] 참조). 이러한 가사노동이나 돌봄노동 분담에서의 불평등은 여성의 신체적·정신적 건강에 부정적인 영향을 미칠 수밖에 없다. 이러한 불평등은 여성의 신체건강을 악화시킬 뿐 아니라 여성의 스트레스와 우울에도 부정적 영향을 미치고 있는 것으로 알려지고 있다.

고용과 연계된 공적 연금은 저임금과 불안정 노동시장을 경험하는 여성들에게 불리하게 작동한다. 또한 전통적 젠더 규범에 기초한 가족 정책은 여전히 여성의 경제활동 참여에 장애물로 작용하거나 일·가정 양립을 어렵게 만든다. 국민연금 가입자 수도 직장을 통한 가입자 수는 여성이 남성에 비해 230만 명 정도 적으며, 임의가입자나 임의 계속 가입자가 상대적으로 많다. 이는 노후의 빈곤이나 소득 불안정으로 연결되고 노년기 의료적 문제 발생 시 양질의 의료서비스나 관리를 받을 수 없게 만드는 요인이 된다. 이와 같이 다양한 사회적 요인이 여성의 신체와 정신건강을 위협하고 있다(한국보건사회연구원, 2019).

2) 여성의 신체 건강 실태

2017년 기준 OECD의 건강통계(Health Data)에 따르면, 자기의 건강상태가 양호하다고 생각하는 비율이 한국 여성은 28.8%, 한국 남성은 33.5%로 나타났다([그림 8-2] 참조). 이 수치는 OECD 평균에도 한참 미치지 못할 뿐 아니라 가장 낮은 수치인 일본에 비해서도 낮은 수치이다. 그만큼 한국의 남성, 여성 모두 자신을 건강하다고 생각하는 비율이 낮다는 것인데, 여성과 남성의 차이가 난다는 점과 이러한 현상이 한국과 일본 이 두 나라의 경우 두드러진다는 점이 특이점이다. 캐나다, 미국, 영국, 호주의 경우 남녀 격차가 미미한 수준이었으나, 한국과 일본의 경우 여자의 자가평가 건강수준이 남자보다 낮았으며,

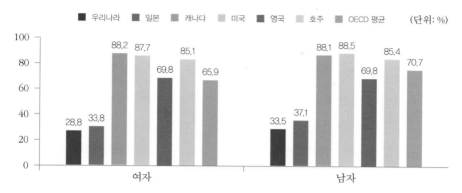

[그림 8-2] 양호한 자기평가 건강수준과 OECD 국가 값 비교(2016~2018년)
출처: 국립보건연구원(2020).

남녀 격차가 다른 서구 국가에 비해 높았다.

'통계로 보는 남녀의 삶' 보고서(여성가족부, 2022)에서도 우리나라 여성들의 건강 관련한 실태를 다음과 같이 보고하고 있다. 2020년 기준 여성의 기대수명은 86.5년으로 2012년 대비 2.3년, 2018년 대비 0.8년 증가했지만 2020년 여성의 건강수명은 67.2년밖에 되지 않아 19.3년을 불건강하게 살게 될 가능성이 높음을 시사한다. 기대수명은 증가했지만 건강하게 살 수 있는 나이가 67.2년밖에 되지 않는다는 점이 여성 건강의 실태를 보여 주는 것이다. 이러한 문제는 여성의 주요 만성질환 유병률이 높아지는 것이나 여성의 음주비율이 증가하는 현상과도 관련이 있다. 2020년 기준 여성의 당뇨 유병률은 8.2%, 비만 유병률은 27.7%, 고혈압 유병률은 16.8%로 나타났다. 2020년 기준 월 1회 이상 음주한 여성 비율이 47.8%로 나타나 2005년 대비 10.8%p나 증가한 것으로 나타났고, 여성의 고위험음주율도 6.3%나 되는 것으로 나타났다.

여성은 남성에 비해 고혈압이나 당뇨 유병률은 낮지만 골관절염 유병률도 2016~2018년의 경우 여자가 11.4%로 남자의 3.4%보다 약 3배가량 높은 수준으로 나타났다(국립보건연구원, 2020). 암의 경우에는 암 검진과 치료기술의 발달로 암 환자 생존율이 높아지고 있지만 유방암, 자궁체부암, 난소암 등 여성암은 증가 추세에 있다. 우리나라의 자궁경부암 수검률은 미국, 영국 등에 비교하면 여전히 낮은 수준인데, 특히 20대 여성의 수검률이 낮아 최근 젊은 여성에서의 자궁경부암 발생 증가로 이어지고 있다. 전체 여성에게서 자궁경부암은 지속적으로 감소하고 있는 반면, 자궁체부암(대부분 자궁내막암)은 증가 추세에 있다. 자궁체부암은 서구화된 식습관, 비만, 늦은 결혼과 저출산 등의 라이프 스타일 변화로 인해 증가하고 있는 것으로 보인다(국립보건연구원, 2020).

우리나라 여성의 주요 4대암(유방암, 자궁암, 위암, 대장암) 검진 수검률이 지난 10년간 꾸준히 증가하는 추세이지만 암검진을 받지 않는 경우 그 이유에 있어 성별의 차이가 발생한다. 암검진을 받지 않는 이유에 대해 여자는 '건강해서' '경제적 여유가 없어서' '검진에 대해 들어본 적 없음'이라고 응답한 비율이 높았던 반면, 남자는 '시간 여유가 없어서' '검사과정이 힘들어서'라고 응답한 경우가 많았다. 이를 통해 알 수 있는 것은 여자가 남자보다 상대적으로 경제적 여유가 없거나 경력단절 등으로 인해 직장생활을 유지하지 못하는 경우가 많아 검진에 대한 정보나 회사 차원의 단체 검진에의 접근성이 낮은 문제로 해석할 수 있을 것이다(국립보건연구원, 2020).

여성의 신체건강과 관련하여 또 하나의 위험요인은 여성의 신체활동 실천율이 낮다는 데에 있다. 2016~2018년 국민건강영양조사에 따르면, 19세 이상 성인의 유산소 신체활동 실천율(표준화율)은 여자 45.8%, 남자 51.3%로 남자보다 여자가 더 낮다. 연령대별로 살펴보면, 모든 연령대에서 여자의 유산소 신체활동 실천율이 더 낮으며, 특히 19~24세와 65세 이상 연령대에서 남녀의 격차가 큰 것으로 나타났다. 근력운동 실천율도 2016~2018년을 기준으로 볼 때 여자 15.3%, 남자 28.5%로 여자의 근력운동 실천율이 남자보다 훨씬 낮았다. 연령대별로도 19~24세의 근력운동 실천율은 여자 18.3%, 남자 38.1%였고, 65세 이상의 근력운동 실천율은 여자 9.0%, 남자 28.0%로 유산소 신체활동과 동일하게 19~24세 연령대와 65세 이상 연령대 여성의 신체활동률이 매우 낮은 것으로 나타났다(국립보건연구원, 2020: 44).

　같은 조사에서 나타난 우리나라 성인의 비만율(표준화율)은 여자 25.7%, 남자 42.3%로 남자가 여자보다 더 높았다. 연령대별로 비만율을 살펴보면, 여자는 19~24세에서 16.2%로 가장 낮았고, 연령이 증가할수록 비만율이 증가하여 65세 이상에서는 41.9%에 이르러 전 연령대에서 남자보다 비만율이 더 높은 연령대로 나타났다. 이는 노인여성의 건강의 취약성을 말해 주는 것인데, 노인여성의 높은 비만율은 노인기에 각종 비만 관련 질환들로 건강이 악화될 가능성이 높음을 의미하기 때문이다.

3) 여자 청소년의 몸과 건강

　UN을 비롯한 국제기구와 전 세계의 많은 국가에서 여자 청소년의 건강문제에 관심을 가지고 많은 사업을 추진하고 있다. 청소년기는 다른 연령대에 비해 상대적으로 건강한 시기이지만 신체적·정신적 변화가 많이 발생하기 때문에 여자 청소년 개인의 생물학적·사회환경적 여건에 따라 건강문제가 발생할 가능성이 있고, 특히 여자 청소년은 월경을 시작하기 때문에 건강에 더 많은 주의와 관심이 필요하다. 카티노(Catino, 2012: 한국보건사회연구원, 2019: 24에서 재인용)는 여자 청소년이 겪을 수 있는 주요한 건강이슈를 〈표 8-1〉과 같이 제기했다.

표 8-1 **여자 청소년의 건강이슈와 결과**

건강이슈	발생할 수 있는 건강결과
영양실조와 영양부족	빈혈, 발육부진, 인지장애 등
사춘기 신체적·정신적 변화	신체적 불편감, 감정적 혼란, 우울과 사회로부터 격리
월경	신체적 불편감, 사회로부터 격리
학교 중단	보건교육에 대한 접근성 제한, 사회적 격리, 우울, 노동부담 증가, 사고 위험 증가, 조기결혼에 대한 압박

아동기 결혼	결혼 허용 연령 이전 아동기 결혼은 신체적 · 정신적 학대, 사회적 고립과 격리, 조기 임신, 에이즈 포함 성전파성 질환
조기 임신	누공(Fistula) 등, 사망, 영아의 질병 이환과 사망, 안전하지 않은 낙태
여성 할례(Female Genital Cutting: FGC)	신체적 고통과 단기 · 중기 · 장기적 질병 이환과 사망
신체적 · 성적 폭력	단기 · 장기 이환과 사망, 우울과 자살
억압적 젠더 규범의 내면화	사회적 고립, 이동성과 자율성 감소, 성차별 젠더 폭력 위험성 증가
비만	신체적 불편감, 우울과 사회적 고립, 고혈압과 당뇨병
흡연, 약물과 알코올	판단력 상실로 인한 성 · 재생산 건강문제, 사고, 손상 및 만성질환
우울증과 정신장애	기능 하락, 사회적 고립과 섭식장애, 자살
안전하지 않고 박탈적인 가사 노동과 다른 노동	신체적 소모, 사고와 손상, 정서적 · 신체적 · 성적 학대, 우울과 불안

출처: 한국보건사회연구원(2019: 24).

〈표 8-1〉을 참고하여 여자 청소년의 신체건강과 관련한 몇 가지 이슈를 다뤄 보면 다음과 같다.

(1) 여자 청소년과 월경

여성의 성 · 재생산건강 영역에서 월경 문제는 잘 다뤄 오지 않았으나 최근에 관심이 증가하고 있다. 2019년 UNICEF 보고서 「월경건강과 위생에 대한 지침」에서 이 문제가 다뤄졌는데 UN의 지속가능한 발전 목표(Sustainable Development Goals: SDG) 중 하나가 되었으며, 2030년까지 모든 여성과 여자 청소년은 월경 건강 및 위생 관리에 필요한 서비스에 접근해야 한다는 목표를 가지고 추진되고 있다(한국보건사회연구원, 2019).

여자 청소년들에게 월경은 매우 중요하고도 잘 관리되어야 할 현상임에도 불구하고 월경을 부끄럽거나 창피한 것으로 여겨 왔다. 이에 2014년 독일에서 처음으로 월경의 날을 정했는데, 이제는 매년 5월 28일을 세계 월경의 날로 지키고 있다. 이는 여성의 월경이 평균 5일간 지속하고 28일을 주기로 돌아온다는 의미가 담긴 날이다. '월경'은 두꺼워졌던 자궁점막이 떨어져 나가면서 출혈과 함께 질을 통해 배출되는 것으로 가임기의 여성이라면 자연스럽게 경험하는 생리적인 현상이다. 월경전 증후군(PMS)은 월경 시작 며칠 전에 시작되어 일반적으로 시작 후 몇 시간 만에 끝나는 신체적·심리적으로 나타나는 여러 증상이다. 이로 인해 업무나 사회생활, 관계에 지장을 주는 경우도 발생한다. 월경이나 월경으로 인한 증상이 잘 관리되어야 하는 이유는 여성의 임신, 출산뿐 아니라 전 생애주기에 걸친 여성의 신체적·심리적 건강과 많은 관련이 있기 때문이다.

한국보건사회연구원(2019)의 '여자 청소년의 건강이슈 분석과 월경관리 현황 조사'에서는 월경관리에 대한 몇 가지 중요한 점을 밝히고 있다. 첫째, 여자 청소년들이 다양한 월경용품을 사용하고 있는데, 이 용품들이 안전한지에 대한 불안감과 비용에 대한 부담을 느끼고 있고, 둘째, 여자 청소년들은 월경통, 불규칙한 월경 주기 등 월경불편감을 겪고 있으며 보건의료, 사회문화적으로 충분한 지지와 케어를 받지 못한 것으로 드러났다. 특히 월경 증상은 사람에 따라 매우 다르기 때문에 일부 여성은 월경통 등 월경불편감을 거의 느끼지 못하지만 어떤 여성은 학교, 직장, 가정에서의 일상생활을 하지 못할 정도로 불편감을 느끼거나 진통제 복용이 필요한 통증을 심하게 겪고 있다. 월경불편감이 큰 여성에게는 생리결석이나 생리휴가가 필요하지만 생리결석이나 생리휴가 제도만으로 월경불편감을 겪는 여성들의 고통을 충분히 해소할 수 없다. 월경불편감이 여성 건강에 미치는 영향이 매우 크기 때문에, 이를 위한 의학적·약학적·사회적인 지원과 중재가 있어야 한다. 셋째, 청소년들은 월경과 관련해서 가족이나 학교, 직장, 사회의 편견과 이해 부족을 경험하고 느끼고 있으며, 월경불편감에 대해 이해하고 배려해 주는 친구나 가족, 동료가 있기도 하지만 그렇지 않은 경우도 많다. '월경'이라는 단어 대신 '그것' '그 날' '대자연'이라는 용어를 사용하고 있는데, 이는 아직도 우리 사회에서 월경이 자연스럽게 받아들여지지 못하고 있음을 의미한다. 넷째, 남자와 여자의 월경에 대한 지식, 인식과 태도에 차이가 있다. 남녀 청소년의 월경 지식이 차이가 있었고 청소년들이 받은 월경교육은 여자 청소년이 월경을 충분히 적절하고 건강하게 관리하는 데 충분하지 않았다. 월경에 대한 지식 부족, 이해 부족이 월경에 대한 부정적인 인식에 영향을 미치고 있었다(한국보건사회연구원, 2019: 237).

(2) 여자 청소년과 외모, 다이어트: 외모 평가, 자기이미지

여자 청소년들의 건강에 영향을 미치는 또 다른 주요 요인은 외모 스트레스로 인한 '다이어트'이다. 마른 몸매를 선호하고 이를 아름답다고 여기는 문화와 특히 여성에게 강요하는 몸매관리의 사회적 압박으로 인해 여자 청소년들은 무리한 다이어트를 빈번하게 시도하게 되고 이는 건강에 매우 부정적인 영향을 주게 된다.

중ㆍ고등학생 모두에서 여자 청소년의 스트레스 인지율이 남자 청소년보다 높게 나타났는데, 특히 중학생의 경우 여자 청소년의 스트레스 인지율이 남자 청소년보다 5.1%p 더 높았고, 성별 차이가 통계적으로도 유의하였다. 중학생의 원인별 스트레스를 살펴보면, 숙제와 시험, 성적(부모의 압박) 등 학업으로 인한 스트레스가 남녀 공통으로 상위를 차지하였다. 그러나 다음 순위로 여자 청소년은 외모 스트레스(키, 체중, 생김새 중 하나라도 스트레스의 원인이 되는 경우)가 높게 나타난 반면 남자 청소년은 부모의 지나친 간섭이 높게 나타난 점에서 차이를 보였다. 여자 청소년의 외모 스트레스는 남자 청소년보다 17.9%p가 높게 나타났다(국립보건연구원, 2020). 유사한 연구결과가 한 가지 더 있는데 외모나 신체조건으로 스트레스를 받거나 매우 많이 받는다는 응답은 여자 청소년에서는 35.2%였으나 남자 청소년에서는 18.6%에 불과하였다. 같은 조사에서 여자 청소년의 25.5%가 일 년에 1회 이상 외모나 신체조건으로 차별받은 경험이 있다고 응답한 반면, 남자 청소년에서는 이러한 비율이 20.6%로 여자 청소년에 비해서는 낮았다(한국청소년정책연구원, 2017).

연령별 체질량지수 기준 85백분위 수 미만이지만 자신의 체형을 살이 찐 편이라고 인지하는 여자 청소년의 비율은 2008년부터 2010년까지 증가했다가 이후 감소해 2017년 32.5%로 나타났다. 남자 청소년의 신체이미지 왜곡 인지율도 여자 청소년과 같은 경향을 보였으며, 2017년 남자 청소년의 신체이미지 왜곡 인지율은 20.1%로 여자 청소년보다 12.4%p 낮았다(한국보건사회연구원, 2019: 41).

이와 같이 여자 청소년에게 외모(특히 체중)는 스트레스 요인이자 무리한 다이어트를 하게 되는 요인이 된다. 다이어트가 매우 부정적인 영향과 결과로 이어질 때 거식증이나 우울증, 대인기피증 등의 심각한 정신건강의 문제로 이어진다. 이에 대해서는 여성의 정신건강 부분에서 살펴보도록 하겠다.

(3) 여자 청소년과 흡연 및 음주 및 신체활동

질병관리청의 '청소년건강행태조사' 결과에 따르면, 2022년 남학생의 흡연율은 6.2%, 여학생은 2.7%로 나타났고, 현재 음주율은 남학생 15%, 여학생 10.9%로 나타났다(질병관리청, 2023). 위험음주율은 남학생 6.1%, 여학생 5.1%로 남녀학생의 차이가 크지 않았다([그림 8-3] 참조).

그러나 흡연에 대해서는 거짓 응답을 하는 경우가 많아 실제로는 응답결과보다 1.7배에서 2.2배 높게 보아야 한다는 연구결과가 있다(News1, 2023. 1. 13.). 성별로는 여자 청소년의 거짓 응답 비율이 더 높았다고 한다. 흡연과 음주가 미치는 신체건강에의 영향은 자세하게 설명하지 않아도 건강에의 부정적 영향은 쉽게 추측해 볼 수 있다.

반면 여자 청소년의 고강도 신체활동 실천율은 남자 청소년에 비해 매우 낮고, 여자 청소년이 주말에 학습 목적으로 앉아서 보낸 시간은 남자 청소년보다 많아 여자 청소년의 신체활동량은 상대적으로 매우 저조하였다. 2019년 여자 청소년의 주 3일 이상 고강도 신체활동 실천율은 18.0%로 남자 청소년의 44.8%에 비해 26.8%p 낮았고, 전년도와 대비해서도 5.7%p가 감소하였다. 또

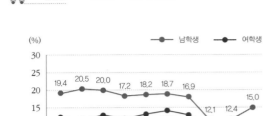

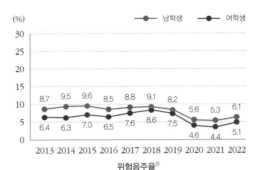

[그림 8-3] 청소년 현재 음주율과 위험음주율

주: 1) 현재 음주율: 최근 30일 동안 1잔 이상 술을 마신 적이 있는 사람의 분율
　　 2) 위험음주율: 최근 30일 동안 1회 평균 음주량이 중등도 이상(남자 소주 5잔 이상, 여자 소주 3잔 이상)인 사람의
　　 분율
출처: 질병관리청(2023).

한, 여자 청소년의 2019년 주말 학습목적으로 앉아서 보낸 시간은 약 4.4시간
(262.4분)으로 남자 청소년의 3.7시간(222.0분)보다 40.4분 높게 나타났다(국립
보건연구원, 2020).

　　여자 청소년은 남자 청소년보다 신체활동에 대한 자신감이 부족하며 신체
활동 수준이 낮을 뿐 아니라 팀 스포츠, 근력이 필요한 운동을 하는 경우는 더
욱 적다. 여자 청소년은 남자 청소년과 비교하여 아동기부터 다양한 운동과 스
포츠를 경험하지 못하고 있으며, 운동을 같이 하는 동료, 지도자가 부족한 상
황으로 이는 다시 여자 청소년의 신체활동을 제약하는 요인이 된다. 초등학
교, 중 · 고등학교 체육수업에서 여자 청소년에게 적절한 수업모형이 개발되
어 있지 못하며, 체육교사들도 인식과 경험이 부족한 상황이다. 결과적으로
학교 체육수업이 여자 청소년의 신체활동을 제대로 독려하지 못하고 있어서
이에 대해 구체적 관심을 가져야 한다(한국보건사회연구원, 2019: 236).

(4) 여자 청소년의 조기 임신과 건강에의 영향
국회입법조사처가 발간한 '10대 청소년미혼모 고립 해소: 가정방문서비스 전면도입을 위한 과제' 보고서에 따르면, 2015년부터 2019년까지 19세 이하 10대 산모가 낳은 아동은 8,081명이다. 2015년 출생아는 2,227명이었으며, 2016년 1,922명, 2017년 1,526명, 2018년 1,300명, 2019년 1,106명으로 연도별 수는 감소하는 추세이다(아주경제, 2021. 4. 23.). 십대 청소년 시기의 임신은 임신한 십대 여자 청소년과 발달 중인 태아 모두에게 다양한 신체적 영향을 미친다. 임신을 하게 되는 십대 소녀들은 성인 여성들에 비해 임신과 출산 중에 합병증을 경험할 위험이 더 높은데, 예를 들어 임산부는 빈혈이나 고혈압의 위험이 있고 태아는 조산이나 저체중의 위험이 있다. 출산을 하지 않고 임신중절을 하게 될 경우 건강에의 영향은 더욱 부정적이다. 임신중절 시 수술 자체도 여러 가지 신체적 위험이 따르지만 수술 후 자궁천공, 감염, 장 손상, 자궁경부무력증, 자궁내막유착증, 심부정맥염 등 신체적 합병증이 동반될 수 있어 경과 관찰이 필요하다. 정신적으로도 자살, 우울증, 불안장애 등의 증상이 나타날 수 있다.

한 연구에서는 임신과 출산 시기에 숙박업소와 찜질방을 이용하는 경우가 많은데 이는 위생적인 측면이나 건강의 위험요소를 많이 내포하고 있음을 보고하고 있다(아름다운재단, 한국미혼모지원네트워크, 2019).

2. 여성의 정신과 건강

1) 여성의 정신건강을 둘러싼 요인들

여성의 정신건강이나 정신질환과 관련하여 많은 연구자는 생물학적 요인과 사회적 요인을 주요 요인으로 설명하고 있다. 생물학적 요인으로는 주로 호르몬과 신경전달물질에 관심을 두었는데, 예를 들면 세로토닌 수준이 낮은 여성이 남성에 비해 우울증이 발생하며 폐경기로 가면서 에스트로겐 수준이 감소하여 우울증 발현율을 높인다는 것이다. 사회적 요인으로는 여성이 속한 사회에서 구조화되어 가는 방식이 여성의 지각이나 사고 및 행동에 영향을 주고 그것이 정신건강에 부정적 영향을 준다는 것이다. 예를 들면, 직업이나 결혼은 여성에게 우울증을 유발하는 위험요인임에 비해 남성에게는 오히려 보호요인으로 작용한다는 것이다. 이러한 연구결과는 여성이 남성에 비해 정신적 문제로 의료 기관을 더 많이 방문한다는 것이 그 근거를 뒷받침한다고 주장한다(이경희, 김연실, 이나희, 정보영, 조현미, 2015).

그러나 사회학자 이민아 교수는 여성의 정신건강에 대해 더 구체적으로 말하면 여성의 우울이 기존의 주장대로 뇌의 영향이나 심리적 영향성 호르몬, 신경전달물질 불균형 등을 이유로 여성이 남성보다 우울증에 더 취약하다고 할 수 없으며, 오히려 사회적 요인이 더 중요한 영향을 미친다고 주장한다. 즉, 사회적인 원인이 명확하게 여성 우울의 궁극적인 원인이고, 신경전달물질의 불균형이나 심리적인 특성과 같은 이유들은 매개변인으로 작용할 뿐이라는 것이다. 여성의 생물학적이거나 심리적인 원인을 강조하면 여성이 원래 취약하게 태어났다는 주장으로 갈 수 있음을 지적하며, 신경전달물질의 불균형과 심리적 취약함은 사회적 원인에 이어 유발될 수 있고, 우울과 동시에 나타나거나 우울의 결과로 생물학적 변화가 생길 수 있다고 주장한다. 이는 여성과 남성 간에 성호르몬의 차이가 없다고 주장하는 것이 아니라 생물학적 차이의 영향이 지나치게 과장되어 강조되고 있어 여성의 우울을 호르몬 탓으로 돌리고, 다른 사회적 문제들을 보지 못하게 한다는 주장이다. 유럽이나 북미에 사는 흑인은 백인보다 일반적으로 우울 수준이 높은데, 이는 흑인의 사회경제적 지위가 낮음에서 기인하는 것으로 설명된다. 흑인의 우울에 대해서는 사회경제적 지위와 인종에 따른 정신건강 격차를 이야기하면서 호르몬이나 감정기복을 이야기하지 않는데, 여성의 정신건강 관련해서는 유독 사회구조적 문제나 원인보다는 생물학적 원인으로 치부하는 경우가 많다는 지적이다(한겨레, 2021. 5. 4.).

2) 여성의 정신건강 실태

　2021년 정신건강 실태조사[1]의 결과를 보면 지난 1년간 정신건강 문제를 경험한 사람(정신장애 유병률)[2]은 남성의 8.9%, 여성의 8.0%로, 약 355만 명으로 추산되고 있다. 전체 유병률은 남성이 높지만 니코틴 사용 장애를 제외하면 1년 유병률은 남자 5.2%, 여자 7.6%이기 때문에 여자의 정신장애 유병률이 남자보다 1.5배 높은 것을 알 수 있다(국립정신건강센터, 2022).

　우울장애는 2주 이상 거의 매일 우울한 기분, 흥미상실, 식욕·수면 변화, 피로, 자살 생각 등으로 일상생활이나 직업상 곤란을 겪는 경우로 1년 유병률은 남자 1.1%, 여자 2.4%, 여자의 경우 남자보다 2.2배 높았다.

　불안장애는 다양한 형태의 비정상적이고 병적인 불안과 공포로 인하여 일상생활에 장애를 일으키는 정신장애로 강박장애, 외상 후 스트레스장애, 공황장애, 광장공포증, 사회공포증, 특정공포증, 범불안장애가 있다. 불안장애의 1년 유병률은 남자 1.6%, 여자 4.7%로 여자의 경우 남자보다 2.9배 높았다.

　알코올 의존(내성과 금단증상)과 남용(내성과 금단증상은 없으나 일상생활에 부적응 발생)이 포함된 알코올 사용 장애는 과다한 알코올 사용으로 일상생활에 어려움이 있으나 지속적으로 알코올을 사용하고 있는 경우로 1년 유병률은 남자 3.4%, 여자 1.8%로 남자의 경우 여자보다 1.9배 높았다.

　니코틴 의존과 금단증상을 포함하는 니코틴 사용 장애는 과다하게 오랫동안 니코틴을 사용하여, 사용을 중단하거나 줄였을 때 인지적·신체적·행동적인 부적응 증상이 나타나는 경우로 1년 유병률은 남자 4.9%, 여자 0.5%로

---

1) 전국 만 18세 이상 만 79세 이하 성인 5,511명(가구당 1인)을 대상으로, 국립정신건강센터 주관으로 실시하였는데, 이는 「정신건강복지법」 제10조에 근거하여 2001년 이후 5년 주기로 실시하고 있으며, 이번이 다섯 번째 조사이다.
2) 지난 1년 동안 알코올 사용 장애, 니코틴 사용 장애, 우울장애, 불안장애 중 어느 하나에라도 이환된 적이 있는 사람의 비율을 말한다.

남자의 경우 여자보다 9.8배 높았다.

　자살관련 행동과 관련해서는 평생 자살관련 행동을 한 비율과 1년간 자살관련 행동[3]을 한 비율 모두 여자가 남자보다 높게 나타났는데, 성인의 10.7%는 평생 한 번 이상 심각하게 자살을 생각하며, 2.5%는 자살을 계획하고, 1.7%는 자살을 시도하였다. 평생의 자살관련 행동 비율은 여성이 높았고, 지난 1년간 자살사고를 경험한 비율도 여성이 남성보다 1.7배 높았다.

　1년 유병률에 있어 남자는 이혼/별거/사별(10.3%)일 경우, 여자는 미혼(11.0%)일 경우 높은 1년 유병률을 보였다. 여자의 경우는 미혼이 기혼보다 정신건강의 어려움을 더 겪고 있는 것으로 보인다.

3) 여자 청소년 및 20대 여성의 정신건강

　청소년의 정신건강 추이를 살펴보면 2010년부터 2016년까지(스트레스 인지율은 2014년까지) 긍정적인 경향을 보이다가 이후 다시 악화되는 양상을 보인다. 또한 여자 청소년이 남자 청소년보다 스트레스 인지율, 우울증상 경험률, 자살시도율 모두에서 부정적인 수치를 보이고 있다. 특히 자살행동은 위험감수행동(risk taking)으로서, 성인의 경우 남자가 더 높게 나타나는 반면, 청소년은 여자가 남자보다 높게 나타나 여자 청소년의 정신건강 문제가 매우 심각한 수준에 달했음을 보여 준다(국립보건연구원, 2020).

　또 다른 조사에서는 2020년 연령대별 자해 · 자살 시도 건수는 20대가 10,007건(28.7%)으로 가장 많고, 뒤이어 40대 5,279건(15.1%), 30대 5,272건(15.1%), 10대 4,459건(12.8%), 50대 4,419건(12.7%), 60대 2,420건(6.9%), 70대

---

3) 자살관련 행동은 자살사고(자신을 해치거나 죽임을 가하려고 생각하는 것), 자살계획(자살에 대한 구체적인 계획을 세우는 것), 자살시도(고의적으로 자해하는 등 죽음에 이를 목적으로 치명적인 행동을 시도하는 것)로 구분된다.

(단위: %)

[그림 8-4] 청소년의 성별 정신건강 현황(2010~2019년)

자료: 보건복지부, 질병관리청. 청소년건강행태조사(2010~2019년)

주: 1) 스트레스 인지율: 평상시 스트레스를 '대단히 많이' 또는 '많이' 느끼는 편인 사람의 분율

2) 우울증상 경험률: 최근 12개월 동안 2주 내내 일상생활을 중단할 정도로 슬프거나 절망감을 느낀 적이 있는 사람의 분율

3) 자살시도율: 최근 12개월 동안 자살을 시도한 적이 있는 사람의 분율

출처: 국립보건연구원(2020: 63).

1,724건(4.9%), 80세 이상 1,311건(3.8%), 9세 이하 14건(0.0%) 순이었다. 성별에 따른 연령대별 자해ㆍ자살 시도 증감률을 살펴보면, 전년 대비 증가율이 가장 높은 것은 20대 남자(2.6%)와 20대 여자(21.1%)이다. 20대 여자의 자해 및 자살시도율이 급격하게 증가한 것은 매우 심각한 문제로 보인다(보건복지부, 한국생명존중희망재단, 2022: 107).

3. 여성과 주요 정신건강의 문제

1) 우울장애

우울장애는 주요우울장애와 기분부전장애 두 가지로 나눠 볼 수 있다. 먼저, 주요우울장애는 2주 이상 거의 매일 우울한 기분을 느끼거나 흥미를 잃고 일상기능의 저하를 보이는 장애이고, 기분부전장애는 적어도 2년 동안 대부분의 날 우울한 기분을 느끼고, 식욕부진, 과다수면, 피로 등의 증상을 보이는 장애를 말한다.

우울은 대표적인 정신건강 문제로 다양한 국내 건강증진 정책에서 주요하게 다뤄지고 있다. 우울은 남자보다 여자에게서 높게 나타나며, 생애주기별로 보면 청·장년층 및 노년층의 우울 수준이 높고 중·장년의 우울 수준이 낮은 'U' 자형 분포를 보인다. 우울 지표의 추이를 보면, 노년층의 우울 수준이 지속적으로 감소하는 데 비해 청·장년의 우울 수준은 시기에 따라 변동폭이 크게 나

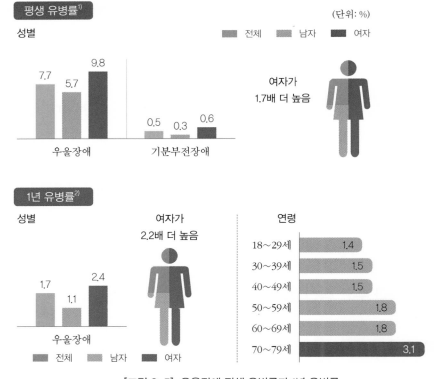

[그림 8-5] 우울장애 평생 유병률과 1년 유병률

주: 1) 평생 동안 해당 정신장애를 경험한 비율
    2) 지난 1년간 해당 정신장애를 경험한 비율
출처: 국립정신건강센터(2022: 10).

타나고 있다. [그림 8-5]를 살펴보면, 여성의 우울장애 평생 유병률은 9.8%, 남성은 5.7%로 여자가 1.7배 더 높으며, 우울장애 1년 유병률도 남성은 1.1%, 여성은 2.4%로 여자가 2.2배 더 높은 것으로 조사되었다(국립정신건강센터, 2022).

[그림 8-5]에서는 우울장애 1년 유병률이 연령별로는 70~79세가 3.1%로 가장 높게 나타나고 있다. 그런데 또 다른 조사인 [그림 8-6]을 보면, 65세 이상인 노인 여자의 우울장애 유병률이 2014년에 14.7%로 가장 높았으나 해를 거듭할수록 감소하여 2018년에는 6.6%로 나타나는 반면, 19~24세, 25~34세와 같은 젊은 여성층의 우울이 2018년의 경우 각각 8.5%, 8.6%의 유병률을 보임으로써 노인층보다 유병률이 높게 나타나는 것을 보여 주고 있다. 따라서 우울장애 유병률이 점점 높아지고 있는 20~30대 여성, 사회적 스트레스와 폐경기로의 전환을 겪는 중년 여성, 항상 높은 비율로 우울장애를 겪는 것으로 알려진 노인여성 모두를 관심 있게 주목할 필요가 있다(국립보건연구원, 2020: 60).

기존 연구들이 청년층의 우울과 스트레스, 자살생각 및 자살시도 등 청년의 정신건강 문제의 위험성을 지속적으로 보고하고 있는 만큼 청년의 정신건강

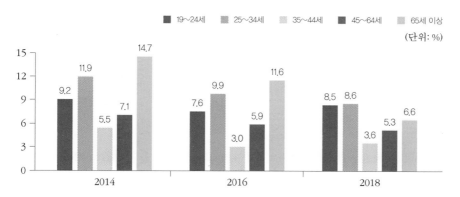

[그림 8-6] 19세 이상 성인 여자의 우울장애 유병률(2014~2018년)

자료: 보건복지부, 질병관리청. 국민건강영양조사(2014, 2016, 2018년)
주: 우울장애 유병률: PHQ-9척도의 9문항의 합을 산출하여 총점 27점 중 10점 이상인 경우를 우울장애가 있다고 간주하여 우울장애 유병률을 산출함
출처: 국립보건연구원(2020: 60).

문제에 대한 관심을 보다 더 기울여야 한다.

그렇다면 여성의 우울장애 유병률이 남성보다 높은 이유는 무엇인가? 학자들은 자녀 양육이나 일상생활에서 오는 여러 가지 스트레스와, 반복적이면서 성취감이 낮은 가사일 등 여성 역할로 맡겨진 일을 수행하는 데서 오는 우울감이 높고, 자녀 양육 스트레스, 시부모나 남편과의 갈등, 돌봄 스트레스 등이 여성의 우울을 가중시킨다고 보고 있다(이홍자, 김춘미, 이도현, 2016). 이러한 원인들은 주로 가부장적 자본주의 사회의 전통적 성역할 관념과 인식과 관련이 높다.

2) 알코올 사용 장애

알코올 사용 장애는 알코올 사용과 관련된 정신장애로, 알코올 의존과 알코올 남용을 포함하고 있다. 알코올 의존은 알코올 사용에 있어 자기통제가 불가능하며, 내성과 금단증상이 있는 상태를 말하고, 알코올 남용은 반복적인 음주로 인하여 사회적 또는 직업상의 문제가 발생됨에도 음주를 지속하는 상태이다. 여성은 알코올중독 유병률이 남성보다는 낮지만, 평생 유병률이 5.4%나 되고, 1년 유병률은 1.8%나 된다. 여성의 알코올 사용 장애는 젊은 층인 18~29세와 30~39세의 유병률이 높다는 사실을 주목해 볼 필요가 있다. 기혼보다 미혼의 유병률도 높은데, 이는 생애주기상 젊은 연령대부터 알코올 사용 장애가 발생할 경우 평생 유병 위험도가 높아질 수 있다는 점에서 주목할 필요가 있다.

또 다른 통계에서는 우리나라 성인의 고위험음주율을 2016~2018년 기준으로 여자는 7.3%, 남자는 20.9%로 보고 있다(국립보건연구원, 2020). 2007~2009년 이후 남자는 조금씩 감소하는 경향을 보이지만 여자는 증가하는 경향을 보이는데, 연령대별로는 여성의 경우 고위험음주율이 19~24세가 12.0%로 가장 높았고, 연령이 높아질수록 고위험음주율은 낮아져 65세 이상에서 0.8%로 가장 낮게 나타났다([그림 8-7] 참조).

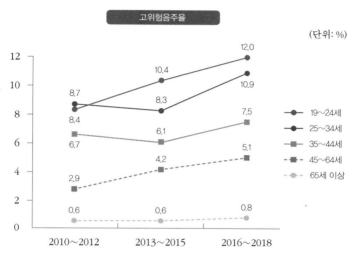

[그림 8-7] 19세 이상 성인 여자의 연령별 고위험음주율(2010~2018년)
출처: 국립보건연구원(2020: 43).

3) 자살

최근 한국의 자살 사망률은 감소 추세를 보이다가 2018년 이후 다시금 증가하고 있다. 2019년 자살로 인한 사망률은 인구 10만 명당 26.9명으로 2017년 24.3명으로 가장 낮은 사망률을 보인 것에 비교해 볼 때 인구 10만 명당 약 2.6명 증가하였다. 자살로 인한 사망률은 남자가 여자에 비해 높게 나타나며, 연령으로 살펴보면 남녀 모두 연령이 증가할수록 자살 사망률이 증가하는 경향을 보인다(국립보건연구원, 2020: 61).

자살 사망률은 남자가 여자보다 높지만, 자해나 자살시도 비율은 여자가 월등히 높다. 2020년 기준 남자는 39.3%이지만, 여자는 60.7%나 된다. 이러한 현상은 자해나 자살시도로 응급실을 찾는 여성이 남성보다 많다는 통계를 통해서도 확인된다.

통계청의 '2020년 사망원인통계'를 보면 청소년(9~24세)의 자살 현황이 〈표

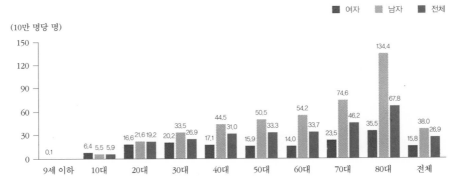

[그림 8-8] 성별 · 연령별 자살 사망률(2019년)

자료: 중앙자살예방센터 홈페이지(spckorea-stat.or.kr)

주: 자살 사망률: 인구 10만 명당 자살로 인한 사망자 수

출처: 국립보건연구원(2020: 61).

표 8-2 ｜ 2016～2020년 성별 자해 · 자살 시도 응급실 내원 현황 추이　　(단위: 건, 개)

구분	2016년	2017년	2018년	2019년	2020년
남자	12,605	12,829	14,803	15,486	13,729
여자	14,469	15,449	18,648	20,850	21,176
전체	14,469	15,449	18,648	20,850	21,176
구성비(여자/남자)	1.15	1.20	1.26	1.35	1.54
기관 수	151	154	153	162	167

출처: 보건복지부, 한국생명존중희망재단(2022).

표 8-3 ｜ 2020년 성별 청소년(9～24세) 자살 현황　　(단위: 명, %, 인구 10만 명당 명)

성별	자살자 수	백분율	자살률
남자	503	52.6	11.2
여자	454	47.4	11.0
전체	957	100.0	11.1

출처: 보건복지부, 한국생명존중희망재단(2022).

8-3〉과 같다. 이를 살펴보면, 남녀 성별 차이가 크게 나지 않는다. 자살에 있어 여자보다 남자 자살률이 높지만 유독 청소년 집단에서의 자살 현황은 남녀가 크게 다르지 않다. 또한 전체 자살 사망자 중 청소년 집단이 11.1%나 차지한다는 점은 우리 사회가 매우 심각하게 해결방안을 모색해야 한다는 시사점을 던져 준다.

알려진 바와 같이 여성노인이 남성노인보다 더 자살사고를 많이 한다. 또한 자살시도로 인한 응급실 내원 비율도 여성노인이 높다. 황혜남과 변혜선(2021)의 연구에서는 여성노인의 경우 배우자가 없는 대상자는 있는 대상자보다 자살위험 수준이 높았고, 1종 의료급여 수급 대상자는 건강보험 대상자보다 자살위험 수준이 높았으며, 주관적으로 경제 상태가 불충분하게 느끼는 대상자는 충분하다고 응답한 대상자보다 자살위험 수준이 높았다고 밝힌 바 있다. 여성노인이 배우자 없이 독거하는 비율이 높은 것과, 여성노인의 빈곤율이 높은 점 등을 고려할 때 여성노인의 정신건강이 취약하고 자살위험이 높다고 예상해 볼 수 있다. 여성노인의 정신건강과 자살 예방을 위한 적극적인 개입이 필요한 것으로 보인다.

4) 섭식장애

섭식장애는 체중과 체형에 대한 집착과 섭식행동과 관련된 부적응적 증상들로 인해 신체적 건강과 심리사회적 기능이 심각하게 손상되는 질환이다(국가정신건강정보포털, http://www.mentalhealth.go.kr). 몸무게가 늘어나는 것을 비정상적으로 두려워하고, 날씬한 체형에 지나치게 집착하며, 몸매에 대해 실제와 다르게 왜곡하는 정신질환이다. 섭식장애 당사자는 심리적 불안을 관리하기 위해 음식이나 체중, 몸매를 강박적으로 조절하는 증상을 보인다. 거식증이라고 불리는 신경성 식욕부진증과 신경성 폭식증, 폭식장애 등이 포함된다. 주로 여성, 10~20대 여성에게서 나타나는데, 거식증의 평균 발생 연령은

16세, 폭식증과 폭식장애는 18세로 청소년 시기에 발생한다. 주로 여자 청소년이나 20대 젊은 여성들에게서 발병하거나 지속되는 이 섭식장애는 청소년 시기에 발병할 때는 신체성장과 뇌발달 저하를 가져오고 이른 나이에 골다공증을 유발할 수 있다. 완벽주의, 강박적인 성향 등도 원인이 되며, 다이어트를 지나치게 심하게 하는 경우 섭식장애를 촉발한다. 사람들과의 교류도 단절될 수 있고, 합병증을 동반해 극단적인 경우 사망까지 이를 수 있다.

가장 최근의 통계로는 여성의 섭식장애 증상(예: 무모한 금식, 구토 혹은 설사제 남용) 유병률은 청소년기에 0.6%, 대학생 시기에 0.7%로 나타났으며, 평생 유병률은 2~4%로 보고되고 있다(국가정신건강정보포털, mentalhealth.go.kr). 체중 증가를 막기 위해 구토를 하거나 설사약, 이뇨제를 남용, 과도한 운동 등 체중 감량을 위해 노력하지만 이는 영양 부족을 동반하고 뇌신경전달물질의 저하를 초래하기 때문에 신진대사가 줄고 장기가 제 기능을 못하게 될 수도 있다. 또한 여성은 무월경이 나타나 난임까지 초래할 수 있다. 거식증의 치사율이 5% 정도이기 때문에 모든 정신질환 중 치사율이 가장 높지만 환자 본인도 섭식장애인 줄 모르고 의료인들도 인식이 낮다 보니 진단이 많이 누락된다고 한다(매경헬스, 2022. 9. 8.).

현대의 고도화된 상업적 자본주의 문화는 자신이 정상 체중임에도 체형에 대해 만족하지 못하게 하고 만성적 다이어트를 유발한다. 건강을 위한 다이어트보다는 사회적 기준에 맞춘 외모인 마른 몸매를 위해서이다. 청소년들이 신체에 대해 왜곡된 이미지를 갖지 않도록 외모지상주의 문화를 비판적으로 인식하고 건강한 자아와 신체이미지를 가질 수 있도록 돕는 것이 필요하다. 또한 섭식장애의 증상과 원인에 대한 교육과 인식개선이 확산되어 여자 청소년 및 20~30대 여성들의 신체 및 정신건강이 위협받지 않도록 사회가 노력해야 할 것이다.

4. 여성의 건강증진을 위한 과제

1) 여성의 재생산권리에 대한 인식 증진

여성은 재생산권리를 가진다. 즉, 임신 여부와 시기, 자녀의 수를 자유롭게 결정한 권리, 성관계 · 피임 관련 의료서비스에 대한 정보에 접근할 권리, 포괄적이고 통합적인 성과 재생산에 대한 의료서비스를 받을 권리, 재생산에 대한 차별 · 강요 · 폭력으로부터 자유로울 권리를 가진다(의약뉴스, 2019. 1. 22.). 그러나 우리 사회에서 여성들의 이러한 재생산권리는 매우 제한되고 박탈되어 왔다. 특히 임신, 출산에 대한 자유로운 결정보다는 사회적 규범과 인식에 의한 압력과 모성 역할에 대한 강요를 받아 온 것이 사실이다. 이러한 과정에서 자발적 · 비자발적 유산과 낙태를 경험하는 여성이 많으며, 이는 여성의 건강을 심각하게 훼손하는 생애주기 사건이 되어 왔다. 결국 이러한 경험은 여성의 임신, 출산에도 부정적 영향을 미칠 수 있다. 이제 여성의 주체적인 삶을 위한 성 · 재생산 건강에 대한 진지한 논의가 필요하며, 이를 보장하기 위한 공공보건 의료서비스의 강화가 필요하다(의약뉴스, 2019. 1. 22.). 더불어 공공 의료서비스에의 접근에 여성의 연령이나 장애, 혼인상태 등에 다른 차이가 발생하지 않도록 접근성을 강화하는 지원체계가 마련되어야 할 것이다.

2) 여성의 정신건강에 대한 관심과 생애주기별 건강 관리 체계 강화

여성은 몇 가지 정신건강 영역에서 남성보다 취약하다. 예를 들면, 우울증이나 스트레스 인지율이 남성에 비해 높다. 한 사회학자는 유럽 23개국을 연구한 결과에서 성평등한 나라일수록 여성과 남성 사이의 우울 수준 차이가 작고 사회 전반 우울 수준도 낮다고 설명한 바 있다(한겨레, 2021. 5. 4.). 예를 들면, 노르웨이, 스위스, 아일랜드와 같이 여성의 경제참여와 노동시장에서의 지위가 높은 나라들은 남녀 우울 수준 차이가 작은 반면, 동유럽과 남유럽처럼 여성의 가정 내 통제력이 낮고 전통적인 성역할 규범이 강한 나라는 여성들의 평균 우울 수준이 높고, 특히 남성보다 훨씬 우울 수준이 높다는 것이다. 타고난 성별 때문에 자원이나 기회, 경제적 참여가 제한되지 않고, 전통적 성역할에 갇히지 않고 자기를 실현할 기회를 많이 가질 수 있는 나라일수록 여성의 정신건강이 향상될 것이다. 우리나라와 같이 가부장적·유교적 사회규범이 강한 나라에서 여성들의 우울증과 스트레스는 소위 '홧병'이라는 이름으로 많이 불러 왔다. 이러한 문제를 한국의 여성이고 어머니고 며느리라면 당연히 받아들여야 하는 것으로 간주해 왔다. 그러나 이것은 당연한 것으로 치부되어야 할 것이 아닌 정신건강의 문제이기 때문에 정부와 사회가 좀 더 관심을 가지고 생애주기별 정신건강 관리 체계를 수립하고 이를 실천할 공동의 의무를 지니고 있음을 기억해야 할 것이다.

3) 여자 청소년 및 20~30대 여성의 건강에의 관심과 정책 추진

코로나19 이후로 젊은 여성들의 정신건강이 매우 나빠지고 위험수위에 이르는 비율도 높아졌다는 보고가 있었다(청년의사, 2021. 9. 25.). 2030 여성은 우울감, 불안감, 적응 스트레스 수면문제, 외상 후 스트레스, 자살 및 자해 사고 등 모든 지표에서 남성보다 높은 수준으로 나타났다(매경헬스, 2023. 2. 23.). 사회적 고립과 은둔 청년들이 증가하는 사회적 현상과 함께, 소셜네트워크서비스(SNS)의 활발한 사용으로 아직 정체성 확립이 안정되지 않고, 외모나 남의 시선이나 평가에 민감할 나이대의 여자 청소년 및 2030 여성들의 정신건강이 위협받고 있는 것으로 평가된다. 한 전문가는 SNS 디톡스를 해야 하다고 강조하면서 좋은 순간만 올리는 여러 사람의 SNS를 자주 보게 되면 나를 제외한 모든 사람이 행복해 보인다는 상대적 비교에 의해 자존감도 낮아지고 우울감이 높아진다는 분석이다(매경헬스, 2023. 2. 23.). 젊은 여성 세대들의 정신건강에 대한 관심과 관련 정책이 시급하다.

💬 기사 보기

[성명] '태아산재' 인정 반영한 「산업재해보상보험법」 개정안 통과. 환영과 함께 여성노동자 건강권 보장을 위한 방향으로 더 나아가야 한다.

드디어 지난 12월 9일 임신 중인 노동자가 유해·위험 요인에 노출되어 자녀가 선천성 질환을 갖고 태어나거나 사망한 경우 「산업재해보상보험법」의 보호를 받을 수 있도록 하는 이른바 '태아산재법'인 「산업재해보상보험법」 개정안이 국회 본회의를 통과했다. 이로써 임신한 노동자가 업무상 요인으로 태아의 건강이 손상된 경우 태아에 대한 업무상 재해를 인정하고 보험급여 지급이 가능해졌다.

현행 「산업재해보상보험법」은 '근로자'만 보상받을 수 있다. 법원은 태아의 경우 노동 능력과 산재 급여 청구권이 없다며 임신한 여성노동자의 유해요인 노출로 인해 발생한 태아의 건강손상에 대해서는 산재라고 인정하지 않았다.

2010년 제주의료원에서 근무한 간호사 12명 가운데 5명은 유산을 겪어야만 했고, 자녀 4명은 선천성 심장질환을 갖고 태어났다. 역학조사 결과, 간호사들은 임신 중에도 3교대 근무를 해야만 했고, 업무 중 알약을 가루로 분쇄하는 일을 했는데 이 중에 임신부에게 매우 위험한 약들도 포함된 것이 드러났다. 결국 아이들이 10살이 되던 2020년 4월 대법원은 임신 중 업무 때문에 장애가 생겼다며 아이들에게도 산재를 인정했다. 10년을 투쟁한 결과였다.

하지만 대법원의 판결이 난 지 1년이 지나도록 태아산재 인정이 반영된 「산업재해보상보험법」이 개정되지 않았다. 여성노동자들은 유산이 자신의 잘못과 책임인 것처럼 고통스러운 시간을 보내야만 했고, 아픈 자녀들을 보며 편한 날이 하루도 없었다. 자녀에 대한 돌봄과 책임이 대부분 여성에게 맡겨지는 가부장 사회에서 여성노동자의 업무로 인한 태아손상 역시 본인의 탓으로 여겨야만 했던 고통과 슬픔, 죄책감이 비단 제주의료원 간호사들에게만 있는 것은 아닐 것이다.

유산은 드문 일이 아니다. 정춘숙 의원실에 국민건강보험공단이 제공한 자료에 따르면, 2016년부터 2020년까지 5년간 유산을 겪은 여성은 45만 8,417명에 달한다. 미취업 여성 유산은 2020년 3만 3,877명이었고, 유산으로 진료받은 여성 취업자는 같은 해 5만 893명으로 여성 취업자가 미취업 여성보다 약 1.5배 높게 나타났다. 유산을 겪은 여성 10명 중 6명은 노동자인 것이다.

이를 통해 노동환경이 여성의 몸에 어떠한 영향을 미치는지 짐작할 수 있다. 특히 장시간 노동을 할수록 유산 위험이 높아질 수밖에 없고 불안정한 고용에서 스트레스를 받으며 일하는 환경도 치명적이다. 이는 분명한 재생산권에 대한 침해이며, 저출생 운운하며 여성에게 아이를 낳으라고만 강요하는 정부가 여성의 몸을 노동력 재생산의 도구로만 보고 있다는 점으로 날카롭게 지적할 부분이다.

태아산재 인정은 오랫동안 여성 개인에게 맡겨져 왔던 임신과 출산, 양육 더 나아가 인간의 생식 활동에 관련된 건강과 활동을 보장한다는 점에서 의미가 크다. 그렇기에 이번 법 개정은 끝이 아니라 여성노동자 건강권 보장을 위한 싸움의 시작이어야 한다.

이번 개정안은 '임신 중인 근로자'로 규정했기 때문에 아버지인 남성노동자의 업무로 인한 건강손상은 해당되지 않는다. 남성노동자의 업무로 인한 태아에 대한 영향과 질환도 계속해서 발견되고 있고, 임신 중인 근로자로만 제한할 경우 임신과 출산, 양육의 책임이 여성에게만 주어지는 것은 아니기 때문에 남성노동자까지 확장이 필요하다. 이뿐만 아니라 「산업재해보상보험법」 급여 내용 중 휴업급여, 유족급여, 상병보상연금이 제외된 것도 변화가 필요하다.

한국노동안전보건연구소도 여성노동자 건강권 쟁취를 위한 싸움에 함께할 것이다.

2021년 12월 10일
한국노동안전보건연구소(kilsh.or.kr)

토론하기 주제

1. 여성에 신체와 정신건강에 가부장적 자본주의 사회의 관념과 인식이 미치는 영향에 대해 사례를 들어 토론해 봅시다.

2. 여성의 성과 재생산권리에 대한 외국 실태와 우리나라의 실태를 비교해서 토론해 봅시다.

도움이 되는 자료

1. 섭식장애 정신건강연구소 섭식장애 웹플랫폼(eatingresearch.kr)

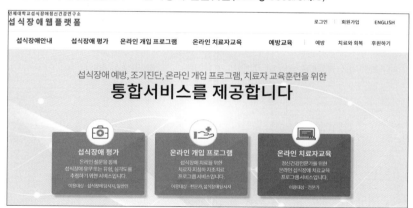

이 사이트는 인제대학교 섭식장애 정신건강연구소에서 운영하는 섭식장애 웹플랫폼이다. 섭식장애를 예방하고 조기에 진단하며, 온라인으로 개입할 수 있는 프로그램, 치료자 교육훈련을 제공하는 사이트이다.

2. 모두를 위한 성 · 재생산권 이야기(유튜브, www.youtube.com)

이 영상은 저출산 · 고령사회위원회에서 개최한 정책토론회 영상으로 국제사회에서 지향하는 삶의 질과 인권 차원의 인구정책 핵심과제인 성 · 재생산 건강 및 권리의 보장이 우리 모두의 건강한 삶과 성평등 사회를 지향하는 중요한 사회적 과제임을 공유하고 구체적인 정책 방안을 논의하고자 마련된 토론회 영상이다. 독자들에게 다소 생소한 권리일 수 있는 성 · 재생산 건강 및 권리에 대한 다양한 주제와 이슈에 대해 배워 볼 수 있는 영상이다.

참고문헌

국립보건연구원(2020). 수치로 보는 여성건강 2020.

국립정신건강센터(2022). 2021년 정신건강실태조사.

보건복지부, 한국생명존중희망재단(2022). 2022 자살예방백서.

아름다운재단, 한국미혼모지원네트워크(2019). 2019 청소년부모 생활실태 조사 및 개선방안 연구.

여성가족부(2022). 2022 통계로 보는 남녀의 삶 보도자료.

이경희, 김연실, 이난희, 정보영, 조현미(2015). 여성 정신건강연구에 대한 패러다임 고찰: 국내 간호학술지 중심으로. J Korean Acad Psychiatr Ment Health Nurs, 24(1), 41-49.

이홍자, 김춘미, 이도현(2016). 중년 여성의 우울에 영향을 미치는 요인. Korean Journal
    of Health Promotion, 16(1), 1-10.
질병관리청(2023). 제18차(2022년) 청소년건강행태조사 통계.
한국보건사회연구원(2019). 여자청소년의 건강이슈 분석과 월경관리 현황 조사.
한국청소년정책연구원(2017). 한국 아동·청소년 인권실태조사.
황혜남, 변혜선(2021). 여성노인의 자살위험 영향 요인. 한국데이터정보과학회, 32(2),
    297-307.

Catino, J. (2012). *A Girls first! Publication: The health of vulnerable adolescentgirls;
    a strategic investment for double return.* Population Council.

News1(2023. 1. 13.). 소변 속 니코틴'이 말해준 진실…청소년 흡연율 8% 아닌 '14%'.
매경헬스(2022. 9. 8.). 섭식장애는 자살과 저출산 원인… 국가적 관심 필요해.
매경헬스(2023. 2. 23.). 2030 여성 '우울감·불안감' 지수 높아… SNS디톡스 필요.
아주경제(2021. 4. 23.). [고립된 10대 미혼모]① 청소년 산모가 낳은 아이 '5년간 8,000명'.
의약뉴스(2019. 1. 22.). 낙태, 여성 건강권 통한 통합적 접근 필요.
청년의사(2021. 9. 25.). 코로나19 장기화로 소아청소년·2030여성 정신건강 '적신호'.
한겨레(2021. 5. 4.). 여성은 원래 우울하다고?… 그것은 사회적인 질병입니다.

국가정신건강정보포털. http://www.mentalhealth.go.kr
한국노동안전보건연구소. https://kilsh.or.kr

다문화가족과 여성

 학습개요

한국은 다문화사회인가? 다문화사회가 아니거나 준비가 되지 않았는데 정치적·경제적·사회적 목적으로 다문화 결혼이주여성을 받아들이게 되었는가? 이 주제를 중심으로 한국에서 살고 있는 다문화여성, 특히 결혼이주여성을 중심으로 이들이 겪고 있는 어려움과 문제점, 사회복지제도와 개선방안에 대해 살펴본다. 이를 통해 우리 한국사회의 타 문화에 대한 배타성과 여성차별주의의 중첩적 어려움을 교차해서 겪고 있는 결혼이주여성들의 인권에 대해서도 고찰해 보고자 한다.

학습목표

1. 한국에서의 다문화사회의 의미와 결혼이주여성의 증가 배경에 대해 살펴본다.
2. 결혼이주여성이 가족을 이루어 살고 있는 한국에서의 경제적·사회적·심리정서적 실태를 파악한다.
3. 결혼이주여성의 삶의 질을 개선하고 인권을 보호하기 위한 정책과 실천방안에 대해 살펴본다.

1. 다문화사회와 결혼이주여성

현대적 의미의 다문화주의는 캐나다와 호주에서 시작되었다. 캐나다는 1971년 다문화주의를 국가정책으로 채택했고, 호주는 1973년, 미국도 1970년 대에 다문화주의가 등장했다. 한국에서는 2000년대에 들어서면서 다문화주의가 논의되기 시작했는데, 주로 외국인 노동자, 결혼이주여성이 크게 증가하면서부터 시작되었다. 한국에서는 2008년 「다문화가족지원법」을 제정했지만 아직 다문화수용성이나 다문화민감성 정도가 낮은 나라에 속한다. 따라서 한국을 다문화사회로 볼 것인가에 대해서는 아직 의견이 분분하다. 왜냐하면 다문화사회는 다문화주의를 주요 가치로 받아들여 한 사회 내에 여러 인종이나 민족이 함께 살면서 사회적 · 정치적 · 경제적 · 문화적 권리에 있어 인종이나 민족을 이유로 차별하지 않는 사회를 말하기 때문이다. 따라서 다문화사회라면 기존 주류 문화의 기득권을 인정하지 않아야 하지만 한국사회는 여전히 주류 문화의 기득권이 매우 우세하고 타 인종이나 민족에 대한 배타성이나 비주류화하려는 인식이나 태도가 강하기 때문이다.

훨씬 오래전부터 외국인 노동자들의 국내 입국이 이루어져 왔지만 다문화사회 논의가 본격적으로 이루어지게 된 것은 2000년대 들어서 결혼을 이유로 이주하는 외국 여성들이 증가하면서부터이다. 문제는 다문화여성이나 다문화가족에 대한 논의가 처음부터 결혼이주여성을 한국의 저출산 · 고령화 위기를 타개할 해법으로 간주하고 이들이 출산과 가족 유지 등의 재생산 노동을 담당하도록 요구하는 기대를 전제로 시작되었다는 사실이다. 따라서 이주여성들을 대상으로 한 법이나 정책에는 정상 가족, 전통적 가족 개념을 전제로 한 남성생계부양자 모델에 기반하여 이주여성에 대한 법적 · 정책적 접근을 시작했다는 한계를 가지고 있다.

결혼이주여성이라는 용어보다는 법률적으로는 결혼이민자와 기타귀화자의 개념으로 분류하고 있다. 결혼이민자는 '대한민국 국민과 혼인한 적이 있거나 혼인관계에 있는 재한외국인'으로 정의하고 있다. 반면 기타귀화자는 혼인귀화를 제외한 모든 귀화자를 의미한다.

2. 결혼이주여성과 다문화가족

최근 한국사회는 다문화 · 다인종 사회로 이행되고 있으며, 이러한 추세는 가속화될 것으로 보인다. 1990년대 중반부터 국제결혼이 증가하기 시작했고, 2000년대 이후 급증하기 시작하였는데, 주로 '한국인 남성과 외국인 여성' 간에 이루어져, 외국인 여성이 결혼을 이유로 한국으로 이주하여 한국 내에 정착하여 살고 있는 경향을 보이고 있다.

다문화가구, 외국인 주민, 귀화 외국인 등 다문화 인구를 구분할 수 있는 여러 분류가 있지만, 대개 다문화여성은 결혼이주여성을 일컫는 경우가 많다. 다문화가구유형도 결혼이민자와 기타귀화자로 분류될 수 있다.

여성가족부에서는 「다문화가족지원법」 제4조에 따라 다문화가족에 대한 기초자료를 수집하여 중장기 지원정책 수립에 활용하기 위해 2009년부터 3년마다 다문화가족 실태조사를 실시하고 있다. 이 절에서는 가장 최근의 조사인 '2021년 다문화가족 실태조사' 결과를 기반으로 우리나라 다문화가구와 다문화가구의 결혼이주여성에 대한 실태와 현황에 대해 살펴보고자 한다(여성가족부, 2022b).

1) 현황과 실태[1]

(1) 인구학적 실태
전국의 다문화가구는 전체 346,017가구이며, 결혼이민자[2] 가구가 82.4%

(285,005가구), 기타귀화자[3] 가구가 17.6%(61,012가구)이다. 이들 중 수도권에 56.1%가 거주하고 있는데 이는 2018년 조사 대비 0.5%p 증가한 수치이다. 가족구성에 있어서는 부부+자녀 가구 비중이 35.5%, 부부 가구가 30.0%, 한부모가구 10.9%, 1인 가구 8.3% 등이며, 부부 가구의 비중이 2018년 17.0% 대비 13.0%p 증가하였다. 평균 가구원 수는 2.82명이며, 평균 자녀 수는 0.88명으로 이 수치도 2018년 0.95명 대비 감소하였고, 무자녀 가구가 42.0%로 5.3%p 나 증가하였다.

국제결혼 감소추세에 따라 다문화가족의 증가율은 점차 둔화되고 있으며, 신규유입의 감소로 전체 결혼이민자·귀화자 집단에서 중·장기 정착 비율이 높아지는 추세이다(여성가족부, 2022a). 15년 이상 거주자(39.9%)가 큰 폭으로 증가(12.3%p)하였으며, 정착주기 장기화로 평균 연령대가 높아지고 있다.

혼인상태는 배우자가 있는 비율이 84.8%, 이혼·별거가 8.6%, 미혼 3.4%, 사별 3.2% 순으로 나타났다. 이혼이나 별거의 사유는 성격차이(50.7%), 경제적 문제(14.0%), 학대·폭력(8.8%) 등으로 나타났고, 이혼이나 별거 후 자녀를 양육하는 결혼이민자·기타귀화자는 93.3%로 나타났다. 이혼이나 별거 후 자녀 양육비를 받은 적이 있는 비율은 59.5%였지만, 수령 경험이 있는 사람 중 지속적으로 받는 비율은 21.4%에 지나지 않았다. 또한 처음에는 받았지만 지금은 받지 못하고 있다는 비율이 14.3%였다.

배우자와 만나게 된 경로는 스스로가 31.6%로 가장 많고, 친구나 동료의 소개가 28.2%, 결혼 중개업체 20.0%, 가족 또는 친척 소개 16.9%의 순으로 나타났다. 여성의 경우 중개업체에서 배우자를 소개받은 경우가 4명 중 1명인 23.6%이며, 연령이 낮을수록 중개업체 이용률이 높고, 읍·면 거주자가 동 거

1) 다문화가구의 현황과 실태는 여성가족부(2022b)의 '2021년도 전국 다문화가족 실태조사' 결과를 활용하였다.

2) 결혼이민자는 한국인과 혼인한 외국 국적자 및 혼인귀화자를 말한다.

3) 기타귀화자는 혼인귀화 외의 방법으로 한국 국적을 취득한 귀화자를 말한다.

표 9-1 2020년 결혼이민자 국적별 현황										(단위: 명)
국적	합계	중국(한국계)	중국	베트남	필리핀	일본	캄보디아	몽골	태국	미국	기타
합계	372,884	121,615	71,145	85,283	20,473	13,550	8,903	4,052	6,468	9,139	32,256

출처: 행정안전부(2021).

주자에 비해 중개업체 이용률이 약 2배 높게 나타났다.

부부간 문화적 차이를 경험했다는 비율은 52.4%로 식습관 52.7%, 의사소통 방식 43.4%, 자녀 양육방식 29.0% 순으로 나타났다(복수응답). 자녀 양육에 있어 만 5세 이하는 한국어 지도(26.8%)에 가장 큰 어려움을 느끼는 반면, 만 6세 이상은 학습지도(50.4%)에서 가장 큰 어려움을 느끼는 것으로 조사됐다.

〈표 9-1〉에 나타나는 바와 같이, 2020년 결혼이민자의 국적별 현황을 보면 중국(한국계) 국적이 가장 많고, 베트남, 중국, 기타, 필리핀, 일본 순으로 나타났다.

(2) 경제 및 사회 활동 실태

결혼이민자 및 귀화자의 경제활동 참가율은 2021년 기준 64.5%로 일반 국민의 64.8%에 비하면 0.3%p 낮다. 고용률도 2018년 조사 대비 감소했는데, 2018년은 66.4%, 2021년은 60.8%로 5.6%p 감소했으며, 일반 국민의 고용률인 62.4%에 비해 1.6%p 낮게 나타났다. 단순노무 종사자 비율은 32.4%로 나타나 전체 근로자의 단순노무 종사자 비율인 14.4%에 비해 18.0%p 높게 나타나 이들의 고용의 질이 좋지 않음을 알 수 있다. 관리자와 전문가 직종은 상대적으로 적은 반면, 2018년 조사와 비교하면 눈에 띄게 단순노무 비율이 높아졌다. 종사상 지위에 있어서도 상용근로자는 47.7%로 나타났는데, 이 역시 전체 근로자 54.6%에 비해 6.9%p 낮은 것을 알 수 있다.

연령대별로 살펴보면, 전 연령대에서 결혼이민자 및 귀화자의 경제활동 참가율은 일반 국민보다 낮고, 비경제활동인구 비율은 일반 국민보다 높음을 알

표 9-2	결혼이민자·귀화자와 국민 일반의 연령대별 경제활동 현황			(단위: %)
	결혼이민자 · 귀화자		일반 국민	
	경제활동 참가율	비경제활동인구 비율	경제활동 참가율	비경제활동인구 비율
전체	64.5	35.5	64.8	35.2
29세 이하	46.3	53.7	56.8	43.2
30~39세	66.3	33.7	77.8	22.2
40~49세	73.3	26.7	79.2	20.8
50~59세	73.2	26.8	77.1	22.9
60세 이상	47.6	52.4	44.5	55.5

출처: 통계청(2021).

수 있다(〈표 9-2〉 참조).

다행인 점은 이들의 한국생활의 어려움과 차별경험이 감소하고, 사회적 관계는 확대되는 등 한국생활 적응도가 높아진 것으로 나타났다. 예를 들면, 한국생활에 어려움이 없다는 비율이 37.9%로 2018년의 29.9%보다 8.0%p 증가하였으며, 주된 어려움은 여전히 언어문제(22.9%), 경제적 어려움(21.0%), 외로움(19.6%) 순으로 나타났다. 외국 출신이라는 이유로 차별받은 경험은 16.3%로 나타나 2015년의 40.7%, 2018년의 30.9%에 비해 많이 감소한 것으로 나타났다.

결혼이민자 및 귀화자가 지난 1년간 참여한 모임이나 활동은 주로 모국인 친구 모임이 가장 많고(51.1%), 그다음으로는 학부모 모임(23.6%), 종교활동(13.0%) 순으로 나타났다. 그런데 이 수치는 2015년, 2018년에 비해 지속적으로 모임이나 활동의 참여율이 감소하고 있어서 결혼이민자나 귀화자들의 모임이나 활동 참여가 축소되고 있는 경향을 보이고 있음을 알 수 있다. 코로나 19로 인해 사회적 모임이나 관계가 위축된 부분을 감안하더라도 추세적으로 이런 활동에의 참여율이 감소하고 있는 점을 눈여겨볼 필요가 있다.

(3) 배우자 만족 실태

배우자가 있는 결혼이민자·귀화자들이 느끼는 배우자와의 관계 만족도는 54.1%가 매우 만족, 29.2%가 약간 만족으로 응답하여 대개 만족하는 것으로 나타났다. 5점 척도 기준으로는 결혼이민자가 4.34점, 기타귀화자가 4.42점으로 기타귀화자의 만족도가 약간 높으며 여성(4.31점)에 비해 남성(4.53점)의 만족도가 높은 것으로 나타났다. 연령별로는 20대의 젊은 층(4.49점)과 한국 거주기간이 5년 미만인 단기 거주자(4.53점)의 만족도가 높으며, 연령이 높아지고 거주기간이 길어질수록 만족도가 낮아지는 경향이 나타났다. 부부간 연령 차이도 만족도 차이에 영향을 미치는 것으로 나타났는데, 부부간 연령 차이가 5년 미만(4.44점)인 경우보다 15년 이상(4.25점)과 같이 연령 차이가 큰 경우 만족도가 낮아지는 것으로 나타났다.

지난 1년간 배우자와 갈등을 경험한 적이 있는지에 대해서는 46.3%가 있다고 응답했는데, 기타귀화자(37.2%)보다는 결혼이민자(47.6%)의 갈등경험률이 높았고, 남성(35.8%)보다는 여성(48.5%)의 경우 갈등경험이 있다는 응답이 높았다. 20대와 30대 등 젊은 층에서는 절반 이상이 부부 갈등을 겪은 것으로 나타났고, 연령이 증가할수록 이런 응답률은 낮아지는 것으로 나타났다. 부부간 연령 차이도 부부갈등에 영향을 미치는 것으로 나타났는데, 연령 차이가 많이 나는 부부의 갈등경험이 더 많은 것으로 나타났다(연령 차이 5년 미만은 41.1%, 15년 이상은 53.6%).

(4) 성역할 인식 실태

2021년 다문화가족 실태조사에서 결혼이민자 및 귀화자의 성역할 인식에 대한 조사 결과는 다음과 같다. "가족의 생계는 남성이 책임져야 한다."는 문항에 여성은 52.1%, 남성은 56.0%가 동의하였다. 남성이 생계부양자가 되어야 한다는 전통적 성역할 인식에 남성 응답자들이 더 동의하고 있는 것을 알수 있다. "여성이 경제적으로 자립하는 것이 중요하다."는 문항에는 여성의

89.0%가, 남성의 78.7%가 동의하고 있어, 결혼이민자 및 귀화자들은 여성들의 경제적 자립을 매우 중요하게 생각하고 있는 것으로 나타났다. "여성이 직장생활보다는 어린 자녀 돌봄을 우선시해야 한다."는 문항에 여성의 65.9%, 남성의 57.6%가 동의하는 것으로 나타나 남성보다 여성이 더 여성의 자녀 양육 역할에 동의하는 것으로 나타났다.

(5) 한국생활 적응 및 차별경험 실태

결혼이민자의 한국어 수준(3.77점)은 기타귀화자(4.38점)보다 매우 낮으며 특히 여성이 남성보다 한국어 수준이 낮다. 연령층이 높을수록, 국내 거주기간이 길수록 한국어를 잘하며, 출신국적별로는 한국계 중국 출신의 한국어 수준이 가장 높은 것으로 나타났고, 이에 비해 태국 출신의 한국어 수준이 가장 낮은 것으로 나타났다.

차별경험에 있어, 결혼이민자 및 귀화자는 지난 1년간 외국 출신이라는 이유로 차별받은 경험이 있는가에 대해 16.3%가 그렇다고 응답하여 2018년의 30.9%보다 14.6%p나 감소하였다. 그러나 이 수치만으로 우리 사회의 이민자에 대한 차별이 줄었다고 볼 수 있는지는 의문이 든다. 왜냐하면 2020년부터 2021년 다문화가족 실태조사 시점까지는 코로나19 팬데믹으로 인해 사회활동이 위축되고 사회적 관계의 수가 크게 줄었기 때문에 다양한 영역과 환경에서의 대인 또는 관계 접촉의 경험이 줄었기 때문에 그만큼 차별받았다고 느끼는 경험이 줄었다고 느낄 수 있기 때문이다.

(6) 서비스 이용 실태

결혼이민자 및 귀화자 중 초기적응, 자녀 양육, 취업, 사회활동과 관련된 서비스를 한 번이라도 이용한 적이 있는 이들은 61.9%로 2018년과 비교하면 1.0%p 증가했지만, 이전 증가율에 비하면 상승 폭이 눈에 띄게 둔화되었다. 남성 이민자보다는 여성 이민자의 서비스 이용경험이 많은 것으로 나타났다.

서비스의 세부 내용은 주로 초기적응지원에 해당하는 입국 전 교육(36.2%), 한국 적응교육(30.4%) 등이다. 기타귀화자보다는 결혼이민자의 서비스 이용경험이 많고, 연령이 낮을수록, 국내 거주기간이 짧을수록 서비스 이용경험이 많았다. 출신 국적별로는 베트남(83.1%), 캄보디아(82.4%) 출신의 서비스 이용경험이 많고, 다음으로는 필리핀(79.5%), 태국(71.7%), 러시아 및 중앙아시아(70.5%)인 것으로 나타났다.

결혼이민자 및 귀화자들은 주민센터나 행정복지센터에 대한 인지도가 가장 높은 것으로 나타났다(93.5%). 다음으로는 (건강가정)다문화가족지원센터도 87.5%가 인지하고 있었으며, 고용센터 78.1%, 사회복지관 74.7%, 여성새로일하기센터나 정부지원여성센터 69.1%로 나타났다.

다문화가족지원센터의 경우는 결혼이민자가 기타귀화자보다 이용률이 훨씬 높았고, 여성새로일하기센터나 사회복지관 등도 결혼이민자 이용이 더 많은 데 비해, 주민센터나 행정복지센터, 고용센터는 기타귀화자의 이용률이 높았다. 성별로는 여성 이민자가 남성 이민자보다 모든 기관이나 단체 이용률이 훨씬 높으며, 거주기간이 짧을수록 다문화가족지원센터나 다누리콜센터 이용이 많고, 거주기간이 길수록 주민센터나 고용센터, 사회복지관 이용이 많았다.

(7) 필요로 하는 서비스

결혼이민자 및 귀화자들이 원하는 서비스는 일자리 소개(3.27점), 한국사회 적응 교육(3.10점), 입국 전 준비교육(3.07점) 순으로 높게 나타났다. 이를 통해 경제적 활동에 대한 욕구가 높음을 알 수 있다.

김규식과 소진광(2016)의 연구에서는 346명의 여성결혼이민자를 대상으로 '필요로 하는 한국사회 정착화 프로그램'이 무엇인가에 대해 질문한 결과, '한국어, 한국문화 교육'이 253명(27.4%)으로 가장 높게 나타났고, '자녀 양육 및 교육' 200명(21.6%), '직업기술 및 취업교육' 193명(20.9%) 순으로 응답하였다. 이러한 연구결과도 앞서 제시한 2021년 다문화가족 실태조사의 결과와 크게

표 9-3 | **결혼이민자·귀화자의 지원 서비스에 대한 요구(2015, 2018, 2021)** (단위: 점)

구분	입국 전 한국 생활 준비 교육	가정 방문을 통한 각종 교육	한국어, 한국 사회 적응 교육	통·번역 서비스 지원	임신·출산 지원	부모 교육	자녀 언어발달 지원, 이중언어 교육	자녀 생활·학습 지원	사회 활동 지원 (자조 모임 등)	각종 상담	한국 학교 진학 지원	직업 훈련	일자리 소개·알선	창업 지원
2015	–	3.11	2.97	2.44	2.47		2.72	3.13	2.70	2.89	–	3.30		
2018	–	3.17	3.22	2.79	2.95	2.94	2.68	2.87	2.87	3.14	–	3.51		–
2021	3.07	3.00	3.10	2.85	2.91	2.90	2.83	2.93	2.85	3.04	2.61	3.03	3.27	2.83

주: 1) 전혀 필요하지 않다=1점, 별로 필요하지 않다=2점, 보통이다=3점, 약간 필요하다=4점, 매우 필요하다=5점
　　2) 2018년 조사에서는 '일자리 교육, 일자리 소개'에 대한 요구를 질문했으나, 2021년에는 '직업 훈련' '일자리 소개·알선'을 구분해 각각의 요구를 질문함
출처: 여성가족부(2022b).

다르지 않음을 보여 주고 있는데, 결혼이민여성들의 욕구가 주로 취업, 한국어 및 한국적응 지원, 자녀관련 지원으로 요약할 수 있을 것이다(〈표 9-3〉 참조).

3. 다문화가족과 결혼이주여성을 위한 정책과 서비스

1) 다문화가족지원센터 설치 및 운영

2000년 이후 국제결혼이 급격히 증가함에 따라 결혼이민자들이 한국사회에 안정적으로 정착하는 데 필요한 한국어 교육, 한국생활 정보 제공, 원만한 가족관계 유지에 필요한 상담 등의 서비스 수요도 가파르게 증가했다. 그러나 이러한 수요에 부응할 수 있는 지역기반 인프라가 부재한 상황에서 결혼이민여성들이 한국사회에 통합될 수 있게 하는 정책과 법률적 지원이 부족했다. 이러한 문제를 해결하기 위해 정부에서는 2006년 21개 지역에 다문화가족지원센터(당시에는 '결혼이민자가족지원센터')를 설치하였고, 이후 보다 많은 지역으로 확대하였다. 2021년 기준 전국에 228개의 다문화가족지원센터가 설치되어 결

표 9-4 전국 다문화가족지원센터 주요 프로그램 운영 현황

사업 내용	대상	주요 내용
방문 한국어 교육	집합교육 참여가 어려운 최초 입국 5년 이하 결혼이민자, 중도입국자녀	생활언어를 익히고 문화를 이해할 수 있도록 체계적·단계적 한국어 교육 실시
다문화가족 통합교육(집합)	가족, 배우자, 부부, 자녀 등 대상을 세분화하여 적합한 가족관계 증진 교육 제공	다문화가족 구성원 간 가족 내 역할 및 가족문화에 대한 향상교육 ※ 가족교육, 배우자·부부교육, 부모자녀교육, 다문화이해 교육
방문 부모교육서비스	집합교육 참여가 어려운 임신·출산·영아기~만 12세 미만의 자녀가 있는 결혼이민자	생애주기별(임신·신생아, 유아기, 아동기) 자녀의 양육 관련 교육·정보제공, 가족상담 등
방문 자녀생활서비스	집합교육 참여가 어려운 만 3세~만 12세의 다문화가족 자녀(단, 초등학교 재학 중인 경우 만 12세 초과하여도 포함)	생활지원 서비스 제공(독서, 숙제 지도, 정서발달 지원 등)
개인·가족상담· 사례관리(센터 내방·방문·전화)	다문화가족	다문화가족의 내부 스트레스 완화 및 자존감 향상 지원
결혼이민자 통·번역 서비스	다문화가족	결혼이민자를 통·번역 전담인력으로 양성하여 다문화가족의 의사소통 지원을 위한 통·번역 서비스 제공
다문화가족 자녀 언어발달지원	만 12세 이하 언어평가 및 언어교육이 필요한 다문화가족 자녀(단, 초등학교 재학 중인 경우 만 12세 초과하여도 포함)	다문화가족 자녀의 체계적인 언어발달 지원을 위하여 언어발달 진단 및 교육 실시
이중언어 가족환경 조성사업	영유아 자녀를 둔 다문화가족	일상생활 속에서 이중언어를 자연스레 사용할 수 있는 환경 조성을 위한 부모 인식개선 교육 및 부모자녀 상호작용 코칭 등

출처: 여성가족부(2022b).

혼이주여성과 그 배우자, 자녀 등을 위한 각종 서비스를 제공하고 있다(여성가
족부, 2022a). 〈표 9-4〉는 전국의 다문화가족지원센터에서 제공하는 주요 프
로그램 현황이다.

2) 결혼이주여성 한국어 교육 및 언어소통 지원

결혼이주여성들은 한국 생활에서 가장 힘든 점으로 언어문제를 꼽고 있다.
결혼이주여성들에게 한국어 능력은 단순한 언어문제가 아닌 가족생활이나 사
회활동, 경제활동에 있어 필수적인 요소이다. 이러한 점 때문에 이들을 대상
으로 하는 정착 지원 프로그램 중 가장 비중 있게 다루는 것이 한국어 교육이
다. 결혼이주여성들의 한국어 습득을 위해 다문화가족지원센터 등에 강좌를
개설하는 한편 센터 이용이 어려운 결혼이주여성들을 위한 방문교육도 실시
하고 있다. 2021년 한 해 동안 전국 231개 교육기관에서 운영하는 한국어 교
육과정에 668,237명의 결혼이주여성이 참여하였고, 방문 한국어 교육은 결혼
이주여성 3,702명의 가정을 방문하여 교육서비스가 제공되었다. 이 밖에 한국
생활 초기에 한국어가 서툰 결혼이민자들은 가족구성원과의 의사소통이나 병
원진료·공공기관 이용 등을 위해 통·번역사의 지원을 받을 수 있다. 2021년
기준 전국 다문화가족지원센터에 312명의 통·번역 전담인력이 배정되어 9개
언어로 결혼이주여성들의 의사소통을 지원하고 있다(〈표 9-5〉 참조).

표 9-5 **2021년 언어권별 통·번역 전문인력 현황** (2021. 12. 31. 기준, 단위: 명)

계	베트남어	중국어	필리핀어	몽골어	캄보디아어	러시아어	일본어	태국어	네팔어
312	177	74	19	10	12	8	9	1	2

출처: 여성가족부(2022b).

3) 폭력피해 이주여성 보호 · 지원

여성가족부는 「가정폭력방지 및 피해자보호 등에 관한 법률」(이하 「가정폭력방지법」) 제7조 및 제7조의2에 근거하여 폭력피해 이주여성 보호시설 운영을 지원하고 있다. 2007년 서울, 인천, 경기, 충남 등에 폭력피해 이주여성 쉼터 4개소의 운영 지원을 시작으로 2021년 현재 전국 총 28개소를 운영 · 지원하고 있다. 폭력피해 이주여성 쉼터는 당초 배우자가 대한민국 국민인 외국인 피해자가 지원 대상이었으나, 이 법의 개정으로 배우자가 대한민국 국민이 아닌 외국인도 입소가 가능하게 되었다. 쉼터에서는 가정폭력 등 각종 폭력피해 이주여성과 동반아동을 일시 보호하고 상담 · 의료 · 법률 등 서비스를 지원하고 있다(여성가족부, 2022a). 결혼이주여성들이 한국으로 이주하여 (가정)폭력피해를 입는 경우가 많아 이런 쉼터를 운영해야 하는 현실이 우리 사회의 다문화수용성이 얼마나 낮고 여성을 결혼의 도구로만 취급하는 야만성을 보여 주는 부끄러운 현실임을 말해 준다고 할 수 있다.

2010년부터는 폭력피해 이주여성의 주거지원을 위하여 그룹홈을 운영하고 있으며 2020년 현재 총 3개소(서울 2개소, 충남 1개소)를 운영하고 있다. 또한 2010년에 자활지원센터 1개소를 서울에 설치하여 직업훈련, 취업지원 등을 통해 경제적 자립을 도모하고 안정적인 한국사회의 정착이 가능하도록 지원하고 있다. 「가정폭력방지법」 제5조(상담소의 설치 · 운영) 개정(2018. 6. 13.

표 9-6 **이주여성 상담소 상담실적**   (단위: 건)

연도	계	가정폭력	성폭력	성매매	스토킹	데이트폭력	이혼	부부갈등	성상담	가족문제	중독	기타
2019	5,332	985	170	85	3	7	963	449	5	151	42	2,472
2020	9,613	2,785	567	6	26	214	864	436	−	592	11	4,112
2021	24,691	9,920	1,305	10	101	114	2,734	1,059	4	1,482	372	7,590

출처: 여성가족부(2022b).

시행)으로 외국인, 장애인 등 대상별 특화 상담소 운영의 근거가 마련됨에 따라 2019년부터 신규로 이주여성 상담소 5개소(인천, 대구, 충북, 전남, 제주)를 설치하고 2020년에 4개소(서울, 강원, 충남, 전북)를 추가로 설치·운영하고 있다. 〈표 9-6〉에서 보는 바와 같이, 이주여성 가정폭력 피해 건수가 대폭 증가했으며, 성폭력 및 이혼, 가족문제, 부부갈등이 상담의 주요 내용이 되고 있다.

4) 다누리콜센터

여성가족부는 「다문화가족지원법」 제11조의2 개정(2013. 8.)에 따라, 기존의 다누리콜센터와 이주여성긴급지원센터 1577-1366을 2014년 4월에 통합하여 '다누리콜센터 1577-1366'을 운영하고 있으며, 하나의 번호로 원스톱서비스를 제공하고 있다. 다누리콜센터 1577-1366은 중앙센터(서울) 1개소를 비롯하여 부산, 광주, 대전, 경기 수원, 전북 전주, 경북 구미 6개소 지역센터에서 결혼이주여성 출신 상담원을 75명을 포함한 총 99명이 전화·방문·내방·사이버상담 서비스를 지원하고 있으며, 24시간 365일(연중무휴), 12개 언어로 다문화가족과 이주여성에게 한국생활에 필요한 각종 생활정보의 제공, 폭력피해 및 부부·가족 갈등 상담과 긴급 지원을 수행한다. 다누리콜센터 1577-1366의 2021년도 총 상담 건수는 194,802건으로 지속적인 증가 추세에 있으며, 상담 내용은 생활정보, 이혼문제·법률지원, 체류·국적·취업·노동, 부부·가족 갈등 상담, 폭력피해 순이었다.

4. 결혼이주여성이 겪는 어려움과 해결방안

1) 한국어 및 한국적응 지원

한국사회 정착화 과정에서 가장 힘든 것은 한국 언어(말과 글) 문제이다. 한국으로 이주한 결혼이주여성이나 다른 이민자들은 다문화가족지원센터 외에는 제대로 한국어를 배울 곳이 거의 없다. 그러나 현실에서는 체계적이고 종합적인 교육 프로그램이 양적·질적으로 부족한 것으로 파악되었다. 한국어와 더불어 한국문화에 대한 경험과 교육을 제공하는 것이 중요한데, 다양한 국가 출신의 여성들의 특성을 반영한 한국어 교육 및 문화 체험 프로그램이 더 확대되고 보완되어야 할 것이다. 특히 의료나 법률 관련 정보가 거의 없고 어렵게 느끼는 경우가 많아 한국 적응을 위한 의료 및 법률 정보와 교육이 매우 시급하다고 하겠다.

2) 결혼이주여성 출신 국가 및 연령대, 거주기간을 고려한 개별 맞춤형 지원

중앙 및 지방 정부가 제공하는 결혼이주여성 정착화 프로그램에는 국가별, 연령대별 맞춤형 지원 프로그램이 부족하다는 의견이 많다(김규식, 소진광, 2016). 특히 정신건강의 문제를 상담하고 지원해 줄 전문기관이 부족한 실태가 지적되고 있다. 베트남 결혼이주여성에 대한 한 연구에서는 이들의 27.7%가 우울감을 경험한다는 결과가 나타났다. 일반적으로 한국인 여성 성인의 경우 우울감 경험이 12.5%인데, 베트남 결혼이주여성들은 2배 이상 높은 수치를 보여 주고 있다. 타국과 타 문화에 이주한다는 것 자체가 매우 강한 강도의 스트레스이며 사회적 약자의 위치에 놓일 가능성이 높기 때문에 이들에 대한 맞춤형 개별 지원이 요구된다. 특히 출신 국가나 연령대, 거주기간, 거주지역, 한국어 유창성, 사회적 지지망 등을 고려하여 결혼이주여성들의 개별적 욕구를 반영한 지원 내용이 다양화될 필요가 있다. 농촌에 거주할수록, 의료기관 이용 시 어려움이 있을수록, 한국생활의 어려움이 있을수록, 한국어 실력이 낮을수록, 배우자 관계에서 만족하지 못할수록, 배우자 부모와의 관계에서 만족하지 못할수록, 부부갈등이 있을수록, 부부간 문화적 차이가 있을수록, 사회적 차별경험이 있을수록, 생활만족도가 불만족스러울수록, 모국인 친구 모임이 없을수록 우울감이 증가했고, 연령이 높을수록, 거주기간이 길수록, 월평균 가구소득이 높을수록 우울감이 감소하는 것으로 나타난 연구(김규식, 소진광, 2016)를 볼 때, 한국어, 관계 및 의사소통, 모국인 동료 네트워크 등을 기본으로 개별화된 맞춤형 지원 모델을 개발하고 이를 실천할 필요가 있다.

3) 결혼이주여성과 배우자의 자녀 양육 역량 강화

모든 부모에게 자녀 양육은 어려운 과제이지만, 특히 결혼이주여성에게 있어 자녀 양육은 더 많은 어려움이 있다. 2021년 다문화가족 실태조사에서 만 6세부터 24세 연령의 자녀가 있는 결혼이민자 및 귀화자들이 어떤 어려움을 겪는가에 대한 질문에서 '자녀 학습지도와 학업관리'(50.4%)가 가장 어렵다고 하였고, '진학이나 진로에 관한 정보 부족'(37.6%)이 다음으로 높게 나타났다. 그런데 사실 이 두 문제는 같은 맥락의 문제라고 볼 수 있다. 한국과 같이 학업이나 입시 압박이 심하고 사교육이 많은 나라에서 결혼이주여성들이 자녀의 학업이나 진학, 진로를 지도하기에는 너무 많은 언어적·정보적·경제적 장벽이 존재하기 때문이다. 물론 현재도 다양한 다문화가정 자녀 지원 프로그램이 제공되고 있지만, 부모들이 필요로 하는 정보나 교육 관련 역량과는 다른 차원의 지원이 필요함을 시사해 주고 있다. 특히 학령기 자녀 양육에 어려움이 없다는 응답이 여성 중에는 10.9%이지만 남성은 20.7%로 나타나 여성이 남성 배우자에 비해 양육의 어려움을 더 많이 느끼고 특히 학습지도, 학업관리, 진학 및 진로 정보 부족 등에서도 여성이 남성 배우자보다 더 큰 어려움을 느낀다고 나타난 바 있다. 이 또한 여성이 자녀 양육에 관한 책임을 많이 지고 있으며 그 역할 부담이 크다는 것인데, 언어적 장벽이 있음을 전제로 할 때 한국 국적의 배우자인 남성이 자녀 양육에 더 큰 역할을 수행할 수 있도록 인식개선과 지원체계를 마련할 필요가 있음을 시사하는 조사 결과라 할 수 있다. 최근 한국의 남성들도 자녀 양육이나 학업 관련 정보에 적극적으로 개입하는 것을 볼 수 있는데, 결혼이주여성들은 기본적으로 가진 언어적·문화적 장벽으로 인해 자녀의 학업이나 진로 계획과 관련해 큰 어려움을 느낄 수밖에 없다. 남성 배우자들의 적극적인 양육 책임과 역할에 대한 프로그램과 지원 정책이 필요한 시점이다.

토론하기 주제

1. 한국사회의 다문화 수용도에 대해 토론해 봅시다.
2. 결혼이주여성이 한국사회에서 겪는 '여성'으로서의 경험에 대해 찾아보고 토론해 봅시다.

도움이 되는 자료

1. 결혼이주여성도 주민입니다(유튜브, www.youtube.com)

한국에 사는 결혼이주여성이 2021년 기준 37만 명을 넘어섰고, 이 중 7만 2천여
명이 서울에 살고 있다. 결혼과 함께 한국에 정착한 뒤 지역 사회를 위해 10년 넘
게 봉사 활동을 하고 있는 '하라 유키코' 씨를 만나 본 영상으로 결혼이주여성이
느끼고 경험하는 한국 생활에서의 어려움을 살펴보고 있다.

2. 지식채널e, 〈다문화시리즈〉 3부작(유튜브, www.youtube.com)

이 영상은 다문화 가정과 다문화 이주민들에 대한 이해와 존중을 요청하는 영상
이다. 편견과 차별 속에서 외국인으로서 한국사회에 정착해서 살아간다는 것의
문제와 어려움을 느낄 수 있는 영상이다. 이 영상을 통해 다양한 국가에서 이주
한 남녀노소들의 어려움에 대한 공감할 수 있을 것이다.

참고문헌

김규식, 소진광(2016). 여성 결혼이민자 한국사회 정착화 과정 연구: 정착 지원서비스 수요와 공급체계를 중심으로. 한국지역개발학회지, 28(3), 205-238.

여성가족부(2022a). 2021년도 양성평등정책 연차보고서.

여성가족부(2022b). 2021년도 전국다문화가족 실태조사.

이가언, 전혜정(2022). 베트남 결혼이주여성의 우울감 영향요인: 2018년 전국다문화가족 실태조사를 중심으로. 한국보건간호학회지, 36(3), 375-388.

통계청(2021). 경제활동인구조사 원자료 분석(18세 이상)(국민 일반 부분).

행정안전부(2021). 2021년 외국인주민 현황조사(2020년 11월 기준).

장애여성과 노인여성

 학습개요

장애여성과 노인여성은 사회적으로 가장 취약한 인구집단 중 하나이다. 왜냐하면 장
애차별, 성차별, 연령차별이라는 차별요인으로 인해 다중적 차별과 교차적 차별을 겪
게 되기 때문이다. 이 장에서는 이러한 취약성을 가진 장애여성과 노인여성의 삶을
돌아보고, 이들이 경험하는 많은 문제와 어려움을 해결하기 위한 방안에 대해 살펴
보고자 한다.

학습목표

1. 우리 사회에서 장애여성과 노인여성이 경험하는 이중 또는 다중의 차별에 대해 학
   습한다.
2. 장애여성의 노동, 임신 및 출산과 육아, 건강, 성폭력의 실태를 알아보고, 이를 개
   선하기 위한 방안을 알아본다.
3. 노인여성의 소득, 빈곤, 신체적 · 정신적 건강의 실태를 알아보고, 이를 개선하기
   위한 방안을 알아본다.

1. 장애여성

1) 장애와 여성

장애여성은 '여성'이라는 성별과 '장애'라는 특성으로 인해 이중차별 또는 교차적 차별을 받는 것으로 알려져 왔다(임종호, 이영미, 이은미, 2022). 남성 중심의 가부장제 사회에 사는 여성은 항상 남성보다 열등하고 의존적인 존재로 여겨져 왔고, 정상적 신체와 능력위주의 경쟁사회에서 장애인은 능력이 없으며 의존적이며 동정의 대상으로 간주되어 왔기 때문이다. 이 두 가지 요소는 배려나 공감보다는 차별과 억압, 주변화의 도구가 되어 왔다.

특히 장애여성은 장애남성과 마찬가지로 겪는 고용, 교육, 사회적 참여 등에 있어서의 배제에 더해 성 · 재생산권에 있어서도 타인의 간섭과 편견을 받아 왔다. "장애여성은 아이를 가질 수 없다." "장애여성은 가사나 육아를 제대로 할 수 없다." 또는 "장애여성은 장애아이를 출산한다." 등의 근거 없는 억측과 인권침해적 시선과 인식을 받아 온 것이다.

2008년 발효된 「장애인의 권리에 관한 협약(Convention on the Rights of Persons with Disabilities)」[1] 제6조 '장애여성' 파트에서는 "① 당사국은 장애여성과 장애소녀가 다중적 차별의 대상이 되고 있음을 인정하고, 이러한 측면에서 장애여성과 장애소녀가 모든 인권과 기본적인 자유를 완전하고 동등하게 향유하도록 보장하기 위한 조치를 취한다. ② 당사국은 여성이 이 협약에서 정한 인권과 기본적인 자유를 행사하고 향유하는 것을 보장하기 위한 목적으로, 여성의

---

1) 협약은 「헌법」 제60조에 따라 국가와 국가 사이에 문서를 교환하여 계약을 맺는 것으로 국내법 절차에 따라 국회의 동의를 거쳐 국제기관에 비준서를 기탁하면 가입국으로서의 자격이 획득된다. 법적 효력은 국내법과 같으나 법적 강제력이나 구속력이 수반되지 않으므로 협약의 법적 효력을 확보하기 위하여 절차법적 성격인 선택의정서 제도를 채택하는 협약도 있다(보건복지부, mohw.go.kr).

완전한 발전, 진보 및 권한강화를 보장하는 모든 적절한 조치를 취한다."고 명시하였다. 전 세계적으로 장애여성과 장애소녀가 다중적 차별의 대상이 되고 있음을 인정하고 이들에 대한 인권과 기본권 보장을 위해 국가적 조치를 요구하고 있는 것이다. 사실 외국의 경우도 우리나라와 크게 다르지 않다. 예를 들면, 미국의 경우에도 장애여성은 장애남성이나 비장애여성보다 소득이 낮다. 영국의 경우에도 장애여성의 고용률은 비장애 남성의 절반에도 미치지 못한다. 영국 장애인권리협회(Disability Rights UK)에 따르면, 2019년 장애인 여성의 빈곤율은 28.6%, 비장애여성의 빈곤율은 19.2%로 격차가 크다. 많은 사회적 약자가 있지만, 사회화된 성과 능력위주의 자본주의 현대사회에서 장애여성이 노동, 교육, 사회활동과 참여, 성·재생산권에서 많은 제약을 받아 온 점은 그동안의 장애인 실태조사나 관련 연구의 통계를 보아도 확인할 수 있다. 다음에서는 다양한 영역에서 다중적 차별을 경험하는 장애여성들의 실태를 살펴보고자 한다.

2) 장애여성의 현황과 실태

(1) 결혼·임신·출산·육아의 현황 및 실태

2021년 장애통계연보에 따르면, 우리나라에는 15세 이상 장애인구가 256만 2천여 명이며, 이 중 장애여성은 108만 6천여 명으로 장애남성 147만 5천여 명보다 38만 9천여 명이 적은 것으로 추계하고 있다. 장애여성 중 사별(39.9%), 유배우(39.1%), 미혼(11.5%), 이혼(8.7%) 순으로 많은 것으로 나타났는데 장애여성의 배우자가 있는 비율(유배우)은 장애남성(60.4%)에 비해 매우 낮은 반면, 사별 비율은 장애남성(6.6%)에 비해 눈에 띄게 높은 것으로 나타났다(〈표 10-1〉 참조).

표 10-1	만 18세 이상 장애인 결혼상태		(단위: %, 명)
구분	남자	여자	전체
미혼	21.8	11.5	17.4
유배우	60.4	39.1	51.3
사별	6.6	39.9	20.8
이혼	10.5	8.7	9.7
별거	0.7	0.7	0.7
기타(미혼모/부)	0.0	0.2	0.1
계	100.0	100.0	100.0
전국 추정 수	1,460,461	1,084,561	2,545,022

출처: 보건복지부(2020b).

　　장애여성이 결혼하지 않은 이유에 대해서는 남성과의 성별 구분으로 조사되지는 않았지만, 주로 건강이나 장애문제(36.4%), 이성을 만날 기회가 없어서(17.6%), 결혼생각이 없어서(17.5%)로 나타났다. 기존 연구에서도 장애여성들이 이성을 만날 기회가 없다는 결과가 많았는데(임종호 외, 2022), 이는 특히 장애여성에 대한 편견과 고정관념('장애 때문에 여성으로서의 매력이 없다.' '가사나 육아가 어려울 것이다.')의 영향이 크기 때문이기도 하다. 장애남성에 비해 배우자가 있는 비율이 매우 낮은 것을 보아서도 알 수 있는 부분이다.

　　신유리와 김정석(2020)의 연구는 한국사회에서 장애여성이 결혼할 때 배우자의 가족으로부터 장애여성이 가사노동을 하는 것은 물론이고, 금전과 같은 물질적 보상도 기대하는 경우가 있다고 하였다. 즉, 배우자의 가족이 장애여성을 가족구성원으로 수용할 때 발생되는 불편함에 대해 물질적 대가를 바란다는 것이다. 일반화할 수는 없는 연구결과이지만 한국사회에서 장애여성에게 가부장제하의 전통적인 여성 성역할을 요구할 뿐 아니라 '장애'를 가진 며느리 또는 아내를 가족으로 받아들임으로써 요구하는 보상이 있음을 의미한다.

장애여성은 임신경험에 있어서도 많은 어려움을 겪는 것으로 나타났다. 2020년 장애인 실태조사에 따르면, 임신경험이 있는 만 49세 이하 여성장애인이 임신 기간 중 힘들었던 점은 '본인의 건강 악화'가 12.6%로 가장 많았고, '자녀 양육을 잘할 수 있을지 두려워서'(12.3%), '출산 과정에 대한 두려움'(11.8%), '자녀가 장애를 가질까 봐 두려워서'(6.8%), '병원비 등 돈이 많이 들어서'(6.0%) 등으로 나타났다. 건강 악화에 대한 두려움은 본인이 가진 장애로 인한 건강의 문제에 더해 임신 기간 중 겪을 수 있는 2차적 질병이나 건강상의 어려움에 대한 두려움으로 보인다. 또한 자녀 양육에 대한 두려움이나, 자녀가 장애를 가질까 하는 막연한 두려움으로 인해 어려움을 겪는 것으로 보인다.

　　출산경험이 있는 여성장애인 중 산후조리의 충분도는 '충분하다' 55.8%, '부족하다' 27.8%, '매우 충분하다' 11.6%, '매우 부족하다' 4.7%의 순으로 나타났는데, 산후조리에 만족하는 경우가 67.4%, 불만족하는 경우가 32.5%이다(〈표 10-2〉 참조).

표 10-2　산후조리의 충분도　　　　　　　　　　　　　　　　　　　　(단위: %, 명)

구분	성별		연령별				장애 정도		전체
	남자	여자	17세 이하	18~44세 이하	45~65세 이하	65세 이상	심한 장애	심하지 않은 장애	전체
매우 충분하다	–	11.6	–	14.0	8.9	–	8.7	13.8	11.6
충분하다	–	55.8	–	55.0	56.8	–	53.1	57.8	55.8
부족하다	–	27.8	–	26.5	29.4	–	30.8	25.7	27.8
매우 부족하다	–	4.7	–	4.5	4.9	–	7.4	2.7	4.7
계	–	100.0	–	100.0	100.0	–	100.0	100.0	100.0
전국 추정 수	–	31,584	–	17,077	14,507	–	13,280	18,304	31,584

출처: 보건복지부(2020b).

표 10-3 본인의 장애로 인한 자녀의 성장·발달에의 지장 여부 (단위: %, 명)

구분	지체장애	뇌병변장애	시각장애	청각장애	언어장애	지적장애	자폐성장애	정신장애	신장장애	심장장애	호흡기장애	간장애	안면장애	장루요루장애	뇌전증장애	전체
전혀없다	36.1	27.5	36.3	28.9	14.9	17.6	–	21.8	33.9	37.5	21.8	40.1	36.2	46.0	20.2	33.5
별로없다	41.9	37.0	44.3	46.6	24.6	20.8	–	25.2	40.8	41.3	44.3	53.9	25.3	39.7	43.0	41.5
약간많다	17.1	28.3	14.2	18.7	51.5	27.9	–	36.1	22.0	21.1	23.6	3.7	31.5	7.1	29.4	18.7
매우많다	4.9	7.2	5.3	5.8	9.0	33.8	–	16.9	3.3	0.0	10.4	2.3	7.0	7.2	7.4	6.4
계	100.0	100.0	100.0	100.0	100.0	100.0	–	100.0	100.0	100.0	100.0	100.0	100.0	100.0	100.0	100.0
전국추정수	338,238	34,267	86,049	89,427	3,764	18,603	–	12,966	15,995	733	3,467	2,176	1,007	2,169	1,602	610,463

출처: 보건복지부(2020b).

한편 여성장애인들이 본인의 장애로 인해 자녀의 성장이나 발달에 지장이 있다고 생각하는지 묻는 질문에서는 전혀 없다(33.5%)나 별로 없다(41.5%)로 75%인 대다수가 문제 없음으로 응답하였다(〈표 10-3〉 참조). 그러나 아직도 1/4 정도 되는 비율이 '약간 많거나' '매우 많다'고 응답해 장애여성의 자녀 양육 및 교육에의 전폭적인 지원이 필요하다고 볼 수 있다.

따라서 여성장애인에게 가장 필요한 서비스로는 자녀 양육지원 서비스가 13.3%로 가장 높았고, 다음으로 활동지원사 11.3%, 출산비용 지원 10.2%, 건강관리 프로그램 10.0%, 임신·출산 관련 교육 및 정보 제공 8.8%, 장애를 고려한 여성용품 정보 제공 8.7% 순으로 나타났다. 대부분의 필요로 하는 서비스가 자녀 양육, 출산, 건강, 임신 관련 서비스인 것을 알 수 있다.

(2) 고용과 빈곤 실태

'2020년 장애인 실태조사'에서 '여성장애인으로서 특히 어려웠던 점'에 대한 응답으로 '취업 등 경제적 자립의 어려움'이 가장 높게 나타났다(보건복지부, 2020b). 이는 우리 사회에서 여성장애인이 근로 활동을 통해 경제적으로 자립

표 10-4 경제활동 상태(전체 인구, 장애인구 비교)   (단위: 명, %)

구분		15세 이상 인구			경제활동 인구		비경제활동 인구	경활률	실업률	고용률
		인구 수	비율	계	취업자	실업자				
장애인구	전체	2,574,907	100.0	959,950	891,804	68,146	1,614,957	39.3	7.1	34.6
	남성	1,482,416	57.6	697,101	649,036	48,065	785,315	47.0	6.9	43.8
	여성	1,092,491	42.4	262,849	242,768	20,081	829,642	24.1	7.6	22.2
전체인구	전체	45,049,000	100.0	28,698,000	27,550,000	1,148,000	16,351,000	63.7	4.0	61.2
	남성	22,184,000	49.2	16,298,000	15,645,000	653,000	5,886,000	73.5	4.0	70.5
	여성	22,865,000	50.8	12,400,000	11,905,000	495,000	10,465,000	54.2	4.0	52.1

출처: 한국장애인개발원(2022: 123)을 재구성함.

하는 일이 얼마나 어렵고 장애물이 많은가를 말해 주는 결과라 할 수 있다.

2022년 장애통계연보에 따르면, 우리나라에는 15세 이상 장애인구가 257만 4,900여 명이며, 이 중 장애여성은 109만 2천여 명으로 장애남성 148만 2천여 명보다 39만여 명이 적은 것으로 추계하고 있다.

〈표 10-4〉를 보면 알 수 있듯이, 장애여성의 경제활동 참가율은 24.1%로 장애남성의 47.0%의 절반을 조금 넘는 수준이다. 고용률에 있어서도 장애여성은 22.2%, 장애남성은 43.8%로 역시 절반 조금 넘는 수준이며, 실업률은 장애남성의 6.9%보다 높은 7.6%이다. 장애여성의 이러한 고용실태의 취약함은 전체 인구집단과 비교하면 더 분명히 드러난다. 2021년 기준 전체 남성 경제활동 참가율이 73.5%에 이르고, 여성들은 54.2%에 이르는데, 장애여성은 전체 남성과 비교하면 30%를 조금 넘는 수준이고, 전체 여성과 비교해도 절반에도 미치는 못하는 수준인 것을 알 수 있다.

더불어 장애여성들의 일자리의 질 또한 열악하다. 〈표 10-5〉에서 보여 주듯이, 장애여성 임금근로자 중 비정규직 비율이 2021년 기준 82.5%나 된다. 전체 인구 중 비정규직 비율이 남성은 31.0%, 여성은 47.4%인 것에 비하면 거의 대부분의 장애여성 일자리가 비정규직이라고 보아도 무방하다. 또한 장애

표 10-5 · 임금근로자의 비정규직 비율 (단위: %)

구분	장애인 임금근로자 중 비정규직 비율	전체 인구 임금근로자 중 비정규직 비율
전체	67.8	38.4
남성	61.8	31.0
여성	82.5	47.4

출처: 장애인개발원(2022: 130)에서 일부 인용함.

여성들의 취업 일자리 사업체 규모도 50인 미만 사업체가 87%가 넘는다고 보고된 바 있다(한겨레신문, 2023. 4. 20.).

장애여성이 종사하는 직종에 있어서도 단순 노무 종사자(32.6%) 비율이 가장 높고, 다음으로는 서비스 종사자(29.9%), 농림어업 숙련 종사자(13.4%)의 순으로 나타나고 있다.

표 10-6 · 장애인이 종사하는 직종 (단위: %, 명)

구분	성별	
	남자	여자
관리자	6.7	2.7
전문가 및 관련 종사자	4.2	5.4
사무 종사자	11.2	7.0
서비스 종사자	14.5	29.9
판매 종사자	5.0	4.8
농림어업 숙련 종사자	11.4	13.4
기능원 및 관련 기능 종사자	11.1	2.6
장치/기계 조작 및 조립 종사자	6.8	1.7
단순 노무 종사자	28.7	32.6
군인	0.4	–
계	100.0	100.0
전국 추정 수	568,934	185,873

출처: 보건복지부(2020b).

　이와 같이 장애여성의 고용이 매우 불안정하다 보니 가입한 연금의 종류나 가입률도 낮은 편이다. 국민연금의 경우 장애남성은 가입률이 48.6%이지만 장애여성은 장애남성의 절반에도 미치지 못하는 23.1%만이 가입되어 있었다(한국장애인개발원, 2022). 반면에 국민기초생활보장 수급률은 매우 높은데, 〈표 10-7〉에서 보는 바와 같이 장애여성은 교육급여를 제외하고는 생계급여, 의료급여, 주거급여 등에서 장애남성보다 많은 비율을 차지하고 있으며 이는 전체 인구집단의 수급률에 비해서도 매우 높은 편이다. 장애여성들의 빈곤 문제와 노후준비의 취약성을 예상할 수 있다. 〈표 10-7〉은 2017년, 2020년 남녀 장애인의 국민기초생활보장 수급 현황을 급여유형별로 나타낸 것이다.

　통계적 수치에서도 장애여성의 근로나 소득의 환경이 열악한 상황이 드러나지만 직장 내 성차별이나 장애차별 경험도 직무만족에 매우 부정적 영향을 끼칠 수 있으며, 특히 배우자가 있는 장애여성 근로자의 경우 결혼생활 만족도와 가족의 취업지지가 직무만족에 영향을 주는 것으로 나타났다(유재이, 김경미, 2023). 따라서 장애여성의 근로 및 소득활동을 지원하는 정책적·제도적 지원도 필요하지만, 직무만족을 높이기 위한 직장 내 성차별, 장애차별을 없애는 인식 및 제도적 개선이 필요하다. 더불어 장애여성 근로자들의 가족을 지원하기 위한 다양한 프로그램도 개발·시행해야 할 것이다.

표 10-7 국민기초생활보장 장애인 수급자 현황: 급여유형별 　　　　(단위: %)

구분		생계급여	의료급여	주거급여	교육급여
2017	남	14.1	15.2	13.6	1.5
	여	16.2	17.4	15.5	1.3
2020	남	18.2	23.3	14.6	2.0
	여	20.4	27.2	15.0	1.6

출처: 한국장애인개발원(2022: 130); 한국장애인개발원(2020: 192)을 재구성함.

(3) 가정폭력, 성폭력 실태

장애여성은 비장애여성보다 신체적·정신적으로 가정폭력이나 성폭력에 더 취약할 수 있다. 장애로 인한 의사소통이나 사회활동에서의 제한과 정보의 부족뿐 아니라 장애인에 대한 사회적 편견과 낙인이 장애여성을 폭력에 더 노출시키는 경향이 있다.

2021년 여성폭력 실태조사(여성가족부, 2021)에 따르면, 장애여성의 폭력유형별 평생 동안의 피해경험률은 정서적 폭력이 23.7%로 가장 높았고, 다음으로 신체적 폭력 20.4%, 성적 폭력 13.4%, 경제적 폭력 4.9%, 통제 행위 2.8%의 순으로 나타났다. 평생 신체적 폭력, 성적 폭력, 정서적 폭력, 통제 행위, 경제적 폭력의 다섯 가지 세부 유형별 여성폭력 피해를 하나라도 경험했다고 응답한 비율은 전체 장애여성 응답자의 35.7%로 매우 높은 수치이다. 신체적 폭력의 경우, 장애가 있는 응답자의 20.4%가 피해경험이 있는 것으로 응답한 반면, 장애가 없는 여성들의 경우 14.1%만이 신체적 폭력 피해를 입었다고 보고하여 장애가 있는 여성들의 신체폭력 피해경험률이 매우 높은 것을 알 수 있다. 또한 평생 동안 과거 또는 현재의 배우자나 연인 등 친밀한 관계의 파트너로부터 다섯 가지 세부 유형별 여성폭력 피해를 한 번이라도 경험한 적이 있는 장애여성은 22.2%, 비장애여성은 15.9%로 나타나 이 역시 장애가 있는 여성들이 친밀한 관계에서의 폭력피해를 상대적으로 더 많이 경험하는 것으로 나타났다.

현재는 전국의 성폭력, 가정폭력 상담 및 보호 시스템은 먼저 여성긴급전화 1366을 통해 시작된다. 〈표 10-8〉을 보면, 긴급전화는 전국에 18개 센터, 상담소는 가정폭력 207개소, 성폭력 170개소가 있는데, 이 중 장애인을 위한 상담소는 가정폭력 4개소, 성폭력 24개소이다. 이 가운데 장애인가정폭력상담소는 1개소(광주), 장애인성폭력상담소는 24개소, 여성장애인통합상담소는 3개소(부산, 대구, 제주)가 운영되고 있다. 장애인 시설의 경우 가정폭력보다 성폭력 분야에서 설치 비율이 더 높은 것을 알 수 있다(한국장애인개발원, 2019).

그런데 문제는 장애여성 피해자가 어렵게 가정폭력이나 성폭력을 신고한다

| 표 10-8 | 가정폭력 및 성폭력 피해자 지원기관 운영 현황 개요 | (단위: 개소) | | |

시설종류		지원대상	폭력 유형	
			가정폭력	성폭력
이용 시설	여성긴급전화 1366센터	전체	18	
	상담소	전체(통합)	207(40)	170
		-장애인(통합)	4(3)	24
생활 시설	보호시설	전체	66	28
		-장애인	2	8
		-특별지원	-	4

주: 1) 가정폭력상담소 개소 수에는 가정폭력·성폭력 통합상담소 40개소 포함
　　2) 성폭력 피해자 보호시설의 범위는 일반보호시설, 장애인보호시설, 특별지원 보호시설만을 포함함
출처: 한국장애인개발원(2019: 28).

고 하더라도 장애에 관한 전문지식이나 의사소통방법을 잘 아는 전문가들이
없어 효과적인 상담이나 보호조치가 이루어지지 못하는 경우가 많다는 점이
문제로 지적되고 있다(임종호 외, 2022).

(4) 건강권 실태

최근 장애인의 건강권, 특히 장애여성의 건강권에 대한 관심이 증가되고 있
다. 남녀가 생물학적으로 다른 차이에서 오는 건강이나 수명의 차이도 있지
만, 사회적으로 규정된 성역할 수행과 경험에 따른 건강의 차이도 발생하기 때
문이다. 특히 여성은 임신이나 출산과 같은 재생산을 담당하는 생식적 특징과
가사나 육아활동을 전담해야 하는 역할이 주어지는 경우가 대부분이기 때문
에 이에 따른 특별한 건강관리가 요구된다.

'2020년 장애인 실태조사'에서 평소 본인의 건강 상태에 대해 어떻게 느끼는
지에 대해 물었을 때, 장애여성들은 장애남성들보다 좋다고 인식하는 비율은
훨씬 낮고, 나쁘다고 인식하는 비율은 훨씬 높은 것으로 나타났다(〈표 10-9〉

표 10-9 장애인구 평소 본인 건강상태

(단위: %, 명)

구분	성별		연령별				장애 정도		전체
	남자	여자	17세 이하	18~44 세 이하	45~64 세 이하	65세 이상	심한 장애	심하지 않은 장애	
매우 좋음	1.0	0.3	7.5	3.1	0.4	0.1	1.2	0.6	0.8
좋음	17.4	9.7	36.1	31.1	16.1	7.1	15.2	13.5	14.1
보통	39.9	34.0	41.4	43.5	42.3	32.2	34.5	39.1	37.4
나쁨	33.6	42.9	12.1	19.1	34.0	46.2	35.8	38.5	37.5
매우 나쁨	8.2	12.8	2.9	3.3	7.2	14.3	13.3	8.3	10.1
계	100.0	100.0	100.0	100.0	100.0	100.0	100.0	100.0	100.0
전국 추정 수	1,515,781	1,107,169	77,930	343,065	893,562	1,308,393	984,369	1,638,581	2,622,950

출처: 보건복지부(2020b).

참조). 물론 주관적 인식이지만, 일반적으로 알려진 대로 여성의 일상적 질환이나 만성질환의 유병률이 높다는 결과를 반영하는 수치라 할 수 있다.

이러한 인식의 결과가 객관적 근거를 통해 뒷받침되는 것은 '현재 3개월 이상 계속되는 만성질환의 유무' 질문이다. 이 질문에서도 장애여성들은 77.9%

표 10-10 장애인구 현재 3개월 이상 계속되는 만성질환 유무

(단위: %, 명)

구분	성별		연령별				장애 정도		전체
	남자	여자	17세 이하	18~44세 이하	45~64세 이하	65세 이상	심한 장애	심하지 않은 장애	
예	65.3	77.9	26.5	41.3	65.2	84.7	69.0	71.6	70.6
아니요	34.7	22.1	73.5	58.7	34.8	15.3	31.0	28.4	29.4
계	100.0	100.0	100.0	100.0	100.0	100.0	100.0	100.0	100.0
전국 추정 수	1,515,781	1,107,169	77,930	343,065	893,562	1,308,393	984,369	1,638,581	2,622,950

출처: 보건복지부(2020b).

가 있다고 응답했는데 장애남성들은 65.3%로 나타나 장애여성들의 만성질환
비율이 훨씬 높은 것으로 나타났다(〈표 10-10〉 참조). 그만큼 장애여성들이 건
강에 대해 취약함을 의미하는 것이다.

　　의료이용 현황에서도 장애여성이 장애남성에 비해 1인당 연평균 입·내원
일수가 많음을 보여 준다. 또한 최근 1년간 병의원에 가고 싶을 때 가지 못한
적이 있는가에 대해서도 장애여성이 장애남성보다 높은 비율로 '예'라고 응답
하였다(〈표 10-11〉, 〈표 10-12〉 참조).

　　또 한 가지 눈여겨볼 조사내용은 인공임신중절(낙태)을 했을 경우 본인의 의
사에 따라 했는가에 응답자 100%가 주위의 권유에 의해서였다고 응답하였다
(〈표 10-13〉 참조). 이는 장애여성의 재생산권에 심각한 침해가 일어날 수 있

표 10-11　장애인 의료이용 현황　　(단위: 명, 일, 원)

구분		진료실 인원	입·내원일수	1인당 연평균 입·내원일수	1회당 진료비
전체		2,404,224	139,937,688	56.5	78,358.6
성별	남성	1,378,039	71,235,720	49.7	82,715.7
	여성	1,026,185	68,701,968	65.9	73,840.0

출처: 장애인개발원(2022: 68).

표 10-12　최근 1년간 본인이 병의원에 가고 싶을 때 가지 못한 적 유무　　(단위: %, 명)

구분	성별		연령별				장애 정도		전체
	남자	여자	17세 이하	18~44세 이하	45~64세 이하	65세 이상	심한 장애	심하지 않은 장애	
예	30.1	35.4	26.4	25.6	33.3	33.9	33.3	31.8	32.4
아니요	69.9	64.6	73.6	74.4	66.7	66.1	66.7	68.2	67.6
계	100.0	100.0	100.0	100.0	100.0	100.0	100.0	100.0	100.0
전국 추정 수	1,515,781	1,107,169	77,930	343,065	893,562	1,308,393	984,369	1,638,581	2,622,950

출처: 보건복지부(2020b).

구분	성별	연령별				장애 정도		전체
	여자	17세 이하	18~44세 이하	45~64세 이하	65세 이상	심한 장애	심하지 않은 장애	
본인 의사	–	–	–	–	–	–	–	–
주위의 권유	100.0	–	–	100.0	–	–	100.0	100.0
계	100.0	–	–	100.0	–	–	100.0	100.0
전국 추정 수	778	–	–	778	–	–	778	778

표 10-13 인공임신중절인 경우 본인의 의사 여부 (단위: %, 명)

출처: 보건복지부(2020b).

음을 보여 주는 응답인데, 이에 대한 더 자세한 이유나 상황에 대한 파악이 필요하다. 인공임신중절은 장애여성의 신체 및 정신 건강에 매우 중대한 영향을 미치는 사건이기 때문에 어떤 이유와 환경에서 이러한 비자발적 선택이 일어났는지에 대해 추가적으로 그 세부 내용에 대해 파악해야 할 필요가 있다.

3) 장애여성을 위한 복지정책과 서비스의 현황 및 개선방안

2019년 보건복지부에서는 '40주의 우주'라는 장애여성 임신 및 출산가이드를 제작 · 배포하여 장애여성들의 임신 · 출산을 돕고, 장애유형별 어려움을 개별 욕구에 맞게 지원하며 장애친화 병원을 소개하였다. 더불어 최근 몇 년째 보건복지부에서 '여성장애인 지원사업 안내' 책자를 발간하여 장애여성들을 위한 지원사업을 소개하고 있다. 민간기관이나 관련 기관에서의 세부적인 사업은 논외로 하고, 또한 장애남성에게도 공통으로 지원되는 장애 일반 지원사업은 제외하고 여기서는 보건복지부의 두 가지 사업인 '교육지원사업'과 '출산비용 지원사업'을 소개하고자 한다.

(1) 교육지원사업

이 사업의 장애와 여성이라는 이중제약으로 역량강화의 기회를 갖지 못한 여성장애인들에게 양질의 맞춤형 서비스를 제공하여 여성장애인의 역량강화를 통한 사회참여 기회 확대 및 삶의 질 향상에 기여함을 목적으로 하며, 상담 및 사례관리, 역량강화교육, 자조모임으로 나뉘어 있다.

이 중 역량강화교육은 〈표 10-14〉와 같이 기초교육중심형, 건강중심형, 사회활동중심형, 여가문화중심형, 경제활동중심형으로 구분되어 있다.

표 10-14 여성장애인 역량강화교육 프로그램(예시)

사업 구분	사업 내용	예시
역량강화 교육	기초교육중심형	검정고시반, 컴퓨터교육, 한글문예교육 등
	건강중심형	탁구교실, 건강교양강좌, 구강증진지원사업 등
	사회활동중심형	여성친화도시조성사업, 여성장애인리더십향상아카데미 등
	여가문화중심형	한지공예, 민요교실, 서예교실 등
	경제활동중심형	제과제빵 자격반, 바리스타 과정, 동료상담가 양성 등

출처: 보건복지부(2022: 24).

2009년부터 시작된 여성장애인 교육사업의 지원 현황은 〈표 10-15〉과 같다. 10여 년이 조금 넘게 지난 2021년 시점 예산, 제공기관은 거의 3배 정도 증가하였고, 프로그램의 수나 연 인원은 2배에 조금 못 미치는 수치로 증가하였다. 이 사업이 의미가 있는 것은 장애인 실태조사를 보면 여성장애인으로 힘들었던 점 중 취업 등 경제적 어려움을 제외하고, 전문 프로그램 등 여가시간 활용의 어려움(12.4%), 사회화 기회의 부족(11.1%)이 높은 비율로 나타날 정도로 장애여성들을 위한 전문화된 프로그램이나 사회화 기회를 제공해야 할 필요성이 높기 때문이다(보건복지부, 2020b).

표 10-15	**여성장애인 교육사업 지원 현황**		(단위: 백만 원, 개소, 명)	
구분	예산	제공기관	사업실적	
			프로그램 수	연 인원
2009	640	16	230	61,786
2010	640	16	300	70,000
2011	640	28	340	93,682
2012	640	30	336	62,542
2013	576	31	307	50,024
2014	893	31	383	50,187
2015	612	35	296	45,782
2016	1,596	48	419	55,196
2017	1,596	42	421	69,888
2018	1,620	42	412	99,930
2019	1,637	42	414	106,850
2020	1,772	42	414	76,000
2021	1,785	43	448	106,000

주: 1) 2021년 12월 말 기준
   2) 여성장애인교육사업은 2009년을 기점으로 전국으로 확대됨
출처: 한국장애인개발원(2022: 221).

(2) 출산비용 지원사업

여성장애인 출산비용 지원사업은 임신과 출산 비용이 추가로 발생하는 장애여성에게 출산비용을 지원하여 경제적 부담을 줄이고 이들의 모성권 보호에 기여하고자 하는 목적을 가진다. 지원대상은 등록장애인 여성으로 출산이나 유산 또는 사산(임신 4개월 이상)한 경우에 해당한다.

'2020년 장애인 실태조사'에 따르면, 여성장애인에게 가장 필요한 서비스가 무엇인지에 대한 질문에서 출산비용 지원이 3번째로 높은 욕구로 나타났다. 장애로 인한 임신·출산 기간 동안 받아야 하는 부가적 검사나 치료 등 추가비

표 10-16	여성장애인 출산비용 지원사업 지원 현황		(단위: 백만 원, 건)
구분	예산	결산	집행건수
2012	876	388	579
2013	876	391	587
2014	639	410	610
2015	1,426	779	1,160
2016	1,124	850	1,271
2017	1,222	942	1,404
2018	1,222	812	1,219
2019	1,122	829	1,235
2020	959	737	1,100
2021	959	684	1,006

주: 1) 2020년 12월 말 기준
   2) 여성장애인 출산비용 지원사업은 2012년 1월 1일자로 시행됨
출처: 한국장애인개발원(2022: 221).

용이 많이 드는 것을 예상해 볼 때 현재 100만 원 지급하는 금액의 상향 조정
과 사업도 향후 더 확대되어야 할 필요가 있다. 2012년부터 시작된 이 사업의
지원 실적은 〈표 10-16〉과 같다.

2. 노인여성

1) 노령화와 여성

전 세계적으로 고령화가 가속화되는 가운데 우리나라의 65세 이상 노인인
구는 2022년 기준 901만 8천 명으로 전체 인구의 17.5%를 차지하고 있다(통계
청, 2022). 향후 계속 증가하여 2025년에는 20.6%에 달하는 초고령사회로 진입

할 것으로 전망하고 있다. 2022년 기준 남성노인과 여성노인의 성비는 여성노인 100명당 남성노인 77.5명이다(통계청, 2022). 여성 독거노인의 수가 증가하고 있는 추세인데 고령자 1인 가구 중 70%가 여성노인 가구이다.

이와 같이 상대적으로 숫자가 많은 여성노인은 남성노인과는 생애경험이 매우 다르다. 유교주의적 가부장제 사회, 남성 중심 사회, 전통적 성역할에 따른 가사, 육아, 돌봄의 역할을 수행하면서 여성노인은 여러 측면에서 경제적 활동과 사회참여 기회를 제한받아 왔다. 또한 임신 · 출산에 따른 산후건강관리, 과도한 가사노동과 육아로 인한 특정 질병이나 만성질환의 발병 등으로 인해 여성노인은 신체적 · 사회적 · 심리정서적으로 취약한 측면을 많이 안고 있다. 그런데 노인여성의 기대수명은 길고, 건강수명은 짧기 때문에 노년기의 여성의 삶의 질이 높으리라 기대하기는 어려운 실정이다. 여성주의적 관점에서 노인여성의 삶을 살펴보면, 그동안 여성들이 가부장제도 속의 성차별과 억압의 대상이 되어 온 것을 부정하기 어려우며, 고령의 여성노인일수록 그러한 부정적 경험을 해 왔을 가능성이 높다.

다음에서는 노인여성의 인구사회학적 특성을 살펴보고, 건강, 경제, 사회적 지지망, 사회적 자원 등 여러 측면에서 고립되고 열악한 위치에 있는 노인여성의 현황과 실태를 살펴봄으로써 노인여성들을 위한 사회복지적 접근의 대안을 찾아보고자 한다.

2) 노인여성의 현황과 실태

(1) 인구사회학적 실태

정부에서는 2008년부터 3년 주기로 노인실태조사를 실시하고 있으며, 가장 최근 조사는 2020년에 이루어졌다. 이 절에서는 2020년 노인실태조사 내용을 토대로 노인여성과 관련한 주요한 결과 중심으로 살펴보고자 한다.

2020년 기준 남성노인이 43.0%, 여성노인이 57.0%로 여성노인의 비율이

높았으며, 2017년 조사 결과와 유사한 특성을 보였다. 연령 구성에 있어서
는 65~69세가 33.1%로 가장 많았으며, 70~74세 23.2%, 75~79세 22.7%,
80~84세 14.6%, 85세 이상 6.4% 순으로 나타났고, 이들의 평균 연령은 73.8세
로 나타났다. 2017년에 비해 85세 이상 인구의 비율(8.5%)이 2.1%p 낮아진 것
으로 보이며, 평균 연령도 2017년 74.1세에서 73.8세로 낮아졌다.

노인의 가족 관련 특성을 살펴보면, 배우자가 있는 유배우 노인이 67.1%로
2017년 63.4%에 비해 높아진 것을 알 수 있다. 남녀 모두 기대수명이 높아진
결과로 보인다. 가구형태를 살펴보면 노인독거가구가 19.8%, 노인부부가구
58.4%, 자녀동거가구 20.1%, 기타가구 1.7%로 나타났다. 이 결과는 2017년과
비교해 보면 차이가 나는 항목인데, 노인독거가구는 3.8%p, 자녀동거가구는
3.6%p 낮아진 반면 노인부부가구의 비율이 10%p 높아져 노인가구가 부부가
구 중심으로 변화되는 사회현상이 나타나고 있음을 알 수 있다.

노인의 성별에 따른 특성이 가장 확연하게 드러나는 부분은 가구특성인데,
남성노인은 86.5%가 배우자가 있는 반면 여성노인은 52.5%만이 배우자가 있
는 것으로 나타났다. 남성노인은 혼자 사는 독거가구의 비율이 21.1%, 여성노
인은 78.9%이고, 노인부부가구 비율이 남성은 55.0%, 여성은 45.0%이다. 자
녀동거가구가 남성노인은 30.3%이지만, 여성노인은 69.7%로 나타났다(〈표
10-17〉 참조). 독거가구의 경우는 여성노인이 남성노인에 비해 3배 이상 많고,
자녀동거 비율도 여성노인이 남성노인보다 2배 이상 높은 것으로 나타났다.

표 10-17 노인의 가구형태별 분포   (단위: %)

성별	가구형태			
	노인독거	노인부부	자녀동거	기타
남자	21.1	55.0	30.3	37.1
여자	78.9	45.0	69.7	62.9
계	100.0	100.0	100.0	100.0

출처: 보건복지부(2020: 137)에서 일부 인용함.

성별에 따른 노인의 교육수준은 전문대학 이상이 남성노인은 76.5%, 여성노인은 23.5%인 반면, 무학은 남성노인은 17.9%, 여성노인은 82.1%로 교육수준이 높을수록 남성노인의 비율이 높은 특성을 보이고 있다.

(2) 노인여성의 건강 실태

여성노인의 건강 실태를 살펴보면 다음과 같다. 먼저, 주관적으로 느끼는 자신의 건강 상태에 대해 남성노인은 56.8%가 매우 만족 또는 만족으로 응답한 반면, 여성노인은 45.7%만이 매우 만족 또는 만족한다고 응답했다. 자기의 건강상태에 대해 불만족하는 비율은 여성이 남성보다 높았다(〈표 10-18〉 참조).

표 10-18   노인의 성별 건강상태 만족도   (단위: %, 명)

성별	매우 만족	만족	그저 그렇다	만족하지 않음	전혀 만족 안함	계(명)
남자	6.7	50.1	28.8	12.1	2.3	100.0(4,281)
여자	2.9	42.8	33.0	18.4	2.9	100.0(5,649)

출처: 보건복지부(2020: 628)에서 일부 인용함.

보건의료기관 이용률도 남성노인은 66.9%, 여성노인은 73.5%로 남성에 비해 여성의 의료기관 이용률이 더 높게 나타났다. 만성질환 유병률에 있어서도 여성노인이(86.1%)이 남성노인(81.3%)보다 더 높게 나타났고, 3개월 이상 복용하고 있는 의사처방약의 수도 여성노인이 남성노인에 비해 많았다. 우울증상에 있어서도 여자는 15.5%, 남자는 10.9%로 나타나 정신건강 측면에서도 여성노인이 취약하다.

문제는 치료를 받지 않은 이유에 있어 경제적 어려움이 크다는 이유로 치료를 받지 못하는 경우가 여성노인의 경우 남성노인의 경우보다 많고, 거동이 불편하다는 이유도 여성이 많았으나, 증상이 가벼워서 치료를 받지 않았다는 경우는 남성노인이 더 많았다.

(3) 여성노인의 소득 및 경제활동 실태

'2020년 노인실태조사'에 따르면, 소득의 경우 남성노인의 경우 가구소득이 3,158.0만 원으로 여성노인의 가구소득 2,927.2만 원보다 연 230.8만 원 더 많다. 국민기초생활보장수급에 있어서는 전체 조사대상자 중 남성노인인구의 4.3%, 여성노인인구의 4.9%가 수급을 받는 것으로 나타났다.

현재 근로를 하고 있는 노인의 종사상 지위에 있어서도 여성노인의 상황은 더 열악하다. 상용근로자, 고용주, 자영업자의 비율은 남성노인보다 낮지만, 불안정하고 저임금 근로의 형태인 임시근로자나 일용근로자, 무급가족 종사자 비율은 여성노인의 비율이 높았다(〈표 10-19〉 참조).

표 10-19 **노인의 성별 현재 종사상 지위**　　　(단위: %, 명)

성별	상용 근로자	임시 근로자	일용 근로자	고용주	자영업자	무급가족 종사자	계(명)
남자	21.9	17.5	12.1	6.0	40.8	1.8	100.0 (2,039)
여자	14.3	25.8	19.0	2.4	24.3	14.1	100.0 (1,686)

출처: 보건복지부(2020: 415)에서 일부 인용함.

문제는 이러한 종사상 지위가 현재에만 이런 경향을 나타내는 것이 아니라 이전에 최장기 근무했던 직업에서도 매우 유사한 경향이었다는 점이다. 남성노인은 상용근로자(47.2%), 자영업자(36.6%), 고용주(7.4%), 일용근로자(6.3%) 순으로 높았지만, 여성노인은 상용근로자(28.0%), 자영업자(27.7%), 무급가족종사자(16.9%), 임시근로자(14.8%)의 순으로 높았다.

이전에 근무했던 최장기 직업의 직종에 있어서도 남성노인은 관리자나 기능원 직종 비율이 높았던 반면, 여성노인은 단순노무 종사자나 서비스 종사자 비율이 높았다.

표 10-20	노인의 성별 최장기 직종을 그만둔 이유							(단위: %, 명)
성별	정년퇴직	건강이 좋지 않아서	정리해고, 명예퇴직, 폐·휴업	가사문제	근로조건/환경이 나빠서	이직, 창업	일할 필요가 없어서	기타	계(명)
남자	43.1	25.1	16.7	0.9	7.5	4.0	2.5	0.2	100.0 (2,039)
여자	7.5	45.5	17.0	12.1	8.1	3.0	6.2	0.6	100.0 (1,686)

출처: 보건복지부(2020: 438)에서 일부 인용함.

또한 최장기 근무했던 직종을 그만둔 이유에 있어서도 남성노인은 정년퇴직이 43.1%로 가장 주요한 이유로 나타났지만, 여성노인은 건강이 좋지 않아서가 45.5%, 정리해고, 명예퇴직, 폐·휴업이 17%, 가사문제가 12.1%로 나타나 여성노인이 근무했던 직종의 열악함뿐 아니라 건강 및 가사역할에 기인한 것을 알 수 있다(〈표 10-20〉 참조).

3) 노인여성을 위한 복지정책과 서비스의 현황[2]

현재 우리나라에 노인여성만을 위한 복지정책이나 서비스는 찾아보기 어렵다. 전체 노인을 대상으로 하는 정책과 제도이기 때문에 노인실태조사에서 인지도를 확인하는 대표적인 정책들 위주로 살펴보고자 한다.

(1) 맞춤형 노인돌봄서비스

맞춤형 노인돌봄서비스는 기존 6개 사업인 ① 노인돌봄기본서비스, ② 노인돌봄종합서비스, ③ 단기가사서비스, ④ 초기독거노인 자립지원사업, ⑤ 독거노인 사회관계 활성화 사업, ⑥ 지역사회 자원연계 사업을 '노인맞춤돌봄서비

---

2) 보건복지부 홈페이지(www.mohw.go.kr)를 참조하였다. 요양보험에 따른 장기요양서비스에 대해서는 생략한다.

스'로 통합·개편한 서비스이다(2020년 1월 시행). 일상생활 영위가 어려운 취약노인에게 적절한 돌봄서비스를 제공하여 안정적인 노후생활 보장, 노인의 기능·건강 유지 및 악화를 예방하기 위한 목적으로 가지며, 65세 이상 기초생활수급자, 차상위계층 또는 기초연금수급자 중 독거·조손가구 등 돌봄이 필요한 노인을 지원대상으로 한다. 안전지원, 사회참여, 생활교육, 일상생활 분야의 다양한 서비스를 서비스 제공계획에 따라 직접 또는 연계 제공하며, 방문형, 통원형(그룹형 프로그램) 등 제공 형태를 다양화하여 실시하고 있다.

(2) 노인 일자리 및 사회활동 지원사업

노인 일자리 및 사회활동 지원사업은 노인이 활기차고 건강한 노후생활을 영위할 수 있도록 공익활동, 일자리, 재능나눔 등 다양한 사회활동을 지원하여 노인복지 향상에 기여하고자 하는 목적을 가진다. 공공형과 사회서비스형, 시장형으로 나뉘는데, 공공형은 만 65세 이상 기초연금 수급자가 대상이고, 사회서비스형은 만 65세 이상 사업 참여 가능자이며, 시장형은 만 60세 이상 사업 참여가 가능하다.

(3) 노인여가복지 지원사업

노인의 여가를 지원하는 시설의 종류는 노인복지관, 경로당, 노인교실이 있다. 2021년 기준 전국에 노인복지관 399개, 경로당 67,633개, 노인교실 1,282개가 운영 중에 있다.

(4) 치매조기검진 및 치매치료관리비 지원사업

치매의 위험이 높은 만 60세 이상 어르신을 대상으로 치매 조기검진을 실시하여 치매환자를 조기에 발견·관리하는 사업이다. 치매를 조기에 치료함으로써 효과적으로 치매증상을 호전시키거나 중증화를 방지하여 궁극적으로 노후 삶의 질을 제고하고자 함이다. 만 60세 이상 치매진단(F00~03, G30)을 받

고 치매치료약을 복용하는 경우 치매치료관리비 보험급여분에 대한 본인부담
금(치매약제비+약 처방 당일의 진료비)에 대해 실비를 지원하는 방식이며 월 3만
원(연간 36만 원) 상한 내 본인납부 실비를 지원한다.

(5) 노인보호 전문기관

노인보호 전문기관은 「노인복지법」 제39조의5에서 규정한 노인인권보호사
업과 노인학대예방사업을 시행하는 기관이다. 전국에 1개의 중앙노인보호 전
문기관, 37개의 지역노인보호 전문기관이 설치되어 있다.

4) 노인여성을 위한 복지정책과 서비스의 개선방안

(1) 젠더 관점이 반영된 노인정책 수립 및 실행

우리나라의 경제활동 정책이나 사회참여, 노인돌봄, 노인인권 및 학대예방
정책 등에는 젠더 관점이 거의 반영되어 있지 못하다(정순둘, 2018). 젠더 관점
이 반영되어야 하는 이유는 모든 영역에서 여성노인이 남성노인보다 열악한
상황에 놓여 있기 때문이다. 고령화정책에서 젠더 관점이 반영되지 못한다면
각종 법에 명시된 사회참여 및 고용의 기회가 균등하게 시행되도록 근거 규정
을 개정 또는 신설해야 한다. 노인여성은 여전히 연령차별과 성차별의 대상이
되지만 질환이 많고 불건강하게 오래 살아갈 가능성이 높기 때문에 이들의 삶
에 질이 높아지기 위해서는 현재의 노인(복지)정책에 반드시 젠더 관점이 반영
된 성평등한 정책이 수립·시행되어야 할 것이다. 저출산·고령화사회 기본계
획 자체가 노동과 돌봄을 분리하는 프레임을 유지하는 한 여성의 동등한 경제
및 사회참여를 제한하게 되고 성평등한 돌봄이 불가능하게 되면서 여성의 삶의
질은 낮아질 수밖에 없다는 비판적 시각을 의미 있게 받아들여야 할 것이다.

(2) 여성노인 빈곤 해결을 위한 맞춤형 소득보장 정책 실행

우리나라 노인 빈곤율은 OECD 국가 중 최고인데 남성에 비해 여성이 더 빈곤하기 때문에 여성노인의 빈곤 문제는 매우 심각하게 고려되어야 한다. 여성은 연금가입률이나 수급률도 남성에 비해 낮고, 평생 경제활동 참여율도 남성에 비해 낮고, 질 좋은 일자리를 얻는 데 여러 가지 장애물이 많기 때문에 평생 소득도 남성에 비해 낮다. 이러한 경제적 어려움은 노년기로 자연스럽게 연결되기 때문에 여성노인은 공공부조에 의존해 살아가거나 가처분소득이 매우 빈약한 채로 살아가는 경우가 많다.

(3) 독거노인 및 취약노인에 대한 신체적·심리적·사회적 지원 강화

우리나라 고령자 1인 가구의 70%가 여성이다. 여성은 독거상태로 노후를 보낼 가능성이 높기 때문에 신체적·정신적 건강이 취약해질 위험이 높다. 또한 고령자 학대피해의 피해경험률도 2021년 기준 남자보다 2.5배 이상 높다(남자노인은 인구 10만 명당 43.8명, 여자노인은 106.1명 학대피해 경험; 통계청, 2022). 따라서 독거노인에 대한 정책과 지원 서비스는 반드시 젠더의 관점을 반영하고, 여성노인의 욕구와 특성을 반영할 수 있는 정책이 되어야 한다.

토론하기 주제

1. 장애여성의 성·재생산권을 위한 중앙 및 지방 정부의 정책이나 지원 실태에 대해 찾아보고, 개선방안에 대해 토론해 봅시다.
2. 노인여성의 신체적·정신적 건강을 증진시키기 위해 생애주기별로 지원할 수 있는 공공과 민간의 서비스를 찾아봅시다.

도움이 되는 자료

1. '휠체어 타고 엄마가 될 수 있을까?' 여성장애인의 임신과 출산, 육아 이야기(유튜브, www.youtube.com)

미술대학 서예학과 재학 중 사고를 당해 10여 차례의 수술을 받고 하반신 마비가 된 캘리그라피 작가 이은희 선생님이 여성장애인으로서 겪은 임신, 출산, 육아 이야기를 들려주는 영상이다. 여성장애인의 임신, 출산, 육아 전반에 걸친 다양한 어려움과 우리 사회에서 개선이 필요한 내용에 대해 이해할 수 있는 영상이다.

2. 『오늘, 난생처음 살아보는 날』(박혜란, 2017)

저자 박혜란은 백세시대를 살아가는 노년층이 완벽한 노후준비나 대책보다는 자신의 삶을 더 사랑하고 가진 것을 들여다보면서 내 안에 있는 행복을 찾으라고 조언한다. 노인들이 겪는 생애주기상의 어려움과 문제보다는 그동안 이룬 것, 얻은 것, 존재 자체로 행복을 느끼고 한 번도 살아보지 못한 날처럼. 난생처음 살아보는 날처럼 오늘을 대하라고 말한다.

참고문헌

보건복지부(2020a). 2020년 노인실태조사.

보건복지부(2020b). 2020년 장애인실태조사.

보건복지부(2022). 여성장애인지업사업 안내.

신유리, 김정석(2020). 장애여성들의 성과 사랑, 그리고 결혼: 생애구술사자료를 통한
    현상학적 이해. 한국인구학. 43(3), 55-76.

여성가족부(2021). 2021년 여성폭력실태조사.

유재이, 김경미(2023). 유배우자 여성장애인 임금근로자의 직무만족 영향요인. 장애와
    고용 33(1), 227-252.

임종호, 이영미, 이은미(2022). 장애인복지론(5판). 학지사.

정순둘(2018). 젠더관점에서 본 고령화정책. 젠더리뷰 2018 겨울호. 한국여성정책연구원.

통계청(2022). 2022 고령자 통계 보도자료.

한국장애인개발원(2019). 여성장애인 폭력피해자 지원을 위한 정책방안.

한국장애인개발원(2020). 2020 장애통계연보.

한국장애인개발원(2022). 2022 장애통계연보.

한겨레신문(2023. 4. 20.). "배제와 소외 너무 많아" …장애여성 일자리, 3년새 더 열악
    해졌다.

보건복지부. https://www.mohw.go.kr/

제**3**부

여성, 사회, 복지의 미래

여성과 사회보장제도

 학습개요 ○

여성도 남성과 마찬가지로 사회보장제도로부터 많은 혜택과 유익을 누릴 수 있다. 그럼에도 불구하고 현재 우리나라의 사회보장제도는 젠더관점이 부족하고, 성인지적 접근이 약하다. 결과적으로 여성들이 사회보장제도인 각종 보험이나 연금제도, 공공부조, 사회복지서비스로부터 주변화되고 남성보다 상대적으로 적은 혜택을 받는 구조 속에 놓여 있다. 이 장에서는 여성과 관련된 사회보장제도의 문제점과 개선방안 등에 대해 살펴보고자 한다.

학습목표 ○

1. 여성에게 적용되는 사회보험제도의 현황과 문제점, 개선방안에 대해 살펴본다.
2. 여성에게 적용되는 공공부조의 현황과 문제점, 개선방안에 대해 살펴본다.
3. 여성에게 적용되는 사회복지서비스 중 한부모가구여성 및 일하는 여성들을 위한 제도의 현황과 문제점, 개선방안에 대해 살펴본다.

1. 여성과 사회보험제도

1) 여성의 사회경제적 환경

고령화 시대에 진입한 한국은 특히 65세 이상 여성의 비중이 급격히 증가하여 2020년 기준 여성노인은 57.0%, 남성노인은 43%로 여성노인 인구가 남성노인보다 14%p 높다. 또한 여성의 기대수명이 남성보다 높고, 사별이나 이혼 등으로 노인여성 1인 가구나 여성 가구주 가구가 지속적으로 증가하고 있다. 문제는 노후준비가 거의 또는 잘 되어 있지 않은 여성들이 노후를 맞게 되면서 빈곤 가구가 될 가능성이 매우 높아지고 있다는 점이다. 객관적 지표상으로도 여성의 고용률이나 근속기간은 남성보다 낮고, 실업률은 높으며, 결혼이나 출산, 육아 등의 이유로 경력단절이 발생하기 때문에 남성에 비해 노후준비가 취약하다. 경제활동을 했더라도 여성은 남성에 비해 일반적으로 소득이 적고 나이가 많아질수록 저소득층이 될 확률이 높아져 노인여성의 빈곤화 가능성은 매우 높다.

여성의 이러한 사회경제적 환경에는 국가의 사회보험제도가 미치는 영향이 크다. 국민연금, 건강보험, 고용보험, 산재보험 등의 기여성 강제보험제도 자체가 남녀 임금격차, 여성의 비정규직 쏠림화, 불안정한 일자리의 여성 비율 증가, 경력단절 등의 문제를 해결해 줄 수 있을 만한 구조를 가지고 있지 않기 때문이다.

이러한 문제점을 개선하고자 그동안 공적 연금 및 보험제도를 통해 여성친화적 또는 성별영향분석에 따른 개선노력이 있어 왔지만 아직까지 여성들의 사회보장이 안정적인 수준이라고 이야기할 수 없는 수준에 있다. 이러한 현황과 문제점에 대해 각 사회보험제도별로 살펴보고자 한다.

2) 여성과 사회보험제도의 현황과 개선방안

(1) 국민연금제도

비혼인구가 증가하고 초혼 연령이 지속적으로 높아지며 이혼과 재혼의 증가 등과 같은 인구사회적 변화가 발생하면서 우리나라 가족구조와 구성도 급격한 변화를 경험하고 있다. 여성이 노동시장에 참여하는 전제 자체가 일반적인 보편적 결혼이나 남성 중심의 가족 부양 모델에 기초해 있는데, 현재 우리나라의 국민연금 급여 체계는 기본적으로 보편혼과 남성 중심 가족부양이라는 전통적 가족을 모델로 설계되어 있다고 할 수 있다. 따라서 여전히 여성의 경우 남성에 비해 경제활동 참가율이 낮을뿐더러 경력단절 비율이 높고, 경제활동을 하더라도 국민연금 가입률이 낮고 성별 임금격차로 인해 노령연금처럼 본인의 직접적인 기여에 기초한 급여(독립적 급여)를 통한 노후소득보장 또한 쉽지 않은 것이 현실이다(우해봉, 손현섭, 2015: 11).

1998년 「국민연금법」 개정과 함께 도입된 분할연금의 경우 혼인 기간 동안의 무급 가사노동에 대한 기여를 인정함으로써 여성의 독립 수급권 성격을 강화하였지만, 파생 수급권의 수급 범위 확대 패턴과 달리 유족연금, 분할연금, 부양가족연금의 급여가 적정한가에 대한 논란은 여전하다. 여기서 파생 수급

표 11-1 국민연금제도에서 여성 관련 연금 유형

구분	내용
부양가족연금	국민연금 가입자의 배우자, 미성년 자녀, 고령 부모에 대해 가입자의 노령연금 수급 시 부가적으로 지급되는 연금
유족연금	수급권자(가입자 및 수급자) 사망 시 그 배우자에게 기본연금액의 40~60% 지급
분할연금	이혼 시 가입자의 배우자였던 자(5년 이상 혼인기간)에게 노령연금의 50% 지급
출산크레딧	2자녀 이상 출산 시 18~50개월 가입기간 인정

권(또는 파생적 수급권)이란 일종의 간접수급권으로 공적 연금 적용을 받고 있는 자의 피부양자의 지위에 있음으로써 연금급여를 받을 수 있는 권리를 의미한다. 예를 들면, 유족연금, 배우자 급여, 자녀급여 등이 있다(김수완, 2002: 7). 현재는 국민연금제도에서 여성과 관련한 연금 유형이 〈표 11-1〉과 같이 구분되어 있다.

　2021년 기준 65세 이상 국민연금 수급자 가운데 남성은 239만 5천여 명, 여성은 181만 9천여 명이며, 같은 연령대 전체 인구 대비 국민연금 수급률은 각각 64.4%, 37.5%로 남녀 차이가 상당히 큰 것으로 나타났다. 더욱이 2021년 기준 20년 이상 장기간 국민연금에 가입한 후 연금을 수급하는 사람의 수는 남성이 여성의 6배에 달하는 것으로 나타나, 여전히 성별 연금 격차가 크다는 것을 알 수 있다(메디컬투데이, 2023. 7. 12.). 2023년 기준 국민연금 수급 내용을 보면 수급유형별로도 차이가 있었는데, 노령연금 수급에서 50세 이상 남성은 319만

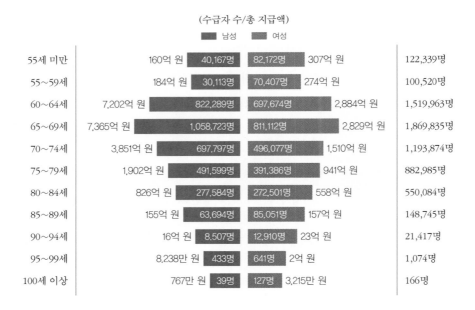

[그림 11-1] 국민연금제도 연령별 수급자 수 및 총 지급액

출처: 국민연금공단(nps.or.kr).

1,600여 명, 여성은 187만 7,700여 명으로 역시 성별 격차가 크게 나타났다. 여성들이 주로 받는 연금은 소위 파생적 수급권인 유족연금으로 84만 명의 유족연금 수급자 중 93%인 78만 5,200명이 여성 수급자인 것으로 나타났다.

　[그림 11-1]을 살펴보면, 55세 미만과 55~59세 연령대, 85세 이상 연령대를 제외하고 나머지 연령대에서는 남성 수급자의 수가 여성 수급자 수보다 월등히 많고 총 지급액에 있어서도 남성이 많은 것을 알 수 있다. 55세 미만과 55~59세는 여성들의 유족연금 수급이 많기 때문이고, 85세 이상 연령대는 고령자 여성의 수가 남성보다 월등히 많기 때문이다. [그림 11-1]은 국민연금 전체(노령연금, 장애연금, 유족연금)의 통계이고, 노령연금만 보면 전 연령대에서 남성 수급자의 수와 총 지급액이 많다(〈표 11-2〉 참조).

　〈표 11-2〉를 보면 2022년 6월 기준 성별, 연령대별 국민연금 수급자 수를 볼 수 있는데 노령연금, 장애연금은 전 연령대에서 남성 수급자 수가 월등히 많

표 11-2 성별, 연령대별 국민연금의 수급자 수　　　　　　　　　　　　　(단위: 천 명)

구분	전체		노령연금		장애연금		유족연금	
	남성	여성	남성	여성	남성	여성	남성	여성
50~60세 미만	43.0	111.4	12.3	5.8	20.5	4.5	10.2	101.1
60~65세 미만	815.1	665.5	797.0	551.3	9.5	2.4	8.6	111.8
65~70세 미만	988.0	729.2	973.4	588.0	5.2	1.5	9.4	139.7
70~75세 미만	684.4	478.4	669.9	319.9	4.7	1.4	9.8	157.2
75~80세 미만	469.9	371.1	457.6	231.6	2.8	0.8	9.4	139.3
80세 이상	298.8	317.7	281.2	181.2	1.0	0.4	16.5	136.1
소계	3,299.2	2,674.0	3,191.6	1,877.7	43.6	11.1	63.9	785.2

출처: 국민연금공단(nps.or.kr).

고, 유족연금은 여성의 수가 전 연령대에서 남성 수급자 수보다 월등히 많다.

연금가입자의 연도별, 성별 비중을 보면 [그림 11-2]와 같다. 35년 전인 1988년에는 30.6%에 지나지 않았던 여성들의 연금가입률이 2020년 기준 45.3%까지 증가하였다. 그러나 아직까지 성별 격차가 발생하고 있음을 알 수 있다. 특히 [그림 11-3]을 보면 연금가입자 중 35~39세 연령대의 총 가입자 238만 명 중에서 남성가입자는 144만 명, 여성가입자는 94만 7천 명으로 여성 가입자 수가 남성보다 약 49만 3천여 명 적었는데, 이는 출산·양육으로 인해 여성이 경력단절을 경험하는 것으로 인한 이유와 노동시장에 계속 남아 일하는 여성의 일자리 상당수가 사회보험의 사각지대에 있는 것이 주요 원인으로 작용했기 때문이라고 볼 수 있다(이다미, 2023: 2).

여성주의 관점에서는 공적 연금제도가 노동시장에서의 소득활동을 전제로 기여에 비례하는 급여를 제공하기 때문에 여성이 남성에 비해 공식적인 경제활동 참여율이 낮고, 출산·육아로 인한 경력단절로 고용기간이 짧으며, 저임금·비정규직 등과 같은 불안정 고용에 놓인 경우가 많아 적정한 연금수급권을 확보하는 데 많은 제약이 있다고 본다. 따라서 여성에 대한 제도적 배려 없이 기여와 급여를 단선적으로 연결시키면 여성들은 충분한 노후소득을 보장

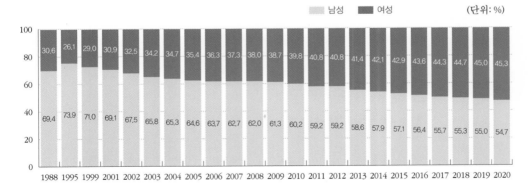

[그림 11-2] 연도별, 성별 국민연금 가입자 비중(1988~2020)

주: 납부예외자 포함
출처: 국민연금공단(nps.or.kr).

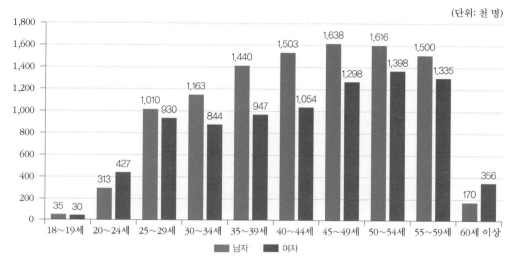

(단위: 천 명)

[그림 11-3] 성별, 연령대별 국민연금 가입자 수(2020년 12월 말 기준)

출처: 국민연금공단(2021: 6).

받기 어렵게 되고, 결국 여성노인의 빈곤화를 증가시키게 될 것이라고 비판받는다(류연규, 황정임, 2008: 74-75). 이러한 현상은 단지 국내에만 국한되는 것이 아니라 OECD 국가들도 여성의 빈곤율이 남성보다 높아 대부분의 국가에서 남성보다 여성의 빈곤위험이 큰 것으로 나타나고 있다. 한국의 경우는 2021년 기준 노인 빈곤율이 남성 31.3%, 여성 42.6%로 매우 심각한 수준이다(매일경제, 2023. 1. 19.).

　　이와 같이 우리나라 여성노인의 빈곤율이 선진국에 비해 높은 이유는 다른 국가에 비해 고령층에 대한 기초연금이나 국민기초생활보장급여 등의 이전소득 수준이 낮고, 공적 · 사적 연금제도가 활성화되어 있지 않으며, 여성의 국민연금 가입률이 여전히 남성에 비해 낮기 때문으로 분석되고 있다(강성호, 류건식, 김동겸, 2018: 45).

　　따라서 국민연금제도에서의 남녀 간 격차를 해소하기 위해서는 자녀가 1명일 때는 혜택받지 못하도록 되어 있는 현재의 출산크레딧 제도를 개선하여 1명

자녀부터 적용할 수 있게 하고(우해봉, 손현섭, 2015), 사회보험료 지원제도인 두루누리 사업을 저임금 또는 비정규직 근로자의 다수를 여성이 점하고 있는 상황을 고려하여 그 지원대상을 지금보다 확대해야 한다. 또한 노동참여율이 낮은 여성은 연금에 의한 노후소득보장이 취약하기 때문에 실업이나 휴직 시 가입기간 인정(실업크레딧, 보험료 면제기간 등) 제도도 더 확대·보완해야 한다. 한국에서는 여성들이 유족연금을 통해 파생적 수급을 받는 경우가 상당히 많다는 점에서 개별적이고 독립적인 수급권 확보 및 가입 기간 확대를 위한 정책이 더 적극적으로 실행되어야 할 것이다(이다미, 2023).

(2) 건강보험

우리나라 건강보험제도는 1977년 500인 이상 사업장 적용을 시작으로 1989년 7월 전 국민에게 확대 시행되었고, 2000년 7월 국민의료보험관리공단과 전국의 139개 직장의료보험조합이 통합하여 국민건강보험공단으로 새롭게 출발하게 되었다.

전 국민이 건강보험제도의 적용을 받고 있지만 여성에게 있어 건강 문제는 남성과 다른 측면이 있어서 성별 영향이나 성별 격차를 평가해 보아야 하는 특성을 가지고 있다. 왜냐하면 여성은 남성보다 낮은 사회경제적 위치에 있는 경우가 많으며 건강불평등의 상태에 놓이는 경우가 많기 때문이다. 남성에 비해 비숙련직종이나 저임금 불안정 고용에 놓이는 경우가 많고, 실업상태나 한부모, 저소득 가구의 경우 여성이 남성보다 비율적으로 높은데, 이런 경우 직장 일과 가사 및 육아 등의 다중역할과 다중고를 겪으면서 건강이 나빠질 수 있고, 제때 양질의 건강검진이나 관리 및 치료를 받는 경제적·시간적 여유가 없는 경우가 많다. 이는 결국 건강불평등을 가져오게 된다. 여성들은 건강추구 행위는 높지만 주로 생식기능에 필요한 의료서비스에 초점을 두고 생식기능 외의 서비스에 대한 요구가 적은 경향이 있었으며 이는 빈곤한 여성과 교육 수준이 낮은 여성들일수록 이런 경향이 높게 나타났다(송미영, 임우연, 김중임,

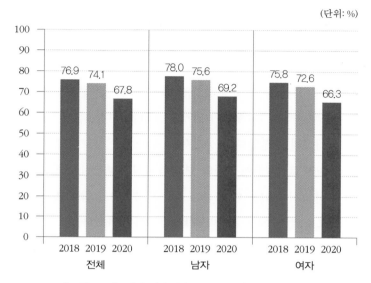

(단위: %)

[그림 11-4] 성별 일반건강검진 수검률(2018~2020)
주: 2018년부터 일반건강검진 중 2차 검진이 삭제됨
출처: 보건복지부 사회보장위원회(2021).

2015: 156).

　건강검진 수검률도 남성보다 여성이 낮다. [그림 11-4]는 2018년부터 2020년까지의 남녀 일반건강검진 수검률을 나타낸 것으로 매년 여성의 수검률이 남성에 비해 낮은 것을 알 수 있다. 이는 상대적으로 남자가 많은 직장가입자의 수검률이 높기 때문인 것으로 분석되고 있다. 건강보험 직장가입자 비율이 2021년 현재 여성은 71.7%, 남성은 81.3%에 이르고 있다(여성가족부, 2022a).

　일반적으로 여성은 남성보다 건강에 더 취약하다. 여성의 기대수명이 남성보다 높지만 건강하게 장수하는 비율이 낮고, 주관적 건강인지율도 남성보다 낮다. 가사나 육아 등이 신체건강에 여러 가지 악영향을 주기 때문이고, 사회화된 전통적 성역할 개념이나 여성에 대한 고정관념이 여성의 정신건강에도 부정적 영향을 주는 것으로 알려져 있다. 특히 가부장적이고 유교적인 우리 한국사회에서 임신과 출산을 통해 '대'를 이어야 한다는 고령층 부모의 압박이 아직 사라지지 않았음을 알 수 있다. 최근에는 여러 가지 이유로 난임이 많아지면서 많은 부부가 난임시술을 시도하고 있지만 주로 여성들이 시술의 대상자이기 때문에 여성들의 신체 및 정신 건강에 큰 영향을 미치며, 높지 않은 임신성공률과 중도 유산 등이 여성의 건강에 부정적 영향을 주고 있다. 2021년 기준 난임시술이 시행된 총 횟수가 남성은 약 11만 7천 회, 여성은 약 60만 회로 남성 대비 약 5배가 많았다(여성가족부, 2022a). 건강보험에서 충분히 부담해 주지 않는 제도로 인해 여성들의 경제적·심리정서적 어려움은 가중되고 있다. 2021년 난임시술 이용 여성 환자 수는 약 7만 8천 명이고 남성 환자 수는 약 6만 6천 명으로, 남녀 모두 2018년부터 급격히 증가했다.

정부에서는 2006년 '난임부부 지원사업'을 도입하여 저소득층 난임부부의 의료적 접근성을 제고하고자 난임시술 의료비의 일부를 지원하기 시작했다. 그러나 저출산 현상이 장기화되자 '제3차 저출산·고령사회 기본계획'(2016~2020)에서 임신·출산의 사회책임체계 구축의 일환으로 난임부부 종합지원체계 구축을 위한 계획을 수립·추진하기 시작했다. 난임치료 시술비 및 시술을 위한 제반비용(검사·마취·약제 등)에 대해 건강보험을 적용하여 시술비 부담을 경감한다는 계획과 저소득층(의료급여수급자 및 차상위계층)의 본인 일부부담금 및 비급여진료비 등에 대해서는 예산사업으로 지속 지원하고, 난임휴가제 도입 및 심리·의료 상담 지원 강화 등의 내용을 포함시켰다.

다행히 현재는 건강보험 급여화와 난임부부 지원사업의 확대로 난임시술에 대한 접근성이 향상되고 있기는 하지만, 여전히 저소득층 가구에서는 아예 난임치료를 포기하는 경우가 많고, 소득기준이 지원사업의 대상이 되지 못하는 중산층 이상의 가구에서는 가구소득 대비 난임치료비 부담이 매우 크다는 지적이 있다(문주현, 전보영, 2022).

한편 여성은 치매 유병률도 남성보다 높다. 〈표 11-3〉을 보면, 남녀의 치매 유병률이 다름을 알 수 있다. 2020년 기준 여성의 치매 유병률은 8.0%, 남성은 6.3%이다.

표 11-3　성별 치매 환자 유병률　　　　　　　　　　(단위: 명, %)

	2015		2019		2020	
	여	남	여	남	여	남
노인인구 수[1]	5,188,822	4,078,845	6,227,250	5,092,822	6,544,501	5,394,884
환자 수[2]	404,442	237,397	501,949	314,444	525,884	337,658
유병률[2]	7.8	5.8	8.1	6.2	8.0	6.3

자료: 1) 통계청, 「주민등록연앙인구」
　　　2) 보건복지부, 「치매환자 유병현황」
주: 60세 이상 인구 대상임
출처: 여성가족부(2022a).

　이와 같이 여성의 건강불평등 이슈는 다양하고 생애주기에 걸쳐 지속적으로 관리 및 개선되어야 하는 측면이 많다. 전국민건강보험제도가 여성의 건강권을 위한 가장 대표적이고 중요한 사회보장제도로서 제 기능을 하기 위해서는 사회구조로 인한 여성 건강 불평등의 원인들과 그 영향을 면밀하게 평가하고 분석하여 이를 개선할 수 있는 제도적 장치를 마련해야 할 것이다(여성가족부, 2017b). 또한 현재의 건강보험이 의료비만을 보상할 뿐 질병으로 인해 일을 하지 못하는 소득 상실에 대해서는 보상을 하고 있지 못하기 때문에, 장기적으로는 상병수당을 도입함으로써 치료의 시기를 놓치지 않게 하여 여성의 건강권이 실현될 수 있어야 할 것이다.

(3) 고용보험

　우리나라의 고용보험제도는 1995년부터 시행되었다. 1997년 IMF 외환위기로 인해 실업자가 대규모로 발생하면서 고용보험이 빠르게 확대되었다. 2007년 기준으로는 남성 임금근로자의 61%, 여성 임금근로자의 46.4%가 고용보험에 가입해서 남녀 성별 격차가 컸지만 2017년에는 남성 66.9%, 여성 61%로 그 격차가 완화되었다[1]. 그럼에도 불구하고 여전히 성별 격차는 발생하고 있다.

　고용보험 가입률에서 성별 격차가 발생하는 이유는 무엇일까? 예상할 수 있는 바와 같이 여성들은 장기적이고 안정적인 근로인 정규직 일자리에 비해 단기적이고 근로가 불안정한 계약직의 비정규직 일자리나 소규모 영세사업장, 저임금 일자리에서 일하게 될 가능성이 크고, 실제 통계치로도 그런 현상이 파악되고 있다. 이런 일자리에서는 일하는 여성들은 고용보험 가입에서 배제될 가능성이 크다(김혜연, 2019).

여성들의 학력수준이 남성에 비해 결코 뒤지지 않는 여성 고학력 시대가 왔지만 인적자본의 차이로 인해 노동시장에서 질 좋은 안정적 일자리를 차지하지 못하는 것이 아니라 여성에게 부과되는 임신과 출산, 가사와 돌봄 등의 의무가 30세를 전후해서 발생하기 때문에 비교적 안정적 일자리를 점유하고 있던 여성들도 노동시장에서 나가거나 가사나 양육과 병행할 수 있는 시간제 일자리를 선택하게 되기 때문이라는 분석은 매우 설득력이 있다(김혜연, 2019: 35). 반면에 어느 정도의 육아기간이 끝나고 재취업을 시도하는 50세 이후 여성들의 일자리는 대부분 경력단절 이전의 임금이나 고용안정성에 비해 매우 격하된 위치로 저임금, 계약직, 단시간 노동에 진입하게 되고, 이 시기의 재취업에 있어 고용보험 가입이나 혜택에서도 성별 격차가 일어나게 된다.

그런데 또 하나의 문제는 여성들이 고용보험을 가입한다고 해도 실업이 되었을 경우 실업급여를 수급할 수 있는 조건을 잘 맞추지 못할 경우가 많다는 점이다. 고용보험 특성상 가입기간(근로경력)과 이직사유가 수급 여부를 결정하는데, 많은 여성이 단시간 근로자를 제외하는 수급자격 기준과 자발적 이직이 아닌 경우에만 실업급여를 수급할 수 있게 하는 규정에 부합되지 못하기 때문이다. 다행히 2012년부터 두루누리 사회보험료 지원사업이 시행되어 왔다. 그러나 2019년 기준 근로자 수 10명 미만 사업장과 월평균 보수 210만 원 미만

---

1) 2012년부터 시행된 소규모 사업장의 저임금 근로자와 고용주에게 사회보험료의 일부를 지원하는 사회보험료 지원정책(일명 '두루누리 사업')의 영향이 여성 근로자들의 고용보험 가입률을 높였을 가능성이 있다.

이라는 두 가지 요건을 모두 충족해야 하기 때문에 10인 이상 사업장에 근무하는 저임금근로자의 다수는 보험료 지원을 받지 못하게 된다. 이에 사회보험료 지원사업의 확대가 필요하다.

　출산과 양육을 위해 노동시장을 떠나는 여성들이 가족이라는 또 다른 영역에서 돌봄노동을 수행한다는 점을 감안할 때, 여성의 경력단절을 여성의 돌봄노동 기간 또는 취업중단 기간과 연결시켜 제도를 수립하고자 하는 것에 대한 시각으로의 전환이 필요하다(신경아, 2016). 이러한 점에서 2020년부터 시행되는 국민취업지원제도를 통해 장기간 경력이 단절되거나 분절적인 고용경력 때문에 실업급여 수급자격이 되지 못하는 여성들이 지원을 받을 수 있게 된 점은 여성의 고용 특성을 고려한 제도적인 지원이 부분적으로나마 가능하게 되었다는 측면에서 긍정적이다. 다만 수급 대상이 저소득 여성에 한정되어 있다는 점, 구직급여(구직촉진수당)의 수준이 50만 원으로 소득보장 기능이 미흡하다는 점이 한계로 지적될 수 있을 것이다.

　고용보험은 보험료 납부 여부에 상관없이 구직급여를 수급받을 수 있게 법적으로 명시되어 있다. 따라서 모든 실직한 개인은 피보험자격을 반드시 확인하고 구직급여를 받을 수 있게 하고, 기여회피가 발생한 일터에 대해서는 기여회피가 발생하지 않도록 사회보험 공단에서 적극 관리할 필요가 있다(윤희숙, 2018).

2. 여성과 공공부조

1) 국민기초생활보장제도와 여성

　국민기초생활보장제도는 생활이 어려운 사람에게 필요한 급여를 실시해 이들의 최저생활을 보장하고 자활을 돕고자 실시하는 제도이다(「국민기초생활 보장법」제1조). 기초생활보장 급여는 수급자가 자신의 생활의 유지·향상을 위하여 그의 소득, 재산, 근로능력 등을 활용하여 최대한 노력하는 것을 전제로 이를 보충·발전시키는 것을 기본 원칙으로 한다(동법 제3조 제1항). 부양의무자의 부양과 다른 법령에 따른 보호는 「국민기초생활 보장법」에 따른 급여에 우선한다. 다만, 다른 법령에 따른 보호의 수준이 「국민기초생활 보장법」에서 정하는 수준에 이르지 않은 경우에는 나머지 부분에 관하여 「국민기초생활 보장법」에 따른 급여를 받을 권리를 잃지 않는다(동법 제3조 제2항).

2021년 국민기초생활보장수급자는 총 2,368,852명인데, 이 중 남자는 1,011,833명, 여자는 1,257,019명이다. 여성 비율이 53%, 남성이 47%이다. 이는 총인구 대비 4.6%의 비율이다. 2020년 기준 연령대별로 살펴보면 70대 이상이 가장 많고, 20세 미만, 60대, 50대 순으로 많다. 20대 미만, 50대, 60대 연령층에서는 남자 수급자의 비중이 여자 수급자보다 많고, 나머지 연령대에서는 모두 여자 수급자 비중이 많다.

여성이 수급자 비율이 높은 데에는 여러 가지 이유가 있지만 여성은 평생 근로소득이 남성에 비해 낮은 점, 소득으로 환원되지 않는 가사 및 육아 활동에

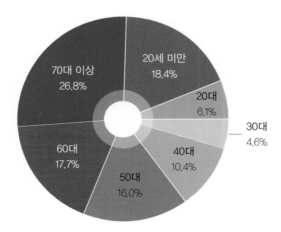

[그림 11-5] 연령별 국민기초생활보장 일반 수급자 분포(2020년)

출처: 보건복지부(2020).

의 전담, 소득이 안정적이고 높은 일자리에 상대적으로 여성 일자리가 부족하거나 여성 채용이 잘 이루어지지 않는다는 점, 여성이 가구주가 되는 한부모가구의 증가 등이 그것이다. 전형적인 남성부양자모델의 우리나라 사회체계는 남성의 임금을 가족임금으로 보아 왔기 때문에 상대적으로 여성은 남성보다 빈곤에 빠지게 될 위험이 크다. 이러한 문제를 반영하는 실증적 근거가 수급자나 차상위계층 비율에 있어 여성 비율이 훨씬 높다는 점이다.

　현재의 기초생활보장제도는 여러 가지 문제점을 가지고 있지만 여전히 복지 사각지대를 해소하지 못하고 있다는 점이다. 수급자격을 갖추지 못했거나 수급 미신청의 사유로 공공부조의 1차 안전망에서 누락되어 있는 집단이 복지 사각지대의 집단인데, 이 또한 여성 비율이 높다. 사실 차상위계층이라는 용어가 그동안 기초생활수급대상 바로 위의 계층, 즉 잠재빈곤층의 의미로 사용되어 왔는데, 급여에 따라 다르기는 하지만 수급계층의 개인적·사회경제적 특성과 크게 구분되지 않을 정도로 유사한 생활조건에 처한 경우가 많다(김희주, 2017). 차상위계층의 소득인정액 상한선을 조정해서 복지 사각지대에 있는 여성 가구의 공공부조 진입을 확대해야 할 필요가 있다. 특히 이들 가구를 적극적으로 발굴하고 공공복지서비스를 받을 수 있게 하되, 차상위계층, 특히 여성 가구의 특성과 욕구에 맞는 맞춤형 복지를 제공해야 한다. 차상위계층이 일반계층으로 변화할 확률이 가장 높은 것은 정규직노동에 진입하게 되는 것이라는 연구가 있는데, 이들이 이러한 기회에 진입하기까지 특례기준을 적용하여 공공부조 서비스를 받을 수 있게 해야 한다. 정부가 2017년 11월부터는 노인 및 장애인이 포함된 수급가구 및 부양의무자 가구에 대한 기초생활보장 부양의무자 기준을 완화한 바 있고, 2018년 10월부터는 주거급여에 한해 부양의무자 기준을 폐지하겠다고 밝힌 바 있다. 그러나 이는 아직 부분적 완화의 형태라고 볼 수 있기 때문에 과도기에 발생할 수 있는 문제를 해결할 필요가 있다. 특히 차상위계층의 차상위자활, 차상위본인부담경감, 희망키움통장 Ⅱ, 근로장려세제(EITC), 차상위 장애수당 및 장애인 연금, 한부모가족 지원 등의

제도를 가구 특성에 맞춰 탈빈곤을 유도할 수 있는 맞춤형 지원이 이뤄지도록
해야 할 것이다.

2) 자활사업과 여성

자활사업은 자활을 위한 근로의 기회를 제공하여 자활기반을 조성함과 동
시에 복지제도에 안주하여 근로활동을 기피하는 도덕적 해이를 방지하는 것
을 목적으로 하며, 근로연계 복지정책 중 가장 대표적이고 긴 역사를 가지고
있다. 자활사업 참여대상은 의무적으로 참여해야 하는 국민기초생활보장제도
조건부 수급자와 희망 참여대상인 자활특례, 일반수급자 및 근로능력이 있고
소득인정액이 최저생계비 120% 이하인 차상위계층이다.

2022년 현재 자활사업 참여자의 성별분포를 보면 2019년 이전까지는 남성
보다 여성 비중이 높았으나 남성 참여자 비중이 증가하면서 2020년부터는 남
성 참여자가 더 많은 것으로 나타났다([그림 11-6] 참조). 연령별 현황에 있어서
는 50~59세, 60세 이상의 참여가 가장 많고 그다음으로는 40~49세로 중년기

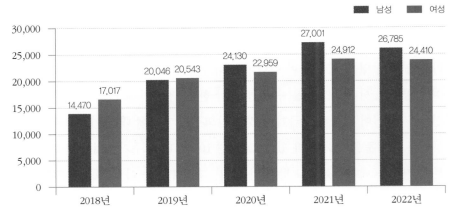

[그림 11-6] 자활참여자 성별 현황

출처: 한국자활복지개발원(www.kdissw.or.kr).

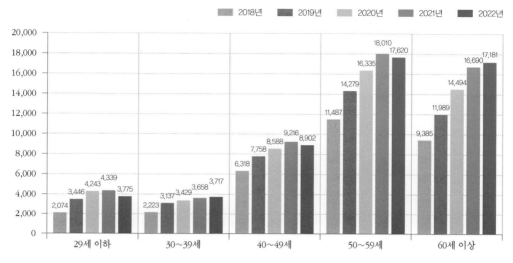

[그림 11-7] 자활참여자 연령별 현황

출처: 한국자활복지개발원(www.kdissw.or.kr).

이후의 연령대 참여가 높은 것으로 확인되었다([그림 11-7] 참조). 보장구분에 있어서는 조건부수급자 형태가 가장 많고, 일반수급자, 차상위, 자활특례 순으로 많다([그림 11-8] 참조).

2022년 자활사업 참여자 실태조사에 따르면, 자활의지에 있어 여성이 남성보다 모든 차원에 걸쳐 높은 것으로 나타났다. 예를 들면, 자신의 가치와 역량에 대한 인지, 동기부여, 목표지향, 기술과 자원 활용 등 모든 차원에서 여성의 점수가 높았고, 자활행동 수준에 있어서도 여성이 남성보다 전반적으로 자활에 가까운 행동을 한다고 인지하는 것으로 나타났다(이상아 외, 2022). 과거 조사에서는 남성에 비해 여성 자활사업 참여자들의 건강정도가 빈곤에 중요 요인이 되기 때문에 여성 참여자들의 건강에 대해 예방과 치료를 위한 지원이 필요하다는 결과가 있었다(여성가족부, 2014). 또한 여성의 경우 취업형태와 상관없이 직업이력의 존재 여부가 빈곤을 결정하는 주요 요인 중 하나로 나타나서 직업이력이 있는 여성과 없는 여성을 구분하여 이에 맞는 지원을 제공해야 할

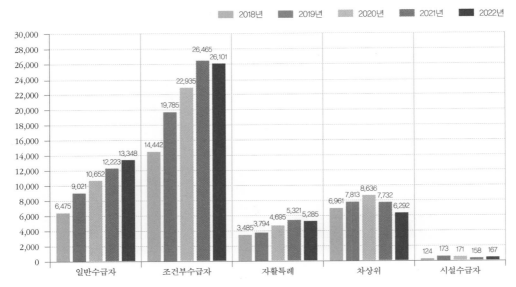

[그림 11-8] 자활참여자 보장구분 현황

출처: 한국자활복지개발원(www.kdissw.or.kr).

필요가 있는 것으로 나타났다. 자활참여여성의 경우 보호를 요하는 가족원을 둔 경우가 남성 참여자보다 상대적으로 많다. 또한 이혼이나 사별 등 혼인 상태의 변화로 인해 주생계부양자가 되는 동시에 어린 자녀를 돌보아야 하는 상황에 직면한 여성 참여자가 많다. 이러한 요보호가족원 존재 자체도 자활참여여성의 빈곤에 미치는 영향이 크기 때문에 이에 대한 정책적 · 제도적 고려도 필요하다.

그동안 여성의 자활사업 참여율이 높았음에도 불구하고 여성의 성별로 인한 특수성을 고려하지 못하고 자활사업이 진행되고 있다는 비판이 있어 왔다(여성가족부, 2014). 자활사업의 방향이 여성의 취약한 인적자본, 부양가족이나 요보호가족원 유무 등의 취업장애요인을 해소하기보다 성과를 내기 쉬운 남성에게 초점을 맞춰 온 측면, 자활사업 참여자들 간 발생하는 성희롱이나 성비하적 폭언 등의 문제도 지적된 바 있다. 또한 지역자활센터 성과평가위원회의 성별 구성이 지나치게 남성 위주로 구성되어 여성의 수가 매우 소수에 국한되어 있다는 점도 지적되어 왔다(여성가족부, 2014). 자활사업 참여자의 특성을 면밀하게 검토한 맞춤형 서비스를 연계하고 자활훈련을 제공함으로써 사회경제적 지위가 더 취약한 여성참여자들의 자활기반을 마련하는 노력이 있어야 할 것이다.

3. 여성과 사회복지서비스

여성을 위한 다양한 사회복지서비스가 존재하지만 이 절에서는 여성 중 대표적 취약계층인 한부모를 위한 서비스와 일반계층인 일하는 여성들을 위한 일·가정 양립을 위한 지원제도에 대해 살펴본다.

1) 한부모를 위한 사회복지서비스의 현황과 개선방안

한부모는 다양한 부처의 정책 지원을 받는 대상자가 될 수 있다. 여기에서는 자녀돌봄서비스 지원, 현금급여 지원, 양육비 이행 지원, 직업훈련·교육 및 고용지원, 주거지원, 건강 및 상담서비스 지원을 중심으로 살펴본다.[2]

2022년 한부모가구는 전체 가구의 6.5%에 해당하는 149만 가구에 이르고 있다(e-나라지표, www.index.go.kr). 이 중 정부지원의 대상이 되는 한부모가족 세대는 총 18만 5천 세대에 이르는데, 모자가족, 부자가족, 청소년모자가족, 조손가족, 청소년부자가족의 순으로 세대가 많다. 이들 중 모자가족의 경우는 수급대상인 경우가 전체 모자세대 14만 4천 세대 중 12만 2천 세대로 84%에 이르고 부자가족은 전체 부자세대 3만 7천 세대 중 2만 9천 세대로 79%에 이른다.

---

2) 이 내용은 여성가족부(2021)의 '2021년 한부모가족 실태조사'를 인용하였다.

표 11-4 전체 가구 대비 한부모가구 현황   (단위: 천 가구, %)

연도별	2015년	2016년	2017년	2018년	2019년	2020년	2021년	2022년
총 가구	19,561	19,838	20,168	20,500	20,891	21,485	22,023	22,383
한부모 가구	1,608	1,540	1,533	1,539	1,529	1,533	1,510	1,494
한부모가구 비율	8.2	7.8	7.6	7.5	7.3	7.1	6.9	6.5

출처: e-나라지표(www.index.go.kr).

(1) 자녀돌봄서비스 지원

한부모가족에만 국한된 것은 아니지만 현재 보육 및 유아교육 서비스가 지원되고 있다. 현재 어린이집과 유치원에 다니는 만 0세에서 5세까지의 아동이 있는 가구는 소득수준에 관계없이 보육료를 지급받을 수 있다. 이 외에도 만 12세 이하 취학아동의 방과후 보육료를 지원하는 제도를 통해서 한부모는 도움을 받을 수 있다. 아이돌봄 지원 서비스는 가구평균소득 이하이면서 만 3개월~만 12세 이하의 아동이 있는 가족을 위해 제공하는 서비스이다. 아이돌봄 사업은 가구 소득수준에 따라서 정부지원금 비율과 본인부담 비율에 차이가 있는데, 저소득 한부모가족이나 그 외 한부모가족에게 서비스 이용 우선권을 제공하고 있다. 시간제 돌봄이 중심이지만, 0세아를 대상으로는 종일제 돌봄 서비스를 실시하고 있다. 가정양육수당 지원사업은 보육시설, 유치원, 종일제 아이돌봄서비스를 이용하지 않는 아동에게 현금으로 지급하는 수당으로, 아동의 개월 수에 따라 월 10~20만 원의 수당이 지급된다. 초등학생 돌봄을 위해서는 지역아동센터, 초등돌봄교실(방과후학교), 청소년 방과후 아카데미가 있다.

표 11-5 **2021년 정부지원 대상 한부모가구 현황**   (단위: 세대, 명)

구분		계	「한부모가족지원법」 대상			국민기초 수급 대상
			소계	재가보호	시설보호	
계	세대	185,461	30,838	30,606	232	154,623
	인원	463,084	111,493	111,261	232	351,591
모자가족	세대	144,792	22,631	22,440	191	122,161
	인원	362,989	82,350	82,159	191	280,639
부자가족	세대	37,205	7,500	7,477	23	29,705
	인원	92,796	27,451	27,428	23	65,345
조손가족	세대	1,056	96	96	0	960
	인원	2,458	437	437	0	2,021
청소년 모자가족	세대	2,181	508	490	18	1,673
	인원	4,377	1,032	1,014	18	3,345
청소년 부자가족	세대	227	103	103	0	124
	인원	464	223	223	0	241

출처: 한국사회보장정보원(ssis.or.kr).

(2) 현금급여 지원

현금급여 지원에는 기초생활보장제도와 아동양육비 및 청소년 한부모 자립 지원사업이 있다. 한부모에 의해 양육되는 만 18세 미만의 자녀를 키우는 가족은 「한부모가족지원법」에 기반하여 복지급여를 받을 수 있다. 복지급여를 받을 수 있는 한부모가족 선정기준은 소득인정액기준 중위소득 52% 이하 가구이면 해당된다. 저소득 한부모가족 선정은 국민기초생활보장사업의 부양자 기준에 영향을 받지 않아, 한부모 원가족의 재산이나 소득에 영향을 받지 않는다. 한편 청소년 한부모에게만 해당하는 사업도 존재한다. 청소년 한부모 자립지원사업은 2010년에 신설되었는데, 청소년 한부모의 학업과 양육을 지원하기 위해 기존 저소득 한부모 지원사업보다 지원대상과 지원 폭을 확대하였다. 지원대상을 중위소득 60%로 확대하였고, 청소년 한부모가족 아동양육비로 월 35만 원을 제공(단,「한부모가족지원법」상 아동양육비로 월 20만 원을 받고 있는 가구의 경우에는 차액으로 월 15만 원만 지급)하고 있다.

(3) 양육비 이행 지원

양육을 하지 않는 비양육부모들의 양육비 이행 책임을 강화하기 위해 양육비 이행 지원사업을 하고 있다. 2007년, 2009년 두 차례의「민법」개정으로 협의 이혼 시 자녀 양육사항 합의 의무화와 양육비부담조서 작성 의무화가 도입되었다. 2009년에는 자녀 양육비 직접지급명령과 담보제공명령을 주요 내용으로「가사소송법」이 개정되었고, 2012년에는 자녀 양육비 산정기준표가 제정·공표되었다. 또한 여성가족부는「한부모지원법」에 근거해 2007년부터 양육아동을 둔 이혼가족·미혼모부자 가족 등 한부모가족을 대상으로 자녀 양육비 청구소송 및 이행확보 무료 법률지원 서비스를 시행해 왔으며, 2012년에는 대한법률구조공단 등 유관기관과 협력해 법률구조단을 운영하였다. 이와 같이 법·제도 도입 및 개선으로 자녀 양육비 이행제도가 점차 강화되고 있으나, 여전히 법원의 이행결정이 제대로 지켜지지 않아, 양육비 이행관리를 전담하는 기관의 필요성이 제기되었다. 이에 따라「양육비 이행확보 및 지원에 관한 법률」이 2015년 3월부터 시행되면서, 여성가족부 산하 양육비 이행 전담기구인 양육비 이행관리원이 신설되어 관련 업무를 총괄하는 업무를 수행하고 있다.

(4) 직업훈련·교육 및 고용지원

한부모가구가 지원받을 수 있는 직업훈련 및 교육, 고용지원에는 고용디딤돌(청년취업인턴제), 취업성공패키지, 국가기간·전략산업직종훈련, 근로자직업능력개발훈련, 내일배움카드제(직업능력계좌제) 등이 있으며, 여성가족부에서 여성새로일하기센터를 통하여 실시하는 각종 경력단절여성 대상 직업훈련 프로그램 및 고용지원 프로그램이 있다. 청소년 한부모의 경우 아동양육비 등 현금급여뿐 아니라, 검정고시 학습비와 고교생 교육비 등 교육비지원이 이루어지고 있다.

(5) 주거지원

「한부모가족지원법」에 근거하여 저소득 한부모가족이 이용할 수 있는 생활시설로는 모자가족 복지시설, 부자가족 복지시설, 미혼모자가족 복지시설, 일시지원 복지시설이 있다. 한부모가족 시설 유형별 제공되는 서비스는 〈표 11-6〉과 같다.

한편 저소득층 한부모를 위한 주택정책의 경우 수급자격이 충족되면 타 부처의 주거지원 서비스를 받을 수 있다. 예를 들면, 국토교통부의 저소득층 주거지원사업이 있는데, 한부모가족에게 영구임대주택, 다가구 매입주택 등에 입주 우선권을 부여하고 있다. 정부가 공공기금의 지원을 받아 공급하는 공공주택은 신규건설임대 주택과 매입임대 주택이 있는데, 전자에는 영구임대주택, 국민임대주택, 장기전세, 행복주택 등이 있으며, 후자에는 기존주택 전세임대와 기존주택 매입임대가 있다. 주거급여 제도는 수급자에게는 임차급여를 지급하고 자가 수급자에게는 주택 노후도에 따라 맞춤형으로 주택 개보수를 해 주는 급여 형태가 있다. 이 외에도 주택 전월세 자금 지원으로 버팀목전세자금대출과 주거안정 월세 대출 등 대출지원제도가 있다.

(6) 건강 및 상담 지원 서비스

한부모가 임신·출산 시 이용할 수 있는 사업으로는 영양플러스 사업 및 출산 및 양육 시 위기지원이 있다. 영양플러스 사업은 대상자에게 영양교육 및 상담, 보충식품 공급, 정기적 영양평가 등을 제공하는 사업으로, 사업운영 보건소별 관할지역 내 거주하는 가구 규모별 기준중위소득 80% 이하인 만 6세 미만의 영유아, 임신부, 출산부, 수유부가 지원대상이다. 수혜대상 선정 시 영양이나 의학적인 측면에서 위험요인이 고려되고, 한부모가구일 경우에도 우

표 11-6 한부모가족 복지시설 개요

시설 유형		시설 수 (132개소) *2020년 12월 기준	입소대상 및 기능	입소기간 (연장가능 기간)	입소정원
모자가족 복지시설 (47)	기본 생활지원	42	만 18세 미만의 자녀를 양육하는 무주택 저소득 모자가족	3년(2년)	971세대
	공동 생활지원	3	독립적인 가정생활이 어렵고 일정 기간 공동으로 가정을 이루어 생활하면서 자립을 준비하고자 하는 모자가족	2년(1년)	45세대
	자립 생활지원	2	만 18세 미만의 자녀를 양육하는 무주택 저소득 모자가족, 기본생활지원청에서 퇴소한 모자세대로서 자립준비가 미흡한 모자가족	3년(2년)	31세대
부자가족 복지시설 (3)	기본 생활지원	2	만 18세 미만의 자녀를 양육하는 무주택 저소득 부자가족	3년(2년)	40세대
	공동 생활지원	1	독립적인 가정생활이 어렵고 일정 기간 공동으로 가정을 이루어 생활하면서 자립을 준비하고자 하는 부자가족	2년(1년)	5세대
	자립 생활지원	—	기본생활지원청에서 퇴소한 부자세대로서 자립준비가 미흡한 부자가족	—	—
미혼모자 가족 복지시설 (65)	기본 생활지원	22	미혼의 임신여성 및 출산 후(6월 미만) 지원을 요하는 여성	1년(6월)	561명
	공동 생활지원	41	3세 미만의 영유아를 양육하는 미혼모 (*휴지시설 1개소 포함)	2년(1년)	328세대
		2	출산 후 해당 아동을 양육하지 아니하는 미혼모	2년(6월)	15명
일시지원 복지시설(9)		9	배우자의 학대로 인하여 아동의 건전 양육과 모의 건강에 지장을 초래할 우려가 있는 모와 아동(*휴지시설 1개소 포함)	6월(6월)	257명
한부모가족 복지상담소(8)		8	한부모가족에 대한 위기·자립상담 및 문제해결 지원(*미운영 1개소 포함)	이용시설	

출처: 여성가족부(2021b: 229).

선순위가 주어진다. 심리·정서 지원 및 상담 서비스는 기준중위소득 100% 이하 한부모가구의 경우, 가족역량강화지원사업의 지원대상이 될 수 있으며, 전국 93개소(2022년 기준)의 사업수행기관을 통해 심리적·경제적 자립을 위한 상담, 교육프로그램 및 자조모임 운영 등을 통한 지속적인 사례관리를 받을 수 있다.

2) 일·가정 양립을 위한 정책 현황과 개선방안

우리나라의 일·가정 양립 지원제도는 임신 및 출산 지원, 육아휴직, 보육 지원, 유연근무제를 들 수 있다. 하나씩 주요 내용을 살펴보면 다음과 같다.

육아휴직은 1년 이내 유급휴가를 통해 부모의 자녀 양육 시간을 확보해 주는 제도이며, 보육 지원은 무상 보육 서비스를 제공함으로써 부모의 근로시간을 확보해 주는 제도이다. 가장 최근 도입된 유연근무제는 근로시간을 조정함으로써 돌봄시간 확보를 지원한다는 점에서 육아휴직이나 보육 지원을 보완하는 완충적 제도로서 의미가 있다(방진아, 허순임, 2021).

(1) 임신 및 출산 지원제도

• 출산 전후 휴가제도: 「근로기준법」 제74조 제1항에 의거하여 여성근로자에게 출산 전후 기간 90일 휴가를 부여하는 제도
• 배우자 출산휴가제도: 「남녀고용평등과 일·가정 양립 지원에 관한 법률」 (이하 「남녀고용평등법」) 제18조의2에 의거하여 배우자 출산 시, 남성 근로자가 청구하면 10일의 유급휴가를 부여하는 제도
• 임신기 근로시간 단축제도: 「근로기준법」 제74조 제7항에 의거하여 임신 12주 이내 또는 36주 이후 임신여성 근로자 청구 시 임금을 종전과 같이 받으면서 근로시간을 하루 2시간 단축하는 제도

- 난임치료 휴가제도: 「남녀고용평등법」 제18조의3에 의거하여 인공수정 또는 체외수정 등 난임치료를 받기 위해 근로자가 신청하는 휴가제도

이 외에도 생리휴가, 태아검진시간 보장, 유산 및 사산 휴가, 임신 중 시간외 근로 금지, 수유시설 및 수유시간 제공 등의 모성보호제도가 있다.

(2) 육아 등 돌봄지원제도

- 육아휴직제도: 「남녀고용평등법」 제19조에 의거하여 만 8세 이하 또는 초등학교 2학년 이하의 자녀를 양육하기 위하여 부모 각각 최대 1년간 휴직이 가능하게 하는 제도
- 육아기 근로시간 단축제도: 「남녀고용평등법」 제19조의2에 의거하여 근로자가 육아휴직 대신 근로시간을 단축하는 제도
- 가족돌봄 휴직제도: 「남녀고용평등법」 제22조의2에 의거하여 가족을 돌봐야 하는 근로자에게 최대 90일의 휴직을 부여하는 제도
- 가족돌봄 휴가제도: 「남녀고용평등법」 제22조의2에 의거하여 가족을 돌봐야 하는 근로자에게 최대 10일(무급) 휴가를 부여하는 제도
- 가족돌봄 등을 위한 근로시간 단축제도: 「남녀고용평등법」 제22조의3에 의거하여 근로자가 가족 돌봄, 본인 건강, 은퇴 준비, 학업을 위해 기존의 소정근로시간을 단축하는 제도
- 직장보육시설: 「남녀고용평등법」 제21조, 「영유아보육법」 제14조에 의거하여 일정 규모(여성근로자 300인 이상 또는 근로자 500인 이상) 사업장에 직장어린이집 설치의무를 부여하는 제도

(3) 유연근로제도

- **시간선택제**: 육아, 학업, 가족돌봄, 퇴직 준비 등의 사유로 근로자의 필요에 따라 전일제 근로자가 일정 기간 동안 짧은 시간 근무하면서 전일제와 차별 없는 근무(고용)형태
- **시차출퇴근제**: 근로자의 필요에 따라 출퇴근시간을 조절하여 러시아워를 피하고 유연한 시간 활용을 가능하게 하는 제도(예: 8시 출근 17시 퇴근, 10시 출근 19시 퇴근 등)
- **선택근무제**: 일정 기간의 단위로 정해진 총 근로시간 범위 내에서 업무의 시작 및 종료 시각, 1일 근로시간을 근로자가 자율적으로 결정할 수 있는 제도
- **재량근무제**: 근로시간의 배분과 업무수행 방법을 근로자의 재량에 맡기고 사용자와 근로자 간 합의한 시간을 근무한 것으로 인정하는 제도
- **원격근무제**: 원격근무용 사무실에서 근무하거나 사무실이 아닌 장소에서 모바일 기기를 이용하여 근무하는 제도
- **재택근무제**: 주거지(자택)에서 근무편의를 위하여 마련된 장소에서 업무를 수행하는 형태

이와 같은 많은 제도가 있음에도 불구하고 적극 활용되지 못하는 이유로는 '사용할 수 없는 직장 분위기나 문화 때문에' '동료 및 관리자의 업무 가중으로' '추가인력 고용으로 인한 인건비 부담으로' 등의 이유가 주를 이루었다(고용노동부, 2022). 특히 유연근무제의 경우 그 자체가 중요하다기보다 여성들이 시간제 근무를 함으로써 노동시장에서의 성별 격차, 가족 내 성별 역할 분업 강화, 직장 내 불이익 감수 등의 위험성을 안고 가게 되기 때문에 이러한 문제를 줄이면서 일 · 가정 양립이 가능하게 하는 제도로 자리 잡아야 할 것이다(김재원, 임업, 2019). 한 연구에서도 최고 경영자가 여성 인력의 중요성을 강조하는 일 · 가정 양립 배려 문화일수록 만족도가 높아졌으며, 밤늦게 남아 일하는 것

이 평가에 유리하게 작용하는 문화일수록 만족도가 낮은 것으로 나타났다. 또한 근로시간 유연화 활용 결정 요인으로는 노동조합이 구성되어 있고 근로자의 일·가정 양립을 배려하는 조직 문화를 가지고 있는 경우 활용률이 높게 나타났다(방진아, 허순임, 2021).

'2021년 일·가정 양립 실태조사'에서도 일·가정 양립을 위해 필요한 정책 1순위 과제로 '남녀고용 차별 개선 및 직장 내 성희롱 예방'(21.4%), '시차출퇴근, 재택, 시간제 근무 등 유연근로제 확산'(20.1%), '사회인식 및 기업문화개선 캠페인'(16.4%), '장시간 근로 관행 개선'(14.3%), '남성과 여성의 자유로운 육아휴직 사용'(10.6%)의 순으로 나타났다(고용노동부, 2022).

토론하기 주제

1. 우리나라의 사회보장제도가 여성에 대한 사회적 성(젠더)관념과 어떻게 연관되어 있는지 토론해 봅시다.
2. 일·가정 양립을 위한 정책이나 제도가 현실적으로 잘 활용되기 위해서 해결해야 할 과제는 어떤 것이 있을지 토론해 봅시다.

도움이 되는 자료

1. 모큐멘터리: 일과 가정사이(유튜브, www.youtube.com)

회사원이자 한 아이의 아빠인 승우 씨가 겪는 직장과 가정 사이에서 좌충우돌하는 삶을 그리고 있다. 또한 여성들의 직장생활에서의 애환을 그리는 2화, 3화까지 보기를 추천한다.

참고문헌

강성호, 류건식, 김동겸(2018). 여성 관련 연금정책 평가와 개선 방향. 보험연구원.

고용노동부(2022). 2021 일ㆍ가정 양립 실태조사.

국민연금공단(2021). 2020년 국민연금 통계연보(제33호).

김수완(2002). 공적연금에서 파생적 수급권의 의미와 형태에 관한 연구: 배우자 급여와 유족연금을 중심으로. 사회복지연구, 20, 5-30.

김재원, 임업(2019). 시간제 근로 및 성별에 따른 개인의 삶의 만족도 분석: 「서울서베이 도시정책지표조사」를 이용하여. 지역연구, 35(2), 59-71.

김혜연(2019). 고용보험 가입의 성별 격차와 원인: 연령집단별 비교를 중심으로. 한국정책과학학회보, 23(4), 33-58.

김희주(2017). 차상위계층의 특성과 빈곤지위 변화에 대한 종단연구. 연세대학교 대학원 석사학위논문.

류연규, 황정임(2008). 국민연금제도에서 나타나는 젠더 차이에 대한 연구. 한국여성학, 24(2), 73-112.

문주현, 전보영(2022). 난임으로 인한 외래이용 및 외래진료비 지출 분석. 보건경제와 정책연구, 28(3), 1-27.

방진아, 허순임(2021). 근로시간 유연화가 여성관리자의 일·가정양립에 미치는 영향. 여성연구111(4), 37-66.

보건복지부(2020). 2020년 국민기초생활보장 수급자 현황.

보건복지부 사회보장위원회(2021). 통계로 보는 사회보장 2021.

보건복지부, 한국보건사회연구원(2019). 난임치료 확대 등 난임 지원을 위한 실태 및 제도 개선 방안.

송미영, 임우연, 김중임(2015). 성별에 따른 건강불평등 및 관련요인 연구. 여성건강간호학회지, 21(2), 150-159.

신경아(2016). 여성정책에서 성평등정책으로? 젠더정책의 오해와 이해. 한국여성학, 32(4), 1-36.

윤희숙(2018). 사회보험 사각지대 해소의 중요성 및 효과적 대응 방안. 여성경제연구, 15(2), 1-22.

우해봉, 손현섭(2015). 공적노후소득보장제도 특정성별영향분석평가. 한국보건사회연구원.

여성가족부(2014). 자활사업 특정성별영향분석평가. 성균관대학교 사회복지연구소.

여성가족부(2017a). 한부모지원정책 특정성별영향분석평가.

여성가족부(2017b). 「국민건강증진계획」에 대한 특정성별영향분석평가 연구.

여성가족부(2021a). 2021년 한부모가족실태조사.

여성가족부(2021b). 2021년도 한부모가족 지원사업 안내.

여성가족부(2022a). 2022년 통계로 보는 남녀의 삶 보도자료.

여성가족부(2022b). 2021년도 양성평등정책 연차보고서.

여성가족부·성균관대학교 사회복지연구소(2014). 자활사업 특정성별영향분석평가.

이다미(2023). 성별 연금 격차의 현황과 시사점. 보건복지 ISSUE & FOCUS. 한국보건사회연구원.

이상아, 최상미, 오성은, 고은새, 양가람, 김수완(2022). 2022년 자활사업 참여자 실태조사. 한국자활복지개발원.

메디컬투데이(2023. 7. 12.). 국민연금 20년 이상 장기가입 수급자, 남성이 여성의
　　6배… "성별 격차 개선해야".
매일경제(2023. 1. 19.). 21년 노인빈곤율 37.6%…10년간 8.9%p 떨어져… 2011년
　　46.5%서 개선 추세지만 OECD 국가 중 여전히 최고.

e-나라지표. index.go.kr
국민연금공단. nps.or.kr
한국사회보장정보원. ssis.or.kr
한국자활복지개발원. www.kdissw.or.kr

여성과 빈곤

여성은 왜 빈곤에 더 취약한가? 빈곤의 여성화, 여성의 빈곤화라는 사회적 용어는 오늘날에도 유효한가? 빈곤의 여성화 문제는 한국사회만의 현상인가, 세계적인 현상인가? 이 장에서는 이러한 질문에 대한 답을 찾기 위해 여성이 생애주기에 걸쳐 겪는 빈곤 문제를 거시적·미시적 요인과 관점에서 파악하며, 이 문제의 해결방안에 대해 살펴본다.

학습목표

1. '빈곤의 여성화'에 대해 살펴본다.
2. 국내외 여성 빈곤 실태와 그 원인에 대해 살펴본다.
3. 빈곤 해소를 위한 사회적 지원제도와 해결방안에 대해 알아본다.

1. 여성과 빈곤

1) 빈곤의 여성화

'빈곤의 여성화(feminization of poverty)'라는 개념을 처음 소개한 사람은 미국의 피어스(Pearce, 1978)이다. 그녀는 1970년대 미국 사회에서 빈곤의 문제가 급속도로 여성의 문제로 심화되는 것을 가리켜 이 용어를 사용하였다. 미국 16세 이상 성인 빈민 3명 중 2명이 여성이고, 노인 빈민의 70%가 여성노인이며, 빈곤가구의 절반 이상이 여성 가구주임을 근거로 제시하며, 여성이 빈곤화되어 가고 빈곤이 여성화되어 가는 상황을 '빈곤의 여성화'로 명명하였다(노혜진, 김윤민, 2020: 54).

빈곤의 여성화는 크게 세 가지에 적용할 수 있는 개념인데, 첫째, 성별 빈곤 격차는 남성 빈곤율과 여성 빈곤율의 차이나 남성 빈곤율 대비 여성 빈곤율 수준을 통해 파악한다. 둘째, 여성의 빈곤화는 여성 빈곤율이 지속적으로 증가하고 빈곤의 양상이 다양해지는 현상을 설명할 때 빈곤의 여성화 개념을 사용한다. 셋째, 어머니의 빈곤화는 비정규직 여성과 같이 특정 집단이나 특정 영역에서 경험하는 여성의 불이익이나 박탈, 사회적 배제 등을 설명할 때도 빈곤의 여성화 개념을 적용한다(노혜진, 김윤민, 2020: 54).

전 세계적으로 남성보다 여성의 빈곤율이 높고, 특히 자녀가 있는 여성 가구주의 경우 남성 가구주에 비해 빈곤율이 매우 높으며, 빈곤의 강도도 여성이 더 높아 같은 빈곤선하에 있더라도 여성 소득이 훨씬 낮아 빈곤을 경험하는 강도가 높다. 또한 여성은 남성보다 상대적으로 빈곤을 경험하는 기간이 더 길고 빈곤을 탈출하는 현상에 있어서도 남성에 비해 그 가능성이 낮은 편이라는 연구결과를 눈여겨볼 필요가 있다(노혜진, 김윤민, 2020: 54).

2) 세계의 여성 빈곤 실태

왜 세계 빈곤층의 대다수는 여성일까? 빈곤의 여성화 현상은 특정 국가, 특정 지역, 특정 인종에 국한된 현상이 아니라 전 지구적으로 목격되는 현상이다.

베트남 북부 띤로이(Tinh Loi) 의류 공장에서 일하며 매주 평균 62시간을 일하는데 시간당 1달러를 벌며 전 세계로 수출되는 티셔츠와 셔츠를 포장하는 호안이라는 여성이 있다. 36세의 타비타 음위칼리(Tabitha Mwikali)는 케냐 나이로비에서 가장 큰 비공식 정착촌 중 하나인 무쿠루에 살고 있다. 그녀는 케냐 남동부의 마투우 출신으로, 주급 200~250실링(약 2.5달러)로 아이들을 먹이거나 학교에 보낼 여유가 없어 학교도 보내지 못한다(OXFAM, www.oxfam.org).

전 세계적으로 여성은 가장 낮은 임금을 받는 직업에 종사하고 있다. 여성과 남성의 임금격차는 적게는 25~35%를 상회한다. 현재의 발전 속도라면 그 격차를 좁히는 데 170년이 걸릴 것으로 추측하고 있다. 또한 여성을 위한 양질의 일자리가 부족한 것도 세계적인 현상이다. 특히 개발도상국 여성의 75%는 고용 계약, 법적 권리 또는 사회적 보호를 받을 가능성이 낮고, 빈곤에서 벗어날 수 있을 만큼 충분한 임금을 받지 못하는 비공식 경제에 종사하고 있다. 전 세계적으로 약 6억 명의 여성이 가장 불안정한 형태의 노동 현장에 있다. 특히 여성은 육아나 가사와 같은 무급 돌봄 노동을 남성보다 최소 10배 이상 많이 하며, 때로는 10배나 더 많이 일하기도 한다. 이러한 가사나 육아 등의 무급 돌봄 노동의 경제적 가치는 적어도 10조 달러 이상의 가치이자 전 세계의 기술산업 경제규모의 3배의 가치이기도 하다.

UN 여성과 UNDP에 따르면, 전 세계적으로 2022년에 약 3억 8천 8백만 명의 여성과 소녀들이 극심한 가난 속에서 살 것으로 전망하였다. 그런데 이러한 세계 극빈층 여성과 소녀의 83.7%가 사하라 이남의 아프리카(62.8%)와 중앙아시아 및 남아시아(20.9%) 두 지역에서 밀집되어 있을 것이라고 한다. 특정 지역에 거주하는 여성과 소녀들의 빈곤이 매우 심각한 수준임을 말해 주고 있다

(UN WOMEN, https://data.unwomen.org).

특히 10대 소녀들은 남자아이들보다 더 큰 빈곤에 직면해 있다는 통계와, 24~34세 그룹에서도 여성이 남성보다 빈곤에 더 취약하다는 보고가 있다. 물론 이러한 현상은 지역에 따라 매우 큰 차이가 있기 때문에 주의를 기울여 살펴보아야 하지만, 전반적으로는 사하라 이남의 아프리카 및 중앙아시아 및 남아시아 지역에 더 만연한 것으로 알려져 있다(UN WOMEN, https://data.unwomen.org).

미국의 상황도 크게 다르지 않다. 미국 인구조사국 자료에 따르면, 2018년 빈곤 상태에서 사는 3,810만 명 중 56%인 2,140만 명이 여성이었고, 코로나19 팬데믹은 여성에게 더 큰 영향을 미쳐 여성들이 더 큰 경제적 불안과 빈곤에 빠질 위험이 증가했다고 보고하고 있다. 특히 의료비로 인한 비용과 재정적 부담이 수백만 가구를 빈곤으로 몰아넣고 개인 파산의 주요 원인이 되고 있다. 특히 미국 내 모든 인종과 민족에 있어 여성 빈곤율이 남성 빈곤율보다 높다. 미국 인디언이나 알래스카 원주민 여성, 흑인 여성, 라틴계 여성이 가장 빈곤한 층이다. 또한 미혼모는 자녀가 있는 기혼여성이나 자녀가 없는 미혼여성보다 빈곤율이 높은데 미혼모의 1/4이 빈곤선 이하에서 생활하고 있다고 한다(CAP 20, www.americanprogress.org).

영국의 경우도 상황은 거의 비슷하다. 2019년 자료에 따르면, 평균 소득 이하 가구에 대한 통계에서 2016~2017년보다 10만 명의 아이들이 더 가난하게 살고 있다고 발표했는데 주로 여성 양육자가 많기 때문에 여성 가구의 빈곤을 의미하는 것이고(한부모의 45%가 빈곤층인데 그 중 대다수가 여성임), 이는 결론적으로 남성에 비해 여성이 계속해서 가난하게 될 가능성이 높음을 말해 준다. 특히 빈곤 상태의 미혼 여성 비율은 25%로 3년간 감소 수치가 없지만, 빈곤 미혼 남성 비율은 23%로 그 전보다 감소하는 추세에 있다(WOMEN'S BUDGET GROUP, wbg.org.uk).

2. 우리나라 여성의 빈곤 실태 및 원인

1) 여성 빈곤의 실태

2020년 기준 여성 1인 가구의 빈곤율은 55.7%, 남성은 34.5%로 나타나 여성이 남성보다 21.2%p나 높게 나타났다. 2016년과 비교하면 남성 38.7%, 여성 63.8%로 그 격차가 줄어드는 추세지만 여전히 여성은 빈곤에 훨씬 취약한 것을 알 수 있다. 더욱이 여성일수록, 노인일수록 빈곤율이 높다. 노인의 경우, 노인 전체 빈곤율은 39.0%이지만, 여성노인의 빈곤율이 43.9%, 남성노인이 32.7%로 나타나고 있다(한국보건사회연구원, 2022).

한국여성정책연구원(2022)에 따르면, 2021년 기준 한부모가정 빈곤율은 47.7%로 조사됐다. 양부모가정 빈곤율 10.7% 대비 약 4배에 달한다. 한부모가정 월평균 소득도 245만 원으로 양부모가정 평균 소득 416만 원의 절반을

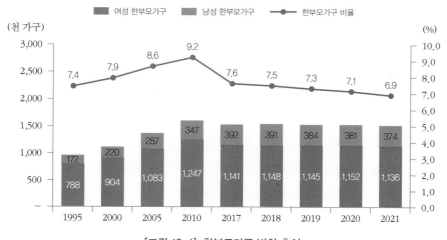

[그림 12-1] 한부모가구 변화 추이

출처: 여성가족부(2022a).

겨우 넘는 수준이다. 한부모가정 네 명 중 한 명은 육아와 경제활동의 병행에 어려움을 겪고 있으며 미취업 상태이다. 2021년 여성 한부모가구(75.2%)는 남성 한부모가구(24.8%) 대비 약 3배가 많은데 이는 한부모가정 빈곤율을 감안할 때 여성 한부모가구의 빈곤율도 남성 한부모가구보다 높음을 추정할 수 있다([그림 12-1] 참조).

성별 기초생활수급자 통계를 보면 지난 20년간 항상 여성이 남성보다 많은 것을 알 수 있는데 이는 여성의 빈곤 취약성을 나타내 주고 있다. 2021년 여성 기초생활수급자는 125만 7천 명으로 2010년 대비 약 1.5배 증가하였다. 2021년 전체 기초생활수급자 중 여성의 비율은 55.4%로 남성의 44.6%에 비해 높은 수준이다. 2021년 여성 가구주 가구 소득(3,348만 원)도 2020년 대비 8.5%p나 증가한 수치지만 여전히 남성 가구주 가구 소득(6,997만 원)에 비하면 절반에도 미치지 못하는 수준이다.

이러한 여성들의 빈곤 실태 관련한 위험 요인 하나는 최근 여성 가구주 가구 소득 중 근로소득 비율은 감소하는 한편 공적이전소득 비율이 증가하고 있다는 점이다(여성가족부, 2022). 근로소득보다는 연금이나 각종 수당 등 공적이전소득이 증가한다는 것은 복지정책이나 제도에 의존하는 비율이 높아지고 있음을 의미하고, 이는 절대 및 상대적 빈곤율이 높아질 수 있음을 의미한다.

2021년 한부모가족 실태조사(여성가족부, 2021)에 따르면, 부채가 있다고 응답한 한부모가족에게 빚을 지게 된 가장 큰 이유를 확인한 결과, 주거비 마련이 47.6%로 거의 절반을 차지하였다. 그다음으로는 생활비(40.7%), 기타(5.5%), 자녀 교육비(4.8%), 가족 의료비(1.4%)의 순으로 나타났다. 이전 실태조사 결과와 비교해 보면 생활비로 인해 부채가 발생했다는 응답이 증가하고 있었는데 이는 빈곤의 지속성을 예측할 수 있는 지표라 할 수 있다. 또한 한부모가 된 이후 저소득 한부모가족 지원을 받다가 수급 대상에서 벗어난 응답자 227명을 대상으로 탈지원 요인을 살펴본 결과 '가구원이 취업, 창업을 하거나 하고 있던 일의 수입이 늘어서'가 45.7%로 가장 많았고, '기초생활보장 대상자가 되어서'(24.3%), '소득/재산/부양 의무자 변화는 없으나 조사 결과가 달라져서'(13.4%)의 순으로 나타났다. 2018년의 조사 결과와 비교할 때 '기초생활보장 대상자가 되어서'라고 응답한 비율이 2018년의 16.9%에서 2021년 24.3%로 증가한 것은 한부모의 경제적 상황이 더 악화되었음을 유추해 볼 수 있다.

여성 빈곤 실태와 관련해 한부모가족의 다차원적 빈곤 실태를 파악한 한 연구에서는 경제적 빈곤이 비경제적 영역에서의 궁핍함에 의해 가중되거나 중첩, 지속될 수 있기 때문에 다중적 요소를 동시에 고려할 필요가 있다고 하였다(박미진, 2023). 양적 · 질적 분석 결과, 한부모가구는 소득, 자산, 건강, 주거, 노동 등 다섯 가지 영역 모두에서 양부모가구에 비해 심각한 박탈을 보이는 것으로 확인되었다. 따라서 국민기초생활보장제도나 긴급복지 지원 등의 제도가 한부모가구의 소득 보장을 위한 최후의 안전망으로 기능하고 있었고, 한부모가구구주들은 자신의 노후와 한쪽 부모가 없는 자녀의 불확실한 미래에 대한 걱정이 크기 때문에 이를 걱정하며 자산을 형성해야 한다는 강한 인식이 있었고, 이상적인 주거환경을 확보하는 것에 매우 큰 어려움이 있음이 밝혀졌다. 또한 일 · 가정 양립을 지원하는 일자리를 선택할 수 있는 여유가 없고, 노동과 자녀돌봄 사이의 공백을 메우기 위해 항상 시간에 쫓겨 살게 되고, 이로 인해 한부모가구구주의 신체 · 정신 건강이 매우 열악한 상황인 것으로 드러났다. 물론 이 연구가 여성 한부모가구만 대상으로 한 연구는 아니지만 여성 한부모가구가 남성 한부모가구보다 3배 이상 많은 현실에서 주로 여성 한부모가구의 문제로 보아도 크게 무리가 없을 것이다.

2) 여성 빈곤의 원인

여성 빈곤의 원인은 매우 다양하고 복합적이지만 크게 성차별적 노동시장, 성인지적 관점과 정책이 부족한 사회보장제도, 무임금 가사 및 보호 노동의 전담, 여성에 대한 폭력, 건강문제로 인한 소득활동의 중단, 사회문화적 규범(전통적 성역할로 인한 경제활동 기회의 제한 등), 교차적 영향(장애여성, 노인여성, 한 부모 여성, 다문화 여성) 등으로 구분할 수 있다.

(1) 성차별적 노동시장

가부장적 성별 분업 이데올로기를 기초로 한 성별 역할 분담이 강한 경우 남성은 노동시장의 생산활동을 통한 소득활동, 여성은 가족 내에서의 보호 및 가사 노동으로 이분화하는 경향이 강하다. 이로 인해 여성이 노동시장에 진입한다고 하더라도 남성만큼 주 생계부양자가 아니라는 인식으로 인해 남녀 간 임금의 격차가 발생하고, 성별에 따른 직종 분리가 만연하며, 여성은 주로 저임금, 비정규직에 진입하게 된다. 더불어 임신, 출산, 육아로 인한 경력단절과 승진에의 제한과 차별이 발생한다. 이러한 성차별적 노동시장은 여성들의 소득 제한과 빈곤에의 취약성을 유발한다(홍백의, 김혜연, 2007: 126; [그림 12-2] 참조).

이러한 원인은 국내에만 한정된 것이 아니다. 2018년 미국의 인구조사국 자료에 따르면, 연중 내내 정규직으로 일하는 여성들이 남성들이 1달러를 벌 때 여성들은 82센트를 받는데, 이마저도 백인 여성의 경우이고, 라틴계, 원주

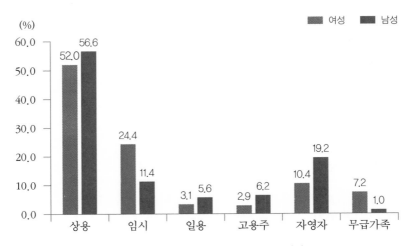

[그림 12-2] 2021년 종사상 지위별 구성비

출처: 여성가족부(2022a).

민, 흑인 여성들은 50~60센트 사이를 벌기 때문에 성별 임금 격차는 평생을 따라다닌다. 이로 인해 일생 동안 격차가 발생하고 여성들이 축적할 수 있는 자원과 저축은 더 적음을 의미하며, 이는 결국 75세 이상 노인여성들의 빈곤율이 남성노인 빈곤율보다 심각하게 높아지는 것과 연결된다(CAP 20, www.americanprogress.org).

이에 더하여 여성의 일 숙련도가 낮다는 기대, 여성노동에 대한 체계적인 저평가로 인해 여성은 특정 직종, 특히 저임금 일자리로의 진입이 과도한 비율로 발생한다.

(2) 성인지적 관점과 정책이 부족한 사회보장제도

우리나라의 사회보장제도는 그동안 점진적 발전과 규모의 확대를 이뤄 왔다. 그럼에도 불구하고 제도 자체가 여성친화적이거나 성인지 관점이 반영되지 못했고, 남성 생계부양자모델 중심의 사회보장정책과 제도가 시행되어 왔다는 한계를 가지고 있다. 따라서 노동시장의 중심인 남성은 실직 시 사회보험의 수혜자가 되지만 노동시장의 주변을 형성하고 있는 여성은 사회보험보다는 주로 공공부조의 수혜자가 되어 낙인과 빈곤을 가중시키는 요인으로 작동해 왔다(노혜진, 김윤민, 2020: 57). 이와 같이 이원화된 복지체계는 노동의 성별 분업을 가중시키고 여성의 소득과 자산 축적의 안정성 확보에 부정적 영향을 미쳐 왔다는 점은 지속적인 비판을 받아 왔다.

결과적으로 여성의 연금 가입률이나 수급률이 남성보다 낮고, 국민건강보험이나 실업급여 혜택이나 수급률도 남성보다 낮으며, 경력단절로 인한 안정적 일자리 재진입이 어렵다는 점은 여성의 소득과 자산 형성에 위험 요인으로 작용하고 있으며, 이는 여성의 전 생애주기를 거쳐 반복적으로 발생하고 전 생애에 걸쳐 영향을 미친다.

이러한 상황은 미국의 경우도 크게 다르지 않다. 여성이 일·가정 양립을 하기 위한 아동돌봄수당이나 유급 휴가 프로그램, 유급 병가와 같은 가족 정책이 부족한 편이고, 어린 자녀를 둔 여성들의 노동시장 진입이 매우 어렵다는 점은 주지의 사실이다.

(3) 무임금 가사 및 보호 노동의 전담

여성은 전통적 성역할에 따른 무임금 가사 및 보호 노동의 전담자로 인식되어 왔고, 실제로 그러한 노동의 주 제공자로 역할해 왔다. 이러한 노동은 가족을 유지하고, 가족 내 구성원들을 돌보고 일상이 가능하게 만들지만 임금이 주어지거나 보상이 주어지지 않기 때문에 여성의 노동에 대한 경제적 유익은 발생하지 않는 경우가 대부분이다. 특히 노동시장에 진입한 여성도 커리어를 이어나가는 과정에서 자녀 돌봄이나 부모 돌봄의 필요가 발생하면 우선적으로 일을 그만두는 일이 일반적인 사회적 관례이자 기대되는 행동이다. 특히 여성 한부모가구의 경우 여성 가구주는 가계의 주 소득을 담당하고 자녀 양육 및 가사노동 담당자로 다양한 역할을 수행해야 하는 처지이다. 그런데 우리나라 사회보장정책 자체가 근로연계형이 대부분이기 때문에 노동시장 내 근로를 하면서 가족구성원의 돌봄과 보호, 가사 노동까지 해내는 것이 현실적으로 매우 어려운 일이 아닐 수 없다. 특히 가정 내 전담 돌봄이 필요한 자녀나 부모가 있는 경우 근로 없이 돌봄만 할 경우 사회보장의 혜택을 받기 어려운 경우가 많아 이는 결국 빈곤으로 연결될 가능성이 높다(김안나, 2006: 54-55).

(4) 여성에 대한 폭력, 건강문제로 인한 소득활동의 중단 등

여성은 폭력 문제에 취약하다. 2022년 여성폭력통계에 따르면, 2019년 기준 평생 성폭력 피해 경험률에 있어 여성은 38.6%가 경험이 있는 것으로 나타났고, 2019년 기준 평생 현 배우자에 의한 신체적·성적·경제적·정서적 폭력 피해 경험률은 여성 20.7%나 되는 것으로 나타났다. 적게는 5명 중 1명이, 많게는 5명 중 2명이 어떤 유형의 폭력이든 폭력 피해를 경험하는 것으로 나타났다. 빈곤한 여성일수록 폭력피해를 경험할 가능성이 있고 폭력피해를 경험한 결과로 소득활동이나 일반적인 경제활동에 어려움이 발생함으로 인해 빈곤해질 가능성 모두 내포하고 있다고 보아야 할 것이다.

또한 여성은 임신, 출산, 육아 및 가사활동이 가져오는 신체적·심리적 건강의 위험이 높다. 임신이나 출산 후 건강관리를 잘하지 못하는 경우가 많고 육아나 가사활동의 과정에서 신체 및 정신 건강에 문제를 겪을 수 있는데 이로 인해 소득활동이 중단되거나 안정된 일자리를 포기해야 하는 경우도 많다.

(5) 전통적 성역할에 대한 사회문화적 규범과 교차적 영향을 받는 취약 여성

여성에게 요구되는 전통적 성역할에 대한 사회문화적 인식과 규범은 여성의 자유롭고 진취적인 경제활동을 제한해 왔다. 여성의 경제활동 참가율이 50%를 상회하지만 임시적이고 기간제한적인 일자리가 많고, 복지나 승진, 커리어 개발이 가능한 직무보다는 가정 내 육아나 가사활동, 배우자 지원, 가정 대소사 처리 등의 일을 주 역할로 부여하는 전통적 성역할 이데올로기는 여전히 작동 중이다. 이는 여성의 소득활동과 자산 형성에 장애물이며, 여성의 빈곤탈피를 늦추는 요인이 되고 있다. 더불어 장애나 다문화, 나이(여자 청소년, 노인여성 등)로 인한 고용, 교육, 사회참여 등에서의 차별은 여성이라는 성별에 더해 교차적으로 작동하는 차별 요소가 되어 이들의 빈곤율을 높이고 있다.

3. 여성 빈곤 문제 해결을 위한 정책 개선방안

1) 더 취약한 여성 빈곤 위험층(여성청년, 장애여성, 노인여성, 한부모 여성)에 대한 관심

여성청년의 다차원적 빈곤에 대한 한 연구에서는 청년정책에서도 젠더적 관점이 요구되지만 그동안 여성청년이 정책의 우선순위에서 밀리거나 소외된

측면이 있다고 주장한다(유지영, 2019). 최근 연구결과는 여성청년이 상대적으로 더 빈곤에 취약할 수 있음을 시사하는데 여성청년이 남성청년과 다른 방식으로 빈곤을 경험할 수 있기 때문이라고 설명한다. 예를 들면, 여성들은 빈곤에 처했을 때, 가부장적 인식이 영향을 미쳐 빈곤 가구 내에서도 불평등을 감내하거나 여성에게 전통적으로 요구되는 무임노동, 돌봄노동, 다중한 역할과 생계부양자 등의 역할을 해냄으로써 더 빈곤해진다는 것이다. 또한 사회적으로 안정적이고 보상이 높은 일자리는 '생계부양자'로 인식되는 남성에게 더 많은 기회가 열려 있고, 여성은 남성의 부차적 역할 정도의 경제활동 주체로 인식하고 불완전 노동이 주어지는 경우가 많다는 것이다. 여성 직업으로 간주되는 성별 직종 분리는 남녀 임금의 격차와 불안정한 일자리로의 여성 진입을 유발하고 있다.

여기에 더해 장애나 연령으로 인한 차별은 여성장애인, 여성노인, 여성청소년들의 경제적 자립과 소득활동에 많은 위험요소로 작동하고 있다. 장애나 연령은 노력이나 인적자본 개발로 바꿀 수 없는 요소이지만 이러한 요소가 교차적으로 작동하면서 여성들의 빈곤을 지속시키고 있음을 인지하고, 성별에 더한 다른 차별적 요소의 교차적 영향에 대한 분석을 통해 사회적으로 더 취약한 여성집단의 탈빈곤에 대한 연구와 지원제도가 활성화되어야 할 것이다.

2) 관련 서비스 및 정책의 성인지적 관점으로의 개선

여성 중 33.9%가 공적·사적 연금 체계에서 배제되어 있어 노후 빈곤이 심화될 가능성이 높다는 연구가 있다(한겨레, 김교성, 2019). 따라서 우리나라의 소득보장정책이나 노후보장 정책을 설계하고 개선할 때 성인지 관점의 적극적 도입이 필수적이다. 여성빈곤 문제를 개선할 수 있는 젠더친화적 소득보장 체계 수립과, 인구구조의 변화에 따른 경제 노동시장에서의 변화가 여성의 빈곤에 미치는 영향 등을 분석하여 정책에 반영하고, 빈곤통계, 한부모가족 실태조사를 비롯한 주요 실태조사에 반드시 성별 분석이 실행되어야 한다(노혜진, 김윤민, 2020).

경력단절여성을 위한 일자리에 있어서도 서비스업이나 시간제 근로를 중심으로 일자리를 확대하는 정책은 여성고용의 불안정성을 가중시킬 뿐이고 빈곤탈출이나 수급탈출에 도움이 되지 않는다. 또한 자활사업이나 직업훈련도 각종 규제나 접근성의 제한을 더 들여다보고 이를 성인지 관점에 부합되게 개선·보완해야 할 것이다.

3) 빈곤 여성 가구의 소득 및 주거 안정을 위한 제도 개선

빈곤 여성 가구의 탈빈곤을 위해서는 소득보장이 가장 중요하다. 그런데 현재 한부모가정 여성들의 경우 일과 가정을 양립할 수 있는 일자리를 구하는 것은 거의 현실성이 없다. 홀로 자녀를 키우며 일반 직장 생활을 유지하는 것은 불가능하며, 돌봄시설에 맡길 수 있는 시간 동안만 근로가 가능하기 때문에 주로 저임금·저숙련 단순 노동을 하게 된다. 하지만 이러한 일자리는 경력 개발에 도움이 되지 않아 차라리 수급 지위를 유지하며 소일거리를 하는 게 나은 선택이 된다. 또한 시간적인 면에서 너무 쫓기기 때문에 차라리 아이를 돌볼 수 있는 시간을 확보하고 탈수급을 하지 않는 게 더 나은 선택이 된다. 현재의 자활근로도 역시 근로경력으로 인정받지 못하기 때문에 좋은 선택이 아니다.

취업 여부의 젠더 차이는 이미 확인된 바 있다. 모자가구의 취업 비율은 77.9%이지만, 부자가구 취업 비율은 87.9%로 통계적으로 유의미한 차이가 있는 것으로 조사되었다(한국여성정책연구원, 2022: 105).

4) 노동친화적이고 미래지향적인 수급제도로의 개선과 전환

대다수의 한부모 여성 수급자는 수급 자격 박탈에의 두려움을 가지고 있다고 한다. 엄격한 소득기준을 초과하면 수급기준에서 탈락하게 되고 이는 기초 생계에 대한 두려움과 불안을 유발하는 요인이 되기 때문에 수급기준을 맞추기 위해 매우 신경을 쓰게 된다. 그러나 현재의 수급제도가 가진 모순이나 문제점이 있기 때문에 고용을 장려하고 탈수급을 하게 만들기보다 수급에 의존하게 만드는 제도의 허점과 한계는 여전히 현재도 진행 중이다. 수급 지위 유지를 위해 성인 자녀의 취업을 지연시키거나, 재산 기준 충족을 위해 차명으로 재산을 축적하거나, 경제활동을 통해 얻은 소득을 가족 명의로 은닉하는 등의 행동을 하게 되는 것이 현실이다(한국여성정책연구원, 2022).

2021년 한부모가족 실태조사 결과에 따르면, 현재 기초생활보장제도 지원을 받고 있는 한부모들을 대상으로 향후 얼마 후에 수급대상 가구에서 벗어날 수 있을 것으로 예상하는지를 조사한 결과 '계속 지원받아야 할 것이다'로 응답한 비율이 2018년의 45.6%에서 2021년의 44.7%로 비슷하게 나타났고, '10년 이상'으로 응답한 비율이 2018년의 15.8%에서 2021년의 19.3%로 증가하여 2018년에 비해 2021년의 탈수급 전망이 더 부정적인 것으로 나타났다. 또한 '5년 이내'로 응답한 비율도 2018년의 22.1%에서 2021년의 18.0%로 감소하였다. 이와 같이 탈수급의 가능성은 점점 낮아지고 전망도 부정적이다. 수급제도가 가지는 여러 가지 순기능과 장점에도 불구하고, 탈빈곤을 위한 자활이나 자립의 노력을 좌절시키는 여러 요소는 개선·보완되어야 할 것이다.

토론하기 주제

1. 빈곤이 여성의 삶에 미치는 영향에 대해 토론해 봅시다.
2. 왜 전 세계적으로 여성은 남성보다 빈곤하며, 평생을 더 빈곤하게 살아가는지 국가별 실태를 찾아봅시다.

도움이 되는 자료

1. UN WOMEN(https://data.unwomen.org.)

이 사이트는 UN에서 전 세계 여성에 관한 주요 통계와 실태를 보여 주는 사이트로 세계 여성의 빈곤, 폭력, 직업, 여성을 위한 자원, 코로나19가 여성의 삶에 미친 영향 등에 대한 정보를 제공하고 있다.

2. 영화 〈죽여주는 여자〉(2016)

일명 '박카스 할머니'로 불리는 늙은 매춘부. 북한 실향민 출신으로 젊은 시절 식모살이와 공장 등을 전전했으며 동두천에서 양공주로 활동한 경력이 있다. 공원에서 시간을 보내는 노인들을 상대로 박카스를 주면서 성매매를 하는데, 환상적인 잠자리 기술로 일명, '죽여주는' 여자로 불린다. 어느 날 예전에 자신의 단골이었던 노인 '세비로송'이 중풍으로 쓰러졌다는 소식에 병문안을 갔다가 자신의 삶을 끝내 달라는 그의 부탁을 듣고 한참을 고민했지만 결국 그의 간절한 부탁을 들어주어 그를 죽이게 된다. 그리고 이때부터 늙고 병들고 외로운 노인들을 '죽여주는' 여자가 된다. 영화는 노인의 빈곤이 심각해지는 대한민국 사회의 어두운 면을 상당히 임팩트 있게 비판하고 있다.

참고문헌

김안나(2006). 한국사회 여성빈곤과 빈곤대책. 보건사회연구, 26(1), 37-68.

노혜진, 김윤민(2020). 한국사회 빈곤의 여성화의 장기적 변화와 영향요인. 페미니즘연구, 20(2), 51-87.

박미진(2023). 한부모가족의 다차원 빈곤 현황과 대응방안. KWDI 이슈페이퍼.

여성가족부(2021). 2021년 한부모가족실태조사.

여성가족부(2022a). 2022 통계로 보는 남녀의 삶 보도자료.

여성가족부(2022b). 여성폭력통계.

유지영(2019). 우리나라 여성청년의 다차원적 빈곤에 관한 연구, 디지털융복합연구, 17(10), 85-91.

한겨레, 김교성(2019). 개인의 다층노후소득보장체계 구축 유형과 성별 차이. 사회보장연구, 35(1), 151-179.

한국보건사회연구원(2022). 2022년 빈곤통계연보.

한국여성정책연구원(2022). 한부모가족의 다차원적 빈곤과 젠더 격차 개선방안 연구.

홍백의, 김혜연(2007). 빈곤의 여성화(feminization of poverty): 경향 및 원인. 한국사회복지학, 59(3), 125-146.

Pearce, D. (1978). The feminization of poverty: Women, Work and Welfare. *Urban and Social Change Review, 11*(1-2), 28-36.

CAP 20. www.americanprogress.org

OXFAM. www.oxfam.org

UN WOMEN. https://data.unwomen.org

WOMEN'S BUDGET GROUP. wbg.org.uk

제**13**장

성인지 관점과 여성, 사회, 복지

📖 **학습개요**

현재 우리나라는 성별적 요소로 차별을 받는 현상이나 제도가 거의 없거나 대다수 해결되었다는 주장도 거세지만, 우리 사회에서 여성은 여전히 약자이고 가부장적 자본주의 속에서 당연시되던 여성의 인권침해 잔재는 곳곳에 남아 있다. 이 장에서는 성인지 관점, 양성평등정책의 개념과 그동안의 성과를 살펴보고, 이제 여성이 사회의 다양한 영역에서, 가족 안에서 기본적 권리를 누리면서, 사회와 복지의 영역에서 어떤 과제를 해결해 나아가야 할지에 대해 생각해 보고자 한다.

📑 **학습목표**

1. 성인지 관점의 개념과 성인지 통계에 대해 살펴본다.
2. 양성평등정책 기본계획이 무엇이고, 현재까지 진행되어 온 기본계획의 성과와 개선점에 대해 살펴본다.
3. 성별영향평가의 개념과 실태, 개선방안에 대해 살펴본다.
4. 여성주의적 사회복지실천을 위한 여성, 사회, 복지의 과제를 살펴본다.

1. 성인지 관점의 개념과 통계

성인지적 관점(性認知的觀點, gender perspective)이란 각종 제도나 정책에 포함된 특정 개념이 특정 성(性)에게 유리하거나 불리하지 않은지, 성역할 고정관념이 개입되어 있는지 아닌지 등의 문제점을 검토하는 관점을 말한다. 여성과 남성이 지닌 생물학적 · 사회문화적 경험의 차이에 의해 서로 다른 이해나 요구를 가지고 있다는 사실을 제도나 정책에 반영하기 위한 목적을 가진다. 사회의 각종 제도와 정책이 여성과 남성에게 미치는 영향을 고려하고, 남녀 성차별을 개선하고자 하는 의도에서 등장한 개념이라 할 수 있다.

성인지적 관점에 동반되는 다른 차원 하나는 성인지 통계에 관한 것이다. 이는 개별 차원의 통계에서 남녀로 분리되어 있는 통계를 의미한다. 여성과 남성의 조건과 사회공헌, 남녀의 필요와 특수한 문제를 반영하고자 생산 · 제시된 통계자료 일체를 의미한다. 궁극적으로는 사회의 여러 측면에서 성별로 인한 불평등한 현상을 보여 주고 이를 철폐하고자 만들어지는 모든 통계를 말한다(한국여성정책연구원, 2022).

「양성평등기본법」 제17조(성인지 통계)에서는 "① 국가, 지방자치단체 및 공공기관은 인적(人的) 통계를 작성하는 경우 성별 상황과 특성을 알 수 있도록 성별로 구분한 통계(이하 이 조에서 '성인지 통계'라 한다)를 산출하고, 이를 관련 기관에 보급하여야 한다(개정 2021. 1. 12.), ② 여성가족부장관은 통계청장 등 관계 기관의 장과 협의하여 성인지 통계의 개발, 산출, 자문 및 교육훈련 등 필요한 사항을 지원할 수 있다."고 정하고 있다. 이에 기반하여 한국여성정책연구원에서는 성인지 통계 시스템을 개발 · 운영하고 관련 보고서를 출간하고 있는데, 1986년과 1993년 두 번에 걸쳐 '여성 관련 사회통계 및 지표'를 발간한 이후로 1994년부터는 '여성통계 연보'라는 이름으로 매년 발간, 2008년부터는 '한국의 성인지 통계'라는 이름으로 명칭을 바꾸어 발간하고 있다. 2009년부터는 일반인과 전문가를 모두 고려한 다양한 성인지 통계 정보 확산과 접근성을 위해 성인지 통계시스템을 구축하여 운영하고 있다. 성인지 통계의 지표체계는 인구 및 가족, 돌봄 및 사회 서비스, 사회보장, 보건, 여성폭력 및 안전, 교육 및 훈련, 노동 및 소득, 정치 및 사회 참여, 문화 및 정보, 국제 등 총 10개 영역 별로 구성되어 있다(한국여성정책연구원, 2022).

2. 양성평등정책 기본계획 및 개선방안

1) 양성평등기본법의 제정

1995년 『여성발전기본법』이 제정 · 시행되어 온 이래 우리 사회의 여러 환경과 여성에 대한 인식, 관련 법 · 제도의 변화가 있어 왔고, 이에 따라 여성정책의 패러다임이 '여성발전'에서 '실질적 양성평등 실현'으로 전환됨에 따라 『여성발전기본법』을 2014년 『양성평등기본법』으로 전면 개정하며 법제명을 변경하였다. 더불어 성별영향분석평가, 성인지 예산, 성인지 통계, 성인지 교육 등 정부가 직무를 수행하는 과정에서 정책의 양성평등 효과를 강화시킬 수 있는 각종 조치들을 신설하게 되었다(여성가족부, mogef.go.kr).

『양성평등기본법』에 담긴 주요한 내용은 다음과 같다.

- 현행에 있던 '여성정책' 대신 '양성평등'의 정의 규정을 신설함으로써 양성 평등 실현이라는 이 법의 입법취지를 분명히 하였다.
- 현행의 '성희롱' 개념에서 '고용상 불이익'을 '불이익'으로 변경하고, '이익공 여의 의사표시' '성적 요구'를 추가하여 성희롱의 적용 범위를 확대하였다.
- 여성가족부장관이 5년마다 '양성평등정책 기본계획'을 수립하도록 하고, 기본계획 수립 등을 위한 양성평등 실태조사의 근거를 마련하였다.

- 국무총리 소속으로 양성평등위원회를 두어 양성평등정책의 중요 사항을 심의·조정토록 하고, 전문성 강화를 위하여 그 아래 분과위원회를 신설하였다.
- 중앙행정기관 및 시·도에 양성평등정책 책임관과 필요한 전담전문인력을 지정하도록 하여 정부 내 양성평등정책의 조정·협력·실행을 촉진하기 위한 기반을 강화하였다.
- 양성평등정책 촉진을 위하여 국가와 지방자치단체가 직무 수행 과정에서 성 주류화 조치를 취하여야 함을 규정하고, 성별영향분석평가, 성인지 예산, 성인지 통계, 성인지 교육, 국가성평등지수 작성·공표 등에 관한 규정을 신설하였다.
- 국가와 지방자치단체는 차별로 인하여 특정 성별의 참여가 현저히 부진한 분야에 대하여 적극적 조치를 취하도록 노력하여야 하고, 여성가족부 장관은 국가기관 및 지방자치단체의 장에게 적극적 조치를 권고할 수 있도록 하였다.
- 국가와 지방자치단체는 관리직 목표제를 비롯하여 정책결정 과정·공직·정치·경제활동 등 사회 전 분야에서 여성과 남성의 평등한 참여를 도모하기 위한 다양한 시책을 마련하도록 하였다.
- 모성보호의 개념을 권리보장의 개념으로 전환하고 모성뿐 아니라 부성으로까지 확대하여 모·부성권을 보장함으로써 실질적인 양성평등을 도모하고자 하였다.
- 국가와 지방자치단체의 성차별 금지를 위한 시책 마련 노력 조항을 신설하고, 성폭력·가정폭력·성매매 범죄의 예방 및 성희롱 방지를 위하여 필요한 시책을 마련하도록 하였다.
- 현행의 여성주간을 양성평등주간으로 전환하여 기념함으로써 양성평등 정책을 전파하고 양성평등 문화가 확산되도록 하였다.
- 여성친화도시 조성의 법적 근거 마련을 통해 여성친화도시 조성 사업의

체계적·공식적 추진을 도모하고 여성친화적 지역정책의 활성화를 통하
여 궁극적으로 실질적 양성평등 실현을 도모하고자 하였다.
- 국제개발협력 과정에서도 양성평등 관점 반영할 수 있도록 근거를 마련
하였다.

2) 양성평등정책 기본계획의 개요와 성과

「양성평등기본법」 제7조에 의해 여성가족부장관은 관계 중앙행정기관의 장
과 협의하여 '양성평등정책 기본계획'을 5년마다 수립하도록 되어 있다. 그동
안 정부는 제1차(1998~2002년), 제2차(2003~2007년), 제3차(2008~2012년) 및
제4차 여성정책 기본계획(2013~2017년)을 통해 호주제 폐지, 고용차별 금지
및 적극적 고용개선조치 시행, 여성폭력 방지, 경력단절여성 지원 및 성별영
향분석평가 도입 등 성평등을 위한 법적·제도적 기반을 구축하였다. 2015년
에는 「여성발전기본법」이 「양성평등기본법」으로 전면 개정(2015. 7. 1. 시행)됨
에 따라, '제4차 여성정책 기본계획'(2013~2017년)을 수정·보완하여 '제1차 양
성평등정책 기본계획'(2015~2017년)을 수립하였다. 제1차 양성평등정책 기본
계획에서는 성평등 문화 확산과 일·생활 균형 확산을 최우선 정책 과제로 설
정하였다. 2017년에는 '제1차 양성평등정책 기본계획'(2015~2017년)이 종료됨
에 따라 양성평등위원회의 심의·의결을 거쳐 '제2차 양성평등정책 기본계획'
(2018~2022년)을 수립하였다. '제2차 양성평등정책 기본계획'(2018~2022년)은
성숙한 남녀평등 의식 함양, 여성의 고용과 사회참여 평등, 일과 생활의 균형,
여성안전과 건강 증진을 목표로 분야별 핵심정책을 수립하였다. 아울러 정부
의 정책을 성인지적으로 개선하고 국가의 성평등 수준을 높이기 위하여 각 부
처가 향후 5년간 달성할 실행 목표를 처음 포함하였다. 2023년 현재는 '제3차
양성평등정책 기본계획'(2023~2027년)이 수립된 상태이며, 함께 일하고 돌보
는 환경 조성, 안전과 건강권 증진, 양성평등 기반 확산이라는 세 가지 목표를

가지고 5개의 대과제와 14개의 중과제를 설정하여 시행 중에 있다.

가장 최근의 기본계획인 제2차 기본계획의 시행 성과를 살펴보면 다음과 같다.

(1) 제2차 양성평등정책 기본계획의 성과와 한계

첫 번째 목표인 '남녀평등 의식과 문화 확산'에 대한 성과는 대중매체에 대한 차별, 비하 정보 모니터링과 심의 요청을 강화하였고(심의요청 건수가 2018년 268건에서 2021년 586건으로 증가), 학교 양성평등교육 강화를 위한 제도적 기반이 구축되었다. 특히 예비 교원들의 성인지 교육을 4회 이상 이수할 것을 의무화하였고, 교과서에 대한 양성평등 모니터링을 적극적으로 실시했다.

두 번째 목표였던 '평등하게 일할 권리와 기회 보장'에 대한 성과로는 상시 근로자 5명 미만 사업장까지 「남녀고용평등법」 적용을 추진했다는 점과 고용상 성차별 및 직장 내 성희롱 피해자에 대한 적절한 조치 의무를 위반하거나 불리하게 처우했을 때 노동위원회에서 시정할 수 있는 제도를 도입했다는 성과를 이루었다. 노동시장의 성차별 해소와 일자리의 질 개선을 위해서는 적극적 고용개선조치 의무 적용대상 사업장을 확대하고 대상 사업장에 남녀 근로자 임금 현황을 제출할 의무를 부과하며, 「가사근로자의 고용개선 등에 관한 법률」(이하 「가사근로자법」) 개정을 통해 가사근로자들의 4대 보험 가입 및 최저임금 · 최소근로시간 · 연차휴가 등 기본적 권리 보장의 법적 규정을 마련하였다. 경력단절여성에 초점이 맞춰져 있던 기존의 경제활동 지원정책을 경력단절을 예방하고, 경력을 유지하고 개발하는 내용으로 확대했다.

세 번째 목표였던 '여성 대표성 제고 및 참여 활성화'에 대한 성과로는 〈표 13-1〉과 같이 고위공무원, 공공기관 임원, 교원, 군인, 경찰 등 다양한 부문에서의 성별 균형을 확보하였다.

또한 임용 시 성별에 의한 차별금지(「국가공무원법」), 양성평등 임원임명 목표제 전면 시행 및 목표달성 실적을 경영평가에 반영(「공공기관운영법에 관한 법

| 표 13-1 | 공공부문별 여성 대표성 추진 실적 (단위: %) |

부문			2018	2019	2020	2021
공무원	국가	고위공무원단	6.7	7.9	8.5	10.0
		본부 과장급(4급 이상)	17.5	20.8	22.8	24.4
	지방	지방 과장급(5급 이상)	15.6	17.8	20.8	24.3
공공기관		공공기관 임원	17.9	21.1	22.1	22.5
		공공기관 관리자	23.8	25.1	26.4	27.8
		지방공기업 관리자	6.9	9.1	10.6	11.8
교원		국립대 교수	16.6	17.3	18.1	18.9
		교장 · 교감	42.7	44.1	44.5	45.8
군인		군인 간부	6.2	6.8	7.5	8.2
경찰		일반경찰	11.7	12.6	13.4	14.2
		해양경찰	12.0	12.7	13.2	14.5
위원회		정부위원회	41.9	43.0	43.2	42.4

출처: 여성가족부(2023b).

률 시행령」)하는 등의 성과를 이루었다. 노동시장 내의 성별 격차를 완화하기 위해 민간기업 관리자에 대한 성별 현황을 분석하고 발표하였으며, 컨설팅 대상 기관을 확대하였다.

네 번째 목표였던 '일 · 생활 균형 사회기반 조성'에 대한 성과로는 초등돌봄교실을 2017년의 11,980개에서 2020년 14,278개로 확대하고, 다함께 돌봄센터를 2017년 17개소에서 2020년 424개소로 확대하였다. 국공립 어린이집 비율도 2017년 7.8%에서 2021년 16.4%로 증가시켰다. [그림 13-1]과 [그림 13-2]와 같이 저소득 한부모가족지원 금액을 확대하고, 저소득 한부모가족지원 연령을 확대하였으며, 양육비 이행관리원 양육비 이행률도 향상되는 성과를 얻었다. 육아휴직 급여를 인상하고 부부 동시 육아휴직을 가능하게 하는 등 근로자의 모 · 부성권 보장을 위한 제도 개선에도 성과가 있었다.

[그림 13-1] 저소득 한부모가족지원 금액 확대

출처: 여성가족부(2023b).

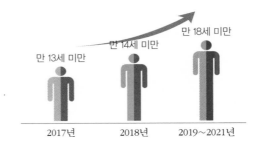

[그림 13-2] 저소득 한부모가족지원 연령 확대

출처: 여성가족부(2023b).

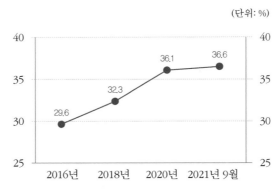

[그림 13-3] 양육비 이행관리원 양육비 이행률

출처: 여성가족부(2023b).

다섯 번째 목표였던 '여성폭력 근절과 여성 건강 증진'에 대한 성과로는 「여성폭력방지기본법」(2018년)을 제정하여 여성폭력을 방지하기 위한 기본계획을 수립하고 여성폭력 실태조사를 실시하며, 통계체계를 마련하는 등 제도 운영의 기반을 강화했다. 디지털성폭력, 스토킹, 교제폭력 등 다양한 폭력피해에 대응하기 위해 법적·제도적 기반을 마련하고, 성인지적 보건의료 연구와 성인지적 건강증진을 위한 인식개선 등을 추진하였다.

여섯 번째 목표였던 '양성평등정책 추진체계 강화'를 위해 8개 부처에 양성평등정책담당관실, 지역양성평등센터 등을 설치함으로써 중앙과 지역 내 양성평등정책 추진체계를 강화했다. 더불어 고위관리직 공무원을 대상으로 성주류화 교육을 확대하는 등 정책담당자의 양성평등 의식을 향상시키기 위해 노력했다.

제2차 양성평등정책 기본계획 실행 노력에도 불구하고 여전히 한계점과 과제가 남아 있는 것으로 분석되었다. 예를 들면, 여성의 고용률이 증가하고 성별임금격차도 소폭 감소했지만 여전히 OECD 국가 중 성별임금격차가 가장 크다는 점, 가족 구성원 간 가사나 돌봄노동이 여전히 아내에게 치우쳐 있다는 점, 코로나19로 인한 공적돌봄시스템의 기능 약화로 아동, 노인, 장애인 등에 대한 여성의 돌봄 부담이 증가했다는 점이 지적되고 있다. 더불어 여성들이 폭력으로부터 안전하고 건강할 권리가 보장될 필요에 대해서는 여전히 여성의 92.1%가 '여성에 대한 각종 폭력 문제가 심각하다+매우 심각하다'로 응답해(여성가족부, 2022) 폭력으로부터의 안전에 대한 문제가 여전히 심각함을 보여 준다. 양성평등에 대한 공감도에 있어서도 청년층을 중심으로 갈등이 심화되는 현상이 있으며, 20대 여성의 73.4%가 '우리 사회가 여성에게 불평등하다'고 인식하는 반면, 20대 남성 24.0%가 '우리 사회가 남성에게 불평등하다'고 인식하는 것으로 나타나 여전히 남녀 갈등이 나타나고 있음을 확인할 수 있다(여성가족부, 2022).

(2) 제3차 양성평등정책 기본계획의 개요

'제3차 양성평등정책 기본계획'(2023~2027년)은 '함께 일하고 돌보는 환경 조성' '안전과 건강권 증진' '양성평등 기반 확산'의 3대 목표 아래 5개 대과제, 14개 중과제 및 43개 소과제로 구성되어 있다. 보건복지부, 고용노동부 등 23개 중앙행정기관 참여하게 되어 있다. 제3차 계획의 몇 가지 특징은 대국민 양성평등 아이디어 공모를 통해 국민의 생각과 국정과제를 연계하여 국민이 꼽은 양성평등 실현 최우선 과제들을 중심으로 과제를 수립했다는 점이다. 예를 들면, 여성의 경력단절 예방, 고용상 성차별, 여성에 대한 폭력 문제 해결을 위한 과제를 발굴하여 반영하였고, 질 높은 양육환경을 위해 가족 모두가 함께 노력할 수 있는 모·부성 보호제도의 활성화, 저출산·고령화 사회에 대응하기 위한 출산, 육아 부담을 완화하고 노인, 장애인, 중증환자 등의 돌봄 지원을 강화하기 위한 정책도 포함되었다. 5대 폭력(권력형 성범죄, 디지털성범죄, 가정폭력, 스토킹범죄, 교제폭력) 피해 지원을 강화하고 이를 근절하기 위해 법과 제도도 정비하고자 하는 과제를 포함시켰다는 점 등을 제3차 기본계획의 주요 특징으로 꼽을 수 있겠다. 구체적인 주요 핵심과제들은 〈표 13-2〉를 참조하기를 바란다.

표 13-2 제3차 양성평등정책 기본계획 핵심과제

대과제	주요 핵심과제

공정하고 양성평등한 노동환경 조성	• '성별근로공시제' 단계적 도입방안 마련(고용노동부)
	• 여성 및 기업 경력단절 예방서비스 지원(여성가족부)
	  * 재직여성, 기업 대상 심리·노무·경력개발상담·멘토링 등 지원
	• 신산업·신기술 분야 인력 육성 및 취업연계 강화(고용노동부)
	• 고용보험 대상자 확대(특수고용직 등)에 따른 육아휴직제도 확대방안 검토(고용노동부)
	• 중소기업 재택 및 원격근무 활성화 지원(고용노동부)
	  * 재택·원격근무를 희망하나 여력·기반이 취약한 중소사업주 지원

모두를 위한 돌봄 안전망 구축	• 초등늘봄학교 도입 · 운영(교육부) 　* 다양한 방과후학교 운영 및 돌봄교실 운영시간 단계적 연장 • 청소년부모 양육지원 강화(여성가족부) 　* 청소년부모 아동양육비 지원 및 법적 근거 마련 • 군어린이집 및 가족친화인증 부대 확대(국방부) • 간호간병통합서비스 확대 및 질적 수준 제고(보건복지부) • 노동권 침해 및 폭력, 감정노동으로부터의 보호방안 마련(보건복지부, 고용노동부)
폭력 피해 지원 및 성인지적 건강권 보장	• 5대 폭력(권력형 성범죄, 디지털성범죄, 가정폭력, 교제폭력, 스토킹범죄) 피해자 통합 지원체계 강화(여성가족부, 법무부, 경찰청) • 디지털성범죄 대응 강화(여성가족부, 법무부, 경찰청, 방송통신위원회) 　* 피해자들의 '잊힐 권리' 보장 • 공공부문 성희롱 · 성폭력 사건 대응 및 재발방지 강화(여성가족부, 기획재정부, 행정안전부) 　* 성희롱 발생기관 대상 조직문화 및 조직 대응 역량 진단, 사건처리체계 개선 등 • 인공임신중절 관련 법 · 제도 정비(법무부, 보건복지부, 식품의약품안전처) 　* 인공임신중절 시술 · 약물 관련 법 · 제도 정비, 의료서비스 접근성 강화 • 난임 치료 · 시술 여성과 태아의 건강증진 기반 마련(보건복지부) 　* 난임 치료 · 시술자에 대한 상담 강화, 공공 정보포털을 통해 필요한 정보 체계적 제공
남녀가 상생하는 양성평등 문화 확산	• 범교과 학습주제를 통한 양성평등 교육 실시(교육부) 　* 건강, 진로, 인권, 인성, 환경 · 지속가능발전 분야 등 양성평등교육 연계 강화 • 학교 생활지도 등 교과 외에서의 성차별 개선(교육부) • 지역 양성평등센터 기반 청년 공감대 제고 사업 추진(여성가족부) 　* 지역 청년 의제에 대해 양성평등 관점의 토론과 정책 모니터링단 사업 운영 • '공공부문 성별대표성 제고 계획' 수립(여성가족부) 　* 중앙부처 · 지방 공무원, 공공기관, 교원, 정부위원회 등

양성평등정책 기반 강화	• 양성평등위원회 기능 강화(여성가족부) * 권고 기능 추가 검토

출처: 여성가족부(2023b).

3) 양성평등기금

　현재 우리나라에는 양성평등기금이라는 것이 있다. 이는 「양성평등기본법」 제42조에 근거하여 설치된 것으로 1996년 기금이 설치되고 1997년부터 기금 운용이 개시되었다. 이 기금의 재원은 정부출연금, 다른 기금으로부터의 전입금, 국가 외의 자가 출연하는 현금·물품 및 기타재산, 기금의 운용으로 생기는 수익금 등으로, 그 용도는 ① 여성인적자원의 개발과 활용을 위한 사업, ② 여성의 권익증진 및 차별개선을 위한 사업, ③ 기타 남녀평등실현, 여성발전 및 가족지원 등을 위한 사업을 위한 것이다. 기금관리 및 관리는 여성가족부에서 직접 운용하고 있다(여성가족부, http://www.mogef.go.kr).

　2022년 기준 기금 규모는 5,949억여 원이며, 한부모가족 등 가족서비스 지원에 5,320억 6천 6백만 원, 여성·아동폭력예방 및 보호지원에 628억 7천 8백

표 13-3 양성평등기금 2022년 계획 및 사업실적   (단위: 백만 원)

주요항목	세부 사업내용	계획액	집행실적[1]
한부모가족 등 가족서비스 지원	한부모가족 자녀 양육비 등 지원	421,275	421,229
	청소년 한부모 아동양육 및 자립지원	6,323	6,141
	한부모가족 복지시설지원	5,516	5,501
	건강가정 및 다문화가족지원	99,192	99,196
	소계	532,306	532,066

여성·아동폭력 예방 및 보호지원	성매매방지 및 피해자 지원	17,758	17,758
	가정폭력·성폭력 재발방지사업	1,329	1,329
	가정폭력 피해자 지원	36,176	35,787
	폭력피해 이주여성 지원사업	7,548	7,527
	성희롱 등 직장 내 여성폭력 방지 및 지원	500	475
	소계	63,311	62,878
기금운영비	기금관리비	3	3
	소계	3	3
총계		595,620	594,947

주: 1) 집행실적은 기금운용계획변경 포함
출처: 여성가족부(http://www.mogef.go.kr).

만 원을 집행하였다(〈표 13-3〉 참조).

3. 성별영향평가제도의 현황과 개선방안

1) 성별영향평가제도의 개요와 현황

현재 우리나라에는 2011년 제정되어 2012년부터 시행된 「성별영향평가법」
이 있다. 이 법의 제2조 제1항에서는 '성별영향평가'를 "중앙행정기관의 장 및
지방자치단체의 장이 정책을 수립하거나 시행하는 과정에서 그 정책이 성평등
에 미칠 영향을 평가하여 정책이 성평등의 실현에 기여할 수 있도록 하는 것"
이라고 정의하고 있다. 「양성평등기본법」 제15조(성별영향평가)에서도 "① 국

가와 지방자치단체는 제정·개정을 추진하는 법령(법률·대통령령·총리령·부령 및 조례·규칙을 말한다)과 성평등에 중대한 영향을 미칠 수 있는 계획 및 사업 등이 성평등에 미치는 영향을 평가(이하 '성별영향평가'라 한다)하여야 한다. ② 성별영향평가의 대상·방법·시기 등에 필요한 사항은 따로 법률에서 정한다."고 명시하고 있다.

여성가족부장관은 중앙행정기관의 장 및 지방자치단체의 장과 협의하여 정하는 계획 및 사업 등에 대하여는 성별영향평가를 실시한다. 따라서 중앙행정기관의 장 및 지방자치단체의 장은 성별영향평가를 하고 성별영향평가서를 작성하여야 한다.

'2021년 양성평등정책 연차보고서'에서는 2021년도 총 30,659건의 성별영향평가가 추진되었으며, 중앙행정기관이 추진한 성별영향평가 과제 수는 총 2,181건으로 그중 법령이 1,984건, 사업 197건이었다고 보고하고 있다(여성가족부, 2022). 지방자치단체의 경우는 총 28,478건으로 그 중 법령이 20,902건, 계획 99건, 사업 7,477건의 과제에 대해 성별영향평가를 추진하였다. 지방자치단체의 성별영향평가의 수가 가장 많고, 법령에 대한 성별영향평가가 가장 많음을 알 수 있다(〈표 13-4〉, 〈표 13-5〉 참조).

표 13-4 성별영향평가 연도별 추진 현황   (단위: 건)

연도	2017년	2018년	2019년	2020년	2021년
계	34,525	33,195	29,395	29,906	30,659
중앙행정기관	1,646	1,867	1,921	2,332	2,181
지방자치단체	32,226	30,699	26,733	26,789	27,677
교육청	653	629	741	785	801

출처: 여성가족부(2022).

표 13-5 **2021년 성별영향평가 추진 세부 현황**   (단위: 건)

2021년	중앙행정기관	지방자치단체(교육청 포함)	합계
합계	2,181	28,478	30,659
법령	1,984	20,902	22,886
계획	–	99	99
사업	197	7,477	7,674

출처: 여성가족부(2022).

한편 '특정성별영향평가'라는 것이 있는데, 이는 「성별영향평가법」 제10조에 따라 여성가족부가 중앙행정기관 및 지방자치단체의 주요 정책과 사업을 성인지 관점에서 분석하고, 성평등 실현을 위해 개선이 필요한 사항에 대해 해당 기관에 정책 개선을 권고하는 제도이다. 2021년에는 청년정책 기본계획, K-디지털 직업훈련 사업, 장애인 지원 정책, 안전한 의료 환경 조성 정책 등 8개 과제에 대한 특정성별영향평가를 실시하고, 정책개선안을 도출하였으며, 중앙성별영향평가위원회 심의를 거쳐 소관기관에 개선을 통보하게 된다(여성가족부, 2022).

2) 성별영향평가제도의 개선방안

10여 년이 조금 지난 성별영향평가제도가 나름의 성과가 있음에도 불구하고 제도를 형식적으로 운영하고 있기 때문에 질적인 수준이 향상되어야 한다는 비판이 지속적으로 제기되어 왔다. 성별영향평가서의 질적 수준이 낮고, 불필요한 과제를 선정하여 성별영향평가를 하는 문제, 현장 공무원의 업무부담 가중 등이 문제점으로 지적되고 있다.

성별영향평가를 실시함에 있어 성별에 따른 차이 분석을 제대로 시도하지 않거나, 차이 분석은 이루어졌으나 내용이 적정하지 못한 경우도 많고, 평가서를 작성하는 공무원은 성평등 조치 항목에 모두 '해당 없음'으로 표기하는 경우가 다수인데 전문가 검토의견서에는 '개선사항 없음'으로 평가하는 경우가 거의 없다는 문제도 지적되고 있다. 성평등 조치사항의 항목의 경우 추상적인 내용이 많아 구체적인 정책으로 어떻게 연결되어야 하는지에 대해 모호한 경우가 많고, 이 제도를 운영하는 단계별 부처의 기관담당공무원, 사업담당공무원, 여성가족부, 젠더전문가 간 이 제도를 통해 기대하는 인식의 차이가 매우 커서 이들 간 의사소통 체계가 필요하다는 문제가 개선되어야 할 것이다(한국여성정책연구원, 2021).

4. 여성주의적 사회복지실천을 위한 과제

1) 여성, 사회, 복지: 여성의 관점에서

현대사회의 성역할에 대한 지속적인 연구는 이제는 "양성성, 즉 전형적인 남성적 특성과 여성적 특성을 결합한 균형 잡힌 정체성, 그리고 다양한 사회적 역할과 웰빙 간의 관계를 연구하는 방향"(Muhlbauer & Chrisler, 2011)으로 바뀌어 가고 있다. 이 말의 의미를 잘 생각해 보면, 전형적으로 생각해 오던 틀과 개념을 깬 새로운, 그러나 사회적 · 개인적으로 의미 있고 유익한 방향으로의 성(性)이 연구되고 탐색되어야 한다는 의미로 해석해 볼 수 있을 것이다. 성역할에 대한 관점과 인식이 변화하고 있다. 특히 여성운동이 활발하던 1960~1970년대에 청소년기를 보낸 여성들은 이제 50대 이상의 나이에 접어들었고, 그들의 어머니가 하던 전형적인 여성 역할을 선택하기보다 이전 어느 때보다 남성 역할이라고 분류되던 역할이나 경험을 많이 하게 되었다.

여성은 그동안의 가부장적 사회에서의 경험과 틀에 자기도 모르게 스스로 갇혀 있던 편견과 고정관념을 깨고, 한 사람의 주체적 존재로서의 자기됨을 위해 나아가야 한다. 뮐바우어와 크리슬러(Muhlbauer & Chrisler, 2011)는 건강과 심리적 안녕을 보여 주는 한 가지 지표가 '다양한 욕구를 통합하고 성공적으로 타협하는 능력'이라고 하였다. 그러나 여성의 삶에서 인지와 정서가 불균형을 이루는 '분리'의 경험은 현실에서 계속 된다고 기대하는 것이 합리적이기 때문에 여성의 웰빙은 다양한 관점에서 지속적으로 관찰되고 조명되어야 한다.

2) 여성, 사회, 복지: 사회의 관점에서

우리 사회는 결혼제도에 대한 인식이 크게 변화하고, 가족구조가 바뀌고 있으며, 젠더갈등이 심화되고 있다. '2023 젠더인식조사: 젠더갈등과 성차별 인식'에 따르면, 10명 중 1명(14%)은 '매우 심각하다'고 인식하고 있고, '대체로 심각하다'(54%)는 인식이 절반 이상인 것으로 나타났다. 연령대가 낮을수록 우리 사회의 젠더갈등이 심각하다고 보고 있다는 점도 앞으로의 우리 사회의 젠더갈등 위험성 수위가 더 높아질 수 있음을 예상하게 한다. 10명 중 7명(78%)은 앞으로 젠더갈등은 지금과 비슷한 수준을 유지하거나(54%), 지금보다 심각해질 것(24%)이라는 인식이며, 지금보다 완화될 것이라는 인식은 19%에 그쳤다(한국리서치, 2023. 4. 19.).

우리 사회는 '남성이 살기 좋은 사회'라는 인식은 점점 감소하고 있고, '성별 간 차이 없는 사회'라는 인식은 증가하는 추이를 보이고 있지만 남성은 여성이 살기 좋은 사회라고 인식하고, 여성은 남성이 살기 좋은 사회라는 인식은 여전하다. 여성들이 느낄 때 차별이 가장 심각한 영역은 '직장'(68%), '가정'(47%), '학교'(33%)의 순이었다. 직장이라는 거대 시스템 속에서 여성 개인이 변화를 위해 할 수 있는 일은 많지 않다. 성평등 사회를 만들기 위한 제도적 노력이 미흡하고 주로 개인(69%)과 가정(56%)의 사적 노력이 이뤄지고 있으며 교육기관이나 직장, 언론, 국회, 법원, 지방자치단체와 같은 기관에서의 노력은 개인의 노력 대비 현저히 낮다는 인식조사 결과도 우리 사회의 민낯을 보여 주는 결과이다(한국리서치, 2023. 4. 19.).

사회가 점점 진화하듯이, 그리고 다양성과 복합성·통합성의 토대 위에 시
민사회가 성숙해 가듯이, 이제 여성과 남성을 바라보는 관점도 이분법적이고
대치적인 갈등 구조가 아닌, 협동과 조화, 개성과 특성이 존중받는 사회가 되
어야 할 과제를 우리 사회 스스로 부여받고 있는 시점이다.

3) 여성, 사회, 복지: 복지의 관점에서

　　우리나라의 남성 생계부양자모델 중심의 사회복지체계와 접근은 여성의 피
부양자로서의 위치를 강화해 왔다. 또는 요보호 여성에 대한 관점에서 '여성의
발전'이 정책과 법의 주제가 되어야 할 정도로 여성의 권리와 기회는 매우 제
한되어 온 것이 한국 여성들의 삶이자 역사이다. 경제활동기회의 제한과 질 낮
은 일자리, 임신, 출산, 양육으로 인한 경력단절이 당연시되어 왔던 그동안의
사회적 규범과 관념에서 파생적으로 부여되던 복지정책과 사회복지서비스의
수급은 여성들의 빈곤과 노후보장의 열악성으로 이어지게 만들었다.
　　우리는 사회복지 정책 수립이나 법 제정, 사회복지서비스 계획에 여성주의
적 관점이 거의 반영되지 못하고, 이제는 성별영향평가라는 이름으로 각자 다
르게 해석하고 있는 성평등의 개념으로 정책, 사업, 법을 평가하는 웃지 못할
상황에 처해 있다. 이제 사회복지접근은 '여성' '한부모 여성' '경력단절여성'
'노인여성' '장애여성' 등의 이름 붙이기식의 획일화된 정책과 서비스 접근이
아닌 개별화되고 개인의 욕구와 특성과 차이가 충분히 반영되는 맞춤형 복지
로의 전환이 필요한 시점이다. 여성을 한 범주에 묶는 것은 각자의 계층과 가
족구조와 교육수준, 직업 배경을 고려하지 못하고 그 안에서 또 다른 차별과
주변화를 만들어 낼 것이기 때문이다.

1. 가정, 직장, 학교에서 성인지적 관점을 적용할 수 있는 사례를 찾아 이야기를 나눠 봅시다.

2. 젠더갈등이 심각해지는 사회현상에 대해 다양한 세대의 인식과 경험을 찾아봅시다.

1. 젠더갈등과 여성가족부(유튜브, www.youtube.com)

페미니즘과 안티페미니즘 사이의 극심한 갈등과 특정 유튜버의 여성혐오 콘텐츠의 문제점 등을 다루는 〈PD수첩〉 영상이다.

2. 영화 〈우먼 인 할리우드(This Changes Everything)〉 (2019)

할리우드에 만연한 여성에 대한 저평가와 그릇된 인식, 복잡하게 얽혀 있는 딜레마를 정면으로 다룬 영화이다. 하지만 산업 내에서 해결책과 대안을 모색하는 긍정적인 시도이기도 하다. 할리우드 배우들과 산업 내 주요한 인물들이 등장해 새로운 대안과 희망을 제시하는 영화로 미국에서 큰 화제를 모았다.

참고문헌

여성가족부(2022). 2021년도 양성평등정책 연차보고서.

여성가족부(2023a). 2023년 성별영향평가 지침.

여성가족부(2023b). 제3차 양성평등정책 기본계획(2023-2027).

한국여성정책연구원(2021). 중앙행정기관 성별영향평가제도 운영 내실화 방안 연구.

한국여성정책연구원(2022). 2022 한국의 성인지 통계.

Muhlbauer, V., & Chrisler, J. (2011). *Women over 50*. 김종남 역(2021). 심리학으로 바라본 중년 여성의 심리. 학지사.

한국리서치(2023. 4. 19.). [2023 젠더인식조사] 젠더갈등과 성차별 인식, 주간리포트 여론 속의 여론 4/19일자.

여성가족부. mogef.go.kr

찾아보기

인명

내용

저자 소개

이은미(Lee Eunmi)
영국 켄트대학교 사회복지학 석사
서울대학교 사회복지학 박사
현 서울신학대학교 사회복지학과 교수

〈대표 저서〉
인간행동과 사회환경(3판, 공저, 학지사, 2022)
장애인복지론(5판, 공저, 학지사, 2022)
사회복지개론(공저, 학지사, 2021)
사회복지실천기록(공저, 집문당, 2020)

여성, 사회, 복지
Women, Society, Welfare

2024년 6월 10일 1판 1쇄 인쇄
2024년 6월 20일 1판 1쇄 발행

지은이 • 이은미
펴낸이 • 김진환
펴낸곳 • ㈜ **학지사**

04031 서울특별시 마포구 양화로 15길 20 마인드월드빌딩
대표전화 • 02-330-5114   팩스 • 02-324-2345
등록번호 • 제313-2006-000265호

홈페이지 • http://www.hakjisa.co.kr
인스타그램 • https://www.instagram.com/hakjisabook

ISBN 978-89-997-2991-1 93330

정가 23,000원

┃ 출판미디어기업 **학지사**
간호보건의학출판 **학지사메디컬** www.hakjisamd.co.kr
심리검사연구소 **인싸이트** www.inpsyt.co.kr
학술논문서비스 **뉴논문** www.newnonmun.com
교육연수원 **카운피아** www.counpia.com
대학교재전자책플랫폼 **캠퍼스북** www.campusbook.co.kr